中华文化元素丛书

ZHONGHUA WENHUA YUANSU CONGSHU

第二辑

冯天瑜　姚伟钧　主编

坐隐忘忧

何云波　袁　娜　著

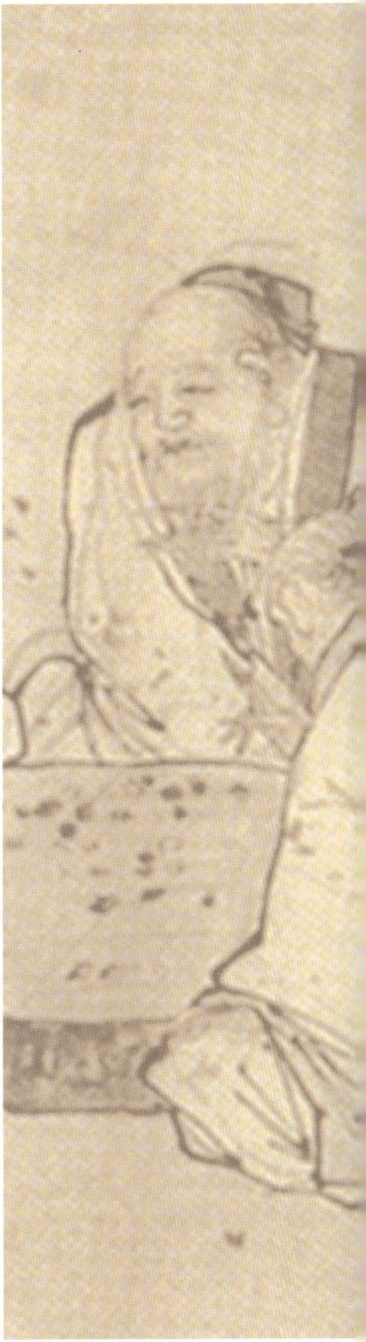

長春出版社

全国百佳图书出版单位

图书在版编目（CIP）数据

坐隐忘忧 / 何云波，袁娜著. -- 长春：长春出版社，2022.5

（中华文化元素丛书 / 冯天瑜，姚伟钧主编. 第二辑）

ISBN 978-7-5445-6702-2

Ⅰ. ①坐… Ⅱ. ①何… ②袁… Ⅲ. ①围棋-体育文化-中国 Ⅳ. ①G891.3

中国版本图书馆 CIP 数据核字（2022）第 072516 号

坐隐忘忧（中华文化元素丛书第二辑）

著　　者　何云波　袁　娜
责任编辑　张中良
封面设计　郝　威

出版发行　长春出版社
总 编 室　0431-88563443
市场营销　0431-88561180
网络营销　0431-88587345
地　　址　吉林省长春市长春大街309号
邮　　编　130041
网　　址　www.cccbs.net

制　　版　长春出版社美术设计制作中心
印　　刷　长春天行健印刷有限公司

开　　本　787mm×1092mm　1/16
字　　数　200千字
印　　张　17.25
版　　次　2022年5月第1版
印　　次　2022年5月第1次印刷
定　　价　68.00元

总 序

一

由别具慧眼的长春出版社策划的本丛书，以蕴含中华文化元素的诸事象为描述对象，试图昭显中华文化的特质、流变和前行方向。

“元”意谓本源、本根，“素”意谓未被分割的基本质素，合为二字词“元素”，原为化学术语，本义是具有相同核电荷数（即相同质子数）的同一类原子的总称，如非金属元素氧（O）、金属元素铁（Fe），是组成具体自然物——氧化铁（Fe_2O_3）的基本质素。

作为化学术语的汉字词“元素”，由日本江户时代的兰学家宇田川榕庵（1798—1845）在所著《植学启原》（1834）和所译《舍密开宗》（1837）中创制，是对荷兰语 grondstof 的意译。清末来华的美国长老派传教士丁韪良（1827—1916）在《格物入门》（1868）中创汉字词“原质”，意译同一西洋术语（英文为 element）。清末民初，汉字词“元素”自日本传入中国，逐渐取代“原质”。1915 年，中国科学社董事会会长任鸿隽（1886—1961）在《科学》杂志第一卷第二号上发表《化学元素命名说》，为中国较早使用“元素”一词的案例。[①]

在现代语用实践中，“元素”这一自然科学术语被广为借用，泛指构成事物的基元，这些基元及其组合方式决定事物的属性。“文化元素”指历史上形成并演化着的诸文化事象中蕴藏的富于特色、决定文化性质的构成要素。

本丛书论涉的“中华文化元素”，约指中华民族在千百年的历史进程中（包括在与外域文化的交融中）铸造的具有中国气派、中国风格、中国韵味的基本质素，诸如阴阳和谐、五行相生相克、家国天下情怀、民本思想、忧患意识、经验理性导引下的理论与技术、儒释道三教共弘的非排他性信仰系统、区别于拼音文字的形义文字及其汉字文化，等等。它们生长发育于中华民族生活方式、思维方式的运行之间，蕴藏于器物文化、制度文化、行为文化（风俗习惯）和观念文化的纷繁具象之中，并

①聂长顺，肖桂田：《近代化学术语元素之厘定》，《武汉大学学报》（人文科学版）2010 年第 6 期。

为海内外华人所认同。

二

文化的各个不同级次、不同门类包含着各具个性的中华元素。如水墨画的书画同源、墨分五色，武术的技艺合一、刚柔相济、讲究武德，园林的天然雅趣和“可居可游可赏”追求，民间风俗文化涵泳的吉祥、灵动、热烈、圆满，建筑中使用“中国红”（体现生命张力）、中轴线、对称与不对称美感，等等。

汉字及汉字文化是中华元素的一个案例。

世界各种文字都是从象形文字进化而来，多数文字从象形走向拼音，而汉字则从象形走向表意与表音相结合的“意音文字”，近有学者将汉字归为“拼义文字”，即注重语义拼合的文字：首先创造多个视觉符号作为表达万象世界的基本概念，然后将这些符号组合起来，用小的意义单位拼合成大的意义单位，表达新事物、新概念。①

自成一格的汉字创发于中国，是世界上仅存的生命力盎然的古文字，它主要传播于东亚，成为东亚诸国间物质文化、制度文化和精神文化互动的语文载体。在古代，中国长期是朝鲜、日本等东亚国家的文化供给源地；至近

①张学新：《汉字拼义理论：心理学对汉字本质的新定性》，《华南师范大学学报》（社会科学版）2011年第4期。

代，日本以汉字译介西方文化，成效卓异，日制汉字词中国多有引入。汉字在汉字文化圈诸国所起的作用，相当于拉丁文在欧洲诸国所起的作用，故有学者将汉字称为“东亚的拉丁文”。汉字是中华文化系统中影响最为深远广大的文化符号。

20 世纪初，日本学者内藤湖南（1866—1934）提出“中国文化圈”概念，指以中国为文化源及受中国文化影响的东亚地区，日本是“中国文化圈的一员”，他在《中国上古史》中说：“所谓的东洋史，就是中国文化发展的历史。”是以汉字为载体的中国文化在东亚地区传播的历史。[①]此论阐发了汉字这一中华元素在东亚文化圈的重要意义。

中国人在 20 世纪 30 年代即对日本学者提出的东洋文化史观做出回应，傅斯年（1896—1950）在 1933 年著《夷夏东西说》，概括东亚文化的特别成分：

> 汉字、儒教、教育制度、律令制、佛教、技术。[②]

这是中国学者对东亚文化圈的要素即“中华元素”做出的提取。

承袭内藤说，日本的中国史学家西嶋定生

①［日］内藤湖南：《中国上古史》，《内藤湖南全集》卷十，东京：筑摩书房，1997 年。
②傅斯年：《夷夏东西说》，《中央研究院历史语言研究所集刊》外编第一种，1933 年。

（1919—1988）在二战后所著《东亚世界与册封体制——6—8世纪的东亚》中指出，东亚世界存在一个以中国为册封中心，周边诸国（日本、朝鲜等）为册封对象的“册封体制”，从而提出东亚地区的一种“文化圈”模型。西嶋定生在《东亚世界的形成》中概括汉字文化圈的诸要素（或称“中华元素”）：

> 一、汉字文化，二、儒教，三、律令制，四、佛教等四项。其中，汉字文化是中国创造的文字，但汉字不只使用于中国，也传到与其语言有别又还不知使用文字的邻近诸民族……而其他三项，即儒教、律令制、佛教，也都以汉字作为媒介，在这个世界里扩大起来。①

1985年，法国汉学家汪德迈在《新汉文化圈》一书中论述“汉文化圈”的特点：

> 它不同于印度教、伊斯兰教各国，内聚力来自宗教的力量；它又不同于拉丁语系或盎格鲁-撒克逊语系各国，由共同的母语派生出各国的民族语言，这一区域的共同文化根基源自萌生于中国而通用于四邻的汉字。②

① ［日］西嶋定生：《东亚世界的形成》，参见刘俊文主编，高明士等译：《日本学者研究中国史论著选译》第二卷，中华书局1993年，第88页。

② ［法］汪德迈：《新汉文化圈》，陈彦译，江西人民出版社1993年，第1页。

这里着重表述“中华元素”之一种——汉字的功能，汉字深刻影响东亚人的思维方式和表达方式，使汉字文化圈成为一个有着强劲生命活力的文化存在。

三

“中华元素”并非凝固不变、自我封闭的系统，它具有历史承袭性、稳定性，因而是经典的；具有随时推衍的变异性、革命性，因而又是时代的，2008年北京奥运会开幕式表演突显四大发明，2010年上海世博会中国馆采用中国红，皆为古老的中华元素的现代展现；中华元素是在世界视野观照下、在与外域元素（如英国元素、印度元素、日本元素、印第安元素）相比较中得以昭显的，故是民族的也是国际的，是中国的也是世界的。美国好莱坞动画片《功夫熊猫》《花木兰》演绎中华元素并获得成功，便是一个例证。

文化元素并非游离于文化事象之外的神秘存在，它们从来都与民族、民俗、民间的文化实践相共生，始终附丽并体现于器物、制度、风俗诸方面的具体文化事象和文化符号之中。中华元素之于文化事象，如魂之附体，影之随形，须臾不可分离。从诸文化事象（如江南园林、八大菜系、春节、中秋等节庆、书画篆刻、昆曲京剧、武当少林功夫）的生动展现中提取中华元素的魂魄，昭显大众喜闻乐见的文化符号（如深蕴和谐精义的太极八卦图，代表四方、四季的“四灵”——青龙、白虎、朱雀、玄武，代表中央的麒麟）包蕴的精义，是本丛书的使命。

本丛书由阐发体现中华元素的若干文化事象（如园林、饮食、节庆、书画、宫殿、戏曲、服饰、汉字、武术、钱币、宗族、书院、姓名、茶等）的系列作品组成。

中华元素是构建当代中国文化及其核心价值体系的基本成分之一，是塑造国家形象、提升国民精神的重要资源。开掘并弘扬中华元素，有助于加深中国文化对国人的感召力、亲和力，增强历史敬畏感和时代使命感，提升民族自信心和文化传承创新的自觉性。

抉发中华元素还有一层意义：通过蕴藏中华元素的文化事象、文化符号，彰显可亲可敬的中国风格，奉献给异域受众，增进国际传播，推动中国文化“走出去”。

本丛书的选题及其撰写沿着“即器即道”的文化史路数，避免一味虚玄论道，也不停留于文化现象的就事论事，而追求道器结合——于形下之器透现形上之道，又让形上之道坐实于形下之器，使中华元素从文化事象娓娓道来的展示中得以昭显。

冯天瑜

2016 年 10 月

于武汉大学中国传统文化研究中心

前 言

围棋，一个中国文化的样本。

一阴一阳之谓道。汉代班固在《弈旨》中说，围棋“上有天地之象，次有帝王之治，中有五霸之权，下有战国之事。览其得失，古今略备”。围棋与天地之象、帝王之治相通，小小黑白子被赋予了形而上的道的意义。

其实，围棋本来不过是一种游戏，一种形而下的竞技游戏。

围棋本质上体现的是人类围绕生存空间的一种争斗。其实，人类的体育竞技都跟各种生存争斗有关。现实生活中的打架（为了国家、民族、主义的打架就是战争）是被禁止的，但当有了固定的场地，设计了打架的规则，这打架就成了竞技游戏，比如拳击、柔道、摔跤等等。而棋，则是把打架移到了棋盘上。军棋是典型的以大吃小，象棋呢，楚河汉界、两军对垒。而围棋，吃子、围地，争夺的是空气、土地，是人类的生存空间。

如果说，各种竞技游戏都与人类的生存争斗有关，那么它又为人性中的攻击性冲动提供了一个合理的发泄渠道。争斗、欺诈、损人利己、锱铢必较、巧取强夺、你死我活……这些在现实生活中被视为异端邪恶的一切，却一幕幕再现于棋盘之上。在棋盘上争斗完了之后，在现实生活中，就可以堂而皇之地做温文尔雅的正人君子了。

围棋又是一种可以给人带来无限精神快乐的游戏。

人一生的活动，大致可分为两大部分：劳作与游戏。劳作是为了谋生，游戏是精神愉悦的需要。过去中国人见面，常有一句问候语："吃了吗？"在大多数人都吃不饱的时代，它代表的是对人的一种生存关怀。吃过了之后，为了节省能量，最好的办法就是尽可能少运动。如果这个人吃过之后，还要去蹦蹦跳跳，去做种种耗费体力脑力又"无益"的事情，那么在吃不饱者的眼里，那一定是"吃饱了撑的"！

游戏，便是属于吃饱了之后的文化。一个人只有在基本的生存需要得到满足之后，才会产生游戏的需要。一个社会对待游戏的不同态度，往往代表了这个社会的发展程度。18世纪德国诗人席勒在《美育书简》中指出：人生最高、最完美的境界就是游戏。在他看来："只有当人是完全意义上的人，他才游戏；只有当人游戏时，他才完全是人。"（席勒：《审美教育书简》，冯至、范大灿译，上海人民出版社，2003年，第124页）游戏的本质有三：其一，无直接的功利目的；其二，全身心投入；其三，自得其乐且其乐无穷。当一个人游戏的时候，他便进入了一个完全的自由的境界。

游戏精神与艺术精神本质上是相通的。围棋这样一个形而下的游戏，在中国，也就逐渐成了艺术、成了形而上之道。当然，这与中国传统的知识生成机制有关。本书想要探讨的，就是围棋意义的生成过程，它何以会成为中国文化的一个样本、例证。甚至有人把围棋称作"国棋"，把它看作中国文化的象征。

其实，围棋在孔子、孟子那里，地位并不高。孔子把围棋当作饱食终日之后的消闲之物，所谓“游于艺”是也。孟子则指围棋为“小数”。这应该说很能体现围棋的本来状态。既不拔高，也谈不上贬低。但后世的好棋者，总不甘心围棋就这样自甘沉沦、不求上进。当“玩物丧志”代表了主流的价值观，但人又好“玩物”，最好的办法就是赋予“玩物”以正面的意义，让它变得高大上起来。关于围棋的出身，便有了“尧造围棋”之说，围棋从此有了显赫的身份。再附以“教子丹朱”，围棋又成了“教化之物”。而汉代班固在《弈旨》中把围棋跟“天地之象”“阴阳之道”“仁德王政”联系在一起，开启了“立象比德”的传统。这一传统一直延续下来，构成了中国棋论的主导话语。

与此相应，在汉以来的围棋赋论中，围棋又常常被拟之为“兵法”。兵者，诡道也。行兵打仗，难免用计。围棋作为“术”与“技”的一面也就被彰显出来。到敦煌《棋经》，达到一个高峰。不过，言说中国围棋的这套“术”的话语，因为显得不够高大上，始终没能成为主流。

围棋是戏，是技，是艺，是道。戏、技、艺，是棋的存在方式，而道，乃棋之存在的终极依据。概而言之，技与道构成了围棋的形下与形上之维。魏晋是一个“文”与“艺”的自觉的时代。当围棋被当作“手谈”“坐隐”“烂柯”“忘忧”，作为“戏”之棋，也就有了精神的审美的意义。直到唐代，琴棋书画正式并称，棋被纳入“艺”的家族中，不断地被雅化、审美化，围棋作为竞技的一面，反而逐渐被淡化了。

当围棋在它的故乡日益被艺术化，与中国一水之隔的日本，在接受了中国围棋之后，一方面继承了围棋之“雅”的传统，另一方面又把围棋作为竞技的一面大大地强化了，并逐渐建立了完备的竞争机制。金克木先生说："日本棋士是战士，中国棋士是艺人。"（金克木：《幻庵棋士乘船来》，见《天圆地方：围棋文化散文选》，何云波选编，人民文学出版社，2003年，第209页）让一个提着刀的武士与一个拿着折扇的艺人同场较技，结果可想而知。1909年，日本一个普通的四段棋手高部道平到中国来，横扫中国棋坛。中国棋界在日本围棋的刺激之下，开始了由"艺"而"技"的现代转型。

又是100年过去了。中国围棋在苦苦地追赶日本之后终于实现了赶超。此后又经历了韩国暴力围棋的"韩（寒）风腥雨"的洗礼，终于重新站在了世界围棋的巅峰。但回望所来之处，我们在竞技围棋之路上节节胜利的同时，似乎又在失去一些东西，这就是围棋曾经拥有的那份文化的厚重、温润与优雅。倒是曾经把武士道精神发挥到极致的日本围棋，开始日益地走上艺术、求道之路。反者道之动，文化之传承，也许本来就是这样起起落落的吧！

与此同时，当中国竞技围棋刚刚尝到一览众山小的滋味，一个幽灵，一个机器的幽灵，突然出现了。人机大战，最后以机器的彻底胜利告终。

人的围棋失败了吗？

是的，作为竞技的围棋，人类失败了。

但是，人们说：我们还有情感的温度，有信仰，有文化，我们拥有与机器不一样的围棋。

在围棋与竞技、与艺术、与文化，在人与人、人与机器的纠缠中，也许中国的、世界的围棋就这样进入了一个新的时代。

目　　录

目　　录

第一章　棋之史

围棋是一种盘上游戏。一阴一阳之谓道，围棋乃中国文化之象征。小小黑白子，既是竞技游戏，又承载了深厚的民族文化内涵。

中国围棋源远流长，围棋的源头已经很难厘清。也许，中国的先人在地上画三五道格子，玩相互攻杀的游戏，便有了最初的围棋。这个游戏逐渐流行开来，许多人为之痴迷。中国古代围棋有三个大的发展期：魏晋南北朝、唐宋、明清，到清代中叶达到顶峰，之后逐渐衰落。20世纪初，中国围棋在日本围棋的刺激之下，开始了现代转型。作为琴棋书画四艺之一的围棋，回归为竞技。而围棋的整个知识范式，也开始了由传统向现代的转型。

第一节　围棋溯源

阿根廷作家博尔赫斯把围棋看作一种“比最古老的文字还要古老的发明”。（博尔赫斯：《围棋》，见《博尔赫斯全集·诗歌卷（下）》，林之木译，浙江文艺出版社，1999 年，第 299 页）这使我们想起文字产生之前人类结绳记事，想起古老岩画中种种的“图”，想起易卦中的符号：阳爻（—）与阴爻（--），想起河图洛书……围棋盘纵横交叉的格子，黑白子，蕴含了中国文化的一套符号密码，需要我们去揣摩、解码。

一

“围棋”古称弈。许慎《说文解字》曰：“弈，围棋也，从廾，亦声。”“廾”乃两人举手执棋对局状。“弈”被认为是中国北方地区的语词。班固《弈旨》云：“北方之人，谓棋为弈。”扬雄《方言》谓：“围棋谓之弈，自关而东，齐鲁之间皆谓之弈。”“围棋”之称，一般认为始于西汉，刘安《淮南子》有“围棋击剑，亦

图1-1　杭州中国围棋博物馆尧塑像

皆自然”之说。先秦古籍中无“围棋”一词。“博弈”常常并举，“棋”单独使用时，专指博棋。

关于围棋的产生，古人说法很多。最古老、流传最广的是尧舜发明说。战国史官撰写的《世本·作篇》有“尧造围棋，丹朱善之”的记载。“尧造围棋，丹朱善之”仅为客观叙述，西晋张华《博物志》则进一步说明了发明围棋的动机：“尧造围棋，以教子丹朱。或云：舜以子商均愚，故作围棋以教之。”【图 1—1】

围棋由尧舜发明，在古代几成定论。国外棋界也深信不疑。1727 年正月二十九日，日本围棋四大门派掌门人：本因坊道知、井上因硕、安井仙角、林门入签了一张承诺书：“围棋创自尧舜，由吉备公传来。”《大英百科全书》《美国百科全书》分别记载围棋于公元前 2356 和公元前 2300 由中国发明，这大约是他们所估算的尧舜在位的时间。

尧舜发明说广为传播，但不一定可信（《世本》中谓“尧造围棋”，但战国并无“围棋”一词，显系后人伪托）。关于围棋的最早的文献记载是《左传·襄公二十五年》中的一段话：

卫献公自夷仪使与宁喜言，宁喜许之。大叔文子闻之，曰：“……今宁子视君不如弈棋，其何以免乎？弈者举棋不定，不胜其耦，而况置君而弗定乎？必不免矣……”

《左传》相传为鲁国太史左丘明为《春秋》所作的传，为春秋时鲁国的编年史。襄公二十五年即公元前 548 年。这里是用弈棋作比方来评论政事，说明棋在当时应该已经较为流行。而围棋究竟何时产生，则只能靠推测了。徐润周先生在《围棋纪事诗》中以诗的形式说到围棋的起源：

棋局初型出半坡，彩陶文物供摩挲；
六千年史分明见，习俗风情并网罗。

画地抟沙运智囊，工余行乐试攻防；
何须论绩归玄圣，大意端由集众长。

沿洄文史岁三千，更溯渊源不计年；
由简入繁趋势共，羲黄虞夏任君传。

徐先生将围棋的雏形上溯到六千年前。强调围棋的演变经历了一个“由简入繁”的过程。当上古时代，人民生活简朴，在工余时间，生理本能上需要调节一下精神，看到劳作近处有些沙泥石子，就地取材并画几道格子，互相做攻防游戏，便有了最初的围棋。

那么中国古人为什么一定要把围棋的发明权交给尧舜呢？这应

该与中国传统思维有关。古人往往喜欢把一些物品的发明权交到某位圣贤手上，使它拥有一种不平常的身份，获得存在的价值与依据（把围棋与形而上之道联系在一起，其实也是出于这种思维惯性）。明代冯元仲在《弈旦评》中就说：

> 凡制必原所始，不忘本也，今追尊陶唐氏、有虞氏为弈帝，如酒帝之都醉乡，草圣之君书苑也。丹朱抚军，商均监国，其为弈王，明嫡统也。弈秋，通国之善弈者也，有吹笙过者，不知弈道，是语也，齐东乎？不得不以此道推鼻祖也。

为了给围棋挣得一个“正统”的出身，“不得不以此道推鼻祖也”，此话可谓一语中的。

“尧造围棋，以教子丹朱”，张华《博物志》在《世本》关于围棋起源的客观叙述中加一“教”，便开启了中国围棋“教化论”的先河。“教化”乃中国思想与艺术的一大传统。所谓“文化”即“以文教化”，《周易·贲》中曰：“观乎天文，以察时变；观乎人文，以化成天下。”诗教、乐教决定了“诗”与“乐”的功用。当棋也被纳入教化传统中，就意味着从“游艺”“术艺”向“道艺”的转型。

孔子（前551—前479）在《论语·阳货》中也提到围棋：“子曰：饱食终日，无所用心，难矣哉。不有博弈者乎，为之犹贤乎已。”说明当时社会已开始出现有闲阶层，他们有一定的闲暇时间从事求“温饱”之外的事情，这为博弈活动的开展提供了基础。而处于战国中期的孟子（前372—前289）在《孟子·告子上》还有一则著名的寓言：弈秋诲弈。弈秋作为“通国之善弈者”，可算得上我国最早的围棋国手了。

二

关于围棋的产生，还有其他种种说法。

一种是乌曹创始说。乌曹相传是夏桀的臣子，《世本·作篇》有“乌曹作博”的记载，明清人误“博”为“弈”，故《潜确类书》《广博物志》《渊鉴类函》有“乌曹作赌博、围棋”之类的附会。

还有一种是战国纵横家、兵家发明说。唐皮日休在《原弈》中认为，围棋作为害、诈、争、伪之物，绝不可能是作为贤君圣主的尧舜所为。“夫尧之有仁、义、礼、智、信，性也，如生者必能用手足任耳目者矣。岂区区出其纤谋小智，以著其术，用争胜负哉？”所以，弈之始作，“必起自战国，有害诈争伪之道，当纵横者流之作矣”。

还有人则把围棋的起源与仙人联系起来。《梨轩漫衍》中说：“围棋初非人间之事，其始出于巴邛之橘，周穆王之墓，继出于石室，又见于商山，仙家养性乐道之具也。”把围棋当作“仙家养性乐道之具”，正因为如此，才会有烂柯故事，有天台刘、阮采药的传说，它构成了中国围棋起源论中的仙话传统，代表了一个民族的想象与愿望。

三

围棋何为？

通常的认知是，一种在棋盘上用来争胜负的游戏，与人类的战

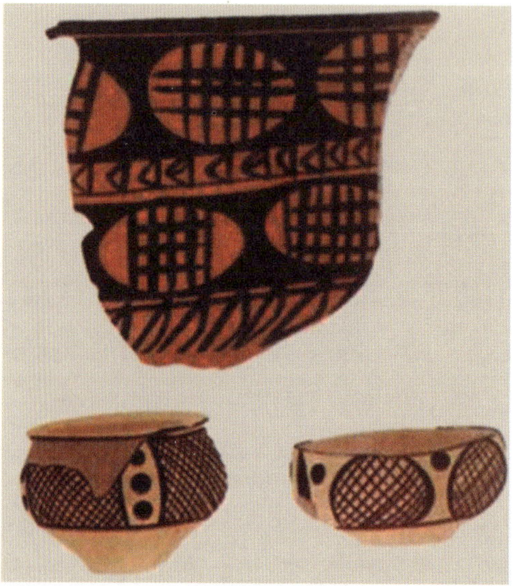

图1-2 原始社会陶罐“棋盘纹”

争有关。

但围棋盘还可以用来干什么呢？

在新石器时代的彩陶上，就有棋盘纹图【图1—2】：

这些棋盘纹，一般都是9×9道或11×11道。它们未必与棋有关，但总使人联系起大地。半坡遗址属仰韶文化，距今已有五六千年。半山文化乃尧生活的时代，距今约4300年。

那么，先民创造围棋，是用来干什么的？是出于实用的目的，还是一种纯粹的游戏？从原始艺术的产生看，诗、歌、舞、画等，似乎都与先民的生产实践和生活斗争有关。就像刻在石壁或陶瓷上的绘画，大多为几类题材：渔猎、战争和巫舞，它们正好构成了先民生活的几个基本方面。最初的围棋，也应与先民的生产、生活实践直接相关。

问题是，围棋是人类生存斗争的模拟，还是有其他用途。围棋大师吴清源先生在多个场合谈到过：围棋最初并不是一种争胜负的游戏，而是占卦天文、易经卦象的用具。这种观点颇有影响。古人从班固开始，就经常把围棋与天文、八卦、阴阳五行学说联系在一起。今人不少从各个不同角度发挥了这一思想。吴极在《棋史弈理与无极象棋》一书中介绍其新发明的一个棋种：无极象棋。它是参照易经易理，在中国象棋基础上改造而成。该书也谈到“弈”的起源，认为乃是源于古人的推卦演易。

围棋源于“弈”，弈是从古人推卦演易中分化出来的游戏。弈的起源至少可以追溯到符号记事时代的中后期，最初的“弈”与“易”性质应该是非常相近的。原始记事符号由于所象征意义的多变性，同一个符号往往可以作出很多种解释，所以人们把这些记事符号统称为“易”，即变化不定、循环往复之义。因为原始时代既没有笔墨纸砚、竹简帛书，人们也没有形成把文字刻在甲骨或器皿上的行为方式，所以原始记事符号不是静态的，而是动态的，这些符号可能用结绳记事的方式表示，也可能是用小树枝、小石子、小土块等在地上摆放比划，因此，这些记事符号只能以言传身教的方式一代一代流传，而很难以实物的形式保留下来，成为后世考古挖掘的实物资料。但是，我们通过对河图、洛书、八卦、太极图等原始记事符号的研究，完全可以推想出符号记事时代的特征，其中最重要的一项活动就是“推卦演易”，即划地为盘，折枝为子，反复摆放比划。

（吴极：《棋史弈理与无极象棋》，蜀蓉棋艺出版社，1999年，第7页）

再来看西藏的一个民间传说：

传说在很久以前，西藏的名门望族中出了一位名叫加措的年轻勇士，他的父亲在十几年前被人杀害了，加措长大后，为父报仇的责任就落在他的身上，常言说，含恨而死的尸体是埋在雪山上的，仇一天不报，尸体一天不化。加措练好一身本事，决定去追杀逍遥法外的杀父仇人。

临行前，加措的阿妈拿出一副围棋对他说：“孩子，在你出发前，为了占卜凶吉，你应遵照先祖留下的习惯，一手执白，一手执黑，白棋先行，下一盘棋看看吉凶。如果白棋胜了，你这次远行，阿妈才能放心。”于是加措按照阿妈的吩咐，认真地下起棋来。阿妈在一旁不停地念着咒语。棋局在不停地绞杀，急骤变幻。白棋在凶猛地围杀，而黑棋也在拼命反扑。下至中盘，盘面的局势十分微妙。阿妈在一旁看着儿子紧张的神色非常担心。加措不管白棋、黑棋他都尽心去下，决不偏袒任何一方。每行一步，都必须根据自己的棋力做出最佳的选择。否则，这盘围棋就会失去占卜的意义。

阿妈的咒语仍在不停地念着……

慢慢地，白棋的形势逐渐好转，一大片拼命向外冲杀的黑棋终于被牢牢套住，虽然多次打劫也未能做出两个眼来，黑棋以惨败而告终。

这时阿妈才放心地说道：“孩子，你可以去了，此去定能成功！”

原来在棋盘上，白棋代表加措，黑棋代表他的仇人。白棋取胜，证明加措有力量可以杀死仇人；如果黑棋胜，则表示加措目前还不能战胜对手，如果贸然前行，必定是凶多吉少，后果不堪设想。

（阎振中《西藏围棋的民间传说》，《围棋天地》1992年第8期）

一般认为，藏棋是从中原传到西藏的，是围棋的变种。在这则传说中，围棋既是用来争胜负的，又是占卜的工具。

中国古人喜以易解棋，还常把它跟河图洛书联系起来。正像南宋流传的陆九渊观棋的故事。陆九渊（1139—1193），字子静，人称象山先生。少即好棋。传说他悟得棋局犹如河图，因而棋艺大进。罗大经《鹤林玉露》卷一载：

> 陆象山少年时，常坐临安市肆观棋。如是者累日，棋工曰：“官人日日来看，必是高手，愿求教一局。”象山曰：“未也。”三日后，却来买棋一副，归而悬之室中，卧而仰视之者两日。忽悟曰：“此河图数数也。”遂往与棋工对。棋工连负二局，乃起谢曰：“某是临安第一手棋，凡来着者，皆饶一先。今官人之棋，反饶得某一先，天下无敌手矣。”象山笑而去。其聪明过人如此。其子弟，每喜令其着棋。尝与敏道书云：“制子初时春弟颇不能及，今后反出春弟之下。近旬日，棋又甚进，春弟又少不逮矣。凡此皆在精神之盛衰耳。”

陆象山悟得棋局犹如河图，即棋艺大进，胜得临安第一高手，这毫无现实可能的“故事”，隐含了中国士人颇具代表性的文化想象。

可以说，关于围棋起源的种种说法，都带有“传说”的性质。每一朝的人，在关于起源的臆测与想象中，其实要传达的是他们自己的围棋观念。教化说、战争说、神仙说等等，也就给围棋赋予了不同的意义。围棋究竟产生于何时，动因何在，直到今天仍然众说纷纭，有战争说，占卜说等。也就是在关于围棋起源的不断的言说中，围棋的意义不断地丰富起来。

第二节　古棋雅尚

围棋的意义，是逐渐被建构起来的。

“尧造围棋，以教子丹朱”，围棋一产生，便被赋予了教化的使命。魏晋之时，又确立了围棋之为“戏”与“艺”的独立存在的价值。唐宋随着棋待诏制度的形成，棋士棋与文人棋开始分化。而围棋在成为宫廷与文人士大夫之“雅戏”的同时，也逐渐走向大众，走近芸芸众生。

一

汉代是中国围棋的一个转折点。

尽管汉初就有“戚夫人侍高帝……竹下围棋”之说，说明宫廷中有围棋流行【图 1—3】。但总的来说，围棋在西汉并不流行。人们更热衷于博塞活动，“博戏驰逐，斗鸡走狗，作色相矜，必争胜者，重失负也”（司马迁《史记·货殖列传》）。宜静的围棋不被社会大众所关注。汉武帝时，军人政治逐渐被文官制度所取代，但董

图1-3　明仇英《汉宫春晓图》(局部)

仲舒的“罢黜百家、独尊儒术”的建议被采纳，围棋的竞争、平等与儒家仁、礼之道相冲突，围棋被当作“失礼迷风”“简慢、相轻”之物遭到贬抑。围棋面对来自“上”的贬抑与“下”的敬而远之，处在夹缝中，难以获得正常的发展，也就是必然的了。

围棋的勃兴，在很大程度上有赖于观念的转变。东汉初的班固（32—92）有感于“博行于世而弈独绝”，作《弈旨》，肯定了围棋的正面意义。其后，李尤（44—126）又作《围棋铭》，黄宪作《机论》，马融作《围棋赋》，从游艺、哲学、兵法的角度，阐发围棋。围棋在“技”与“戏”的基础上，又有了“道”的色彩。

东汉时，随着士大夫对围棋的提倡，围棋逐渐流行于世。也直接影响到三国时的弈棋风气。

三国争霸，魏、蜀、吴各霸一方，围棋盘也似成了他们的虚拟战场。曹操雄才大略，棋力也自不弱，据说与当时围棋高手山子道、王九真、郭凯对局，不相上下。子承父业，曹操两个儿子魏文帝曹丕与任城王曹彰也好棋。在士大夫中，也不乏围棋爱好者。建安七子中的孔融、王粲和应场都是颇有影响的文人“弈士”。

而刘备的蜀国虽地处偏僻，也颇有一批好棋的臣子，如孔明、费祎、关羽等。《三国演义》中还有关于关羽一边刮骨疗毒、一边下棋的描写，给人留下深刻印象【图1—4】。

图1-4 日本葛饰应为《关羽割臂图》

吴地本来围棋就最为普及，加之社会比较安定，统治阶层和士大夫中好棋者众多，如孙策、吕范、顾雍、陆逊、蔡颖等。严子卿、马绥明被称为“棋圣”。而敦煌《棋经》两次提到“吴图二十四槃（盘）”。唐代诗人杜牧在赠国手王逢的《重送绝句》中有“一灯明暗覆吴图”的诗句。中国流传下来的最早的棋谱就是“吴图”：《孙策诏吕范弈棋局面》【图1—5】：

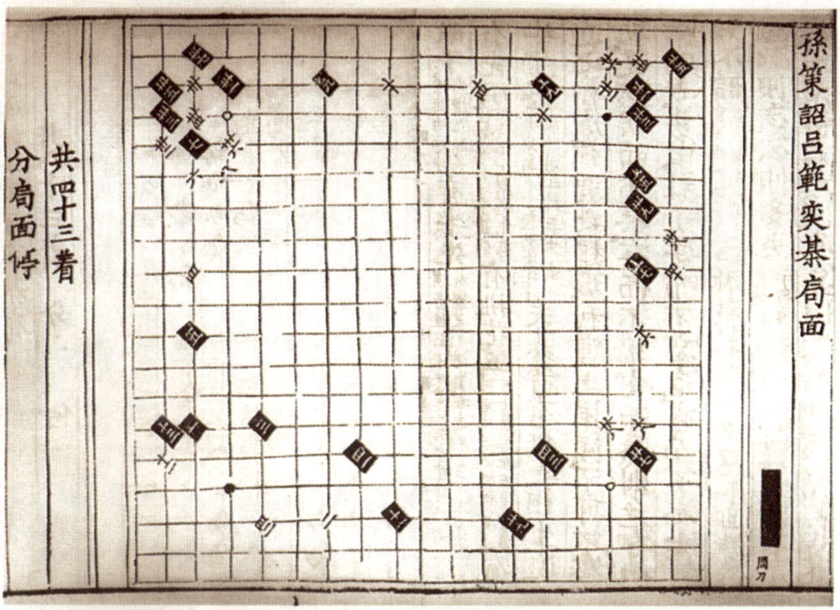

图1-5　孙策诏吕范弈棋局面（选自《忘忧清乐集》）

这盘棋采用的是古代通行的座子制和白子先行制。在行棋上，也典型体现了古棋的风格。黑 2 大飞，古人惯用招式。既然每一块棋中活棋所需具备的最基本的两气不算“路”（即目），就不怕你进角来谋求苟活。果然白 3 既不进角，也不分边，凌空一跃，逐鹿中原。当黑 4 分投，白 5 拆逼，白 3 从现代棋的角度来看，肯定都会选择飞角。以下白 9 又是一大飞，10、11 各往对方的角紧逼过去，欲近身肉搏，体现了古棋的作风。而白 19 打入，当对手压盖，21 轻灵转身，又颇有些现代棋的味道了。

尽管这盘棋的真伪已难考，但仍然为我们了解那个时代的棋艺留下了珍贵的资料。到两晋和南北朝（265—589）时，围棋越来越热，出现了中国围棋史上的第一个兴盛期。

晋代和南北朝围棋的兴盛，首先源于统治者的好棋与提倡。西

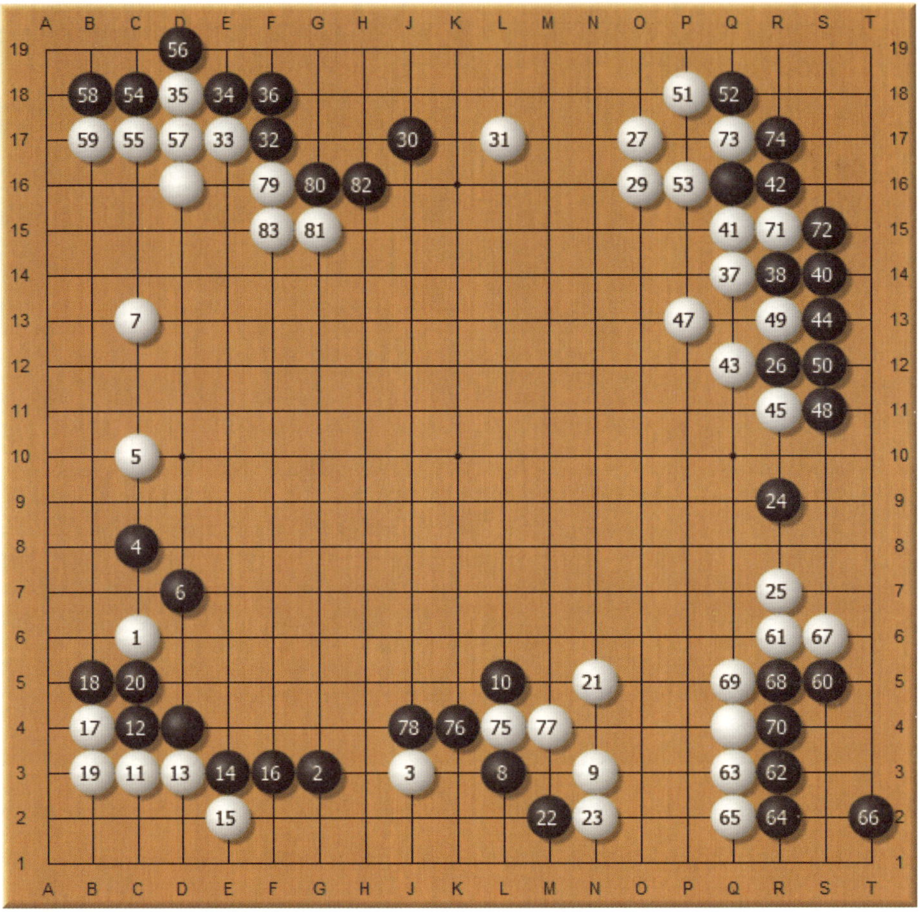

28 P17 39 R13 46 Q13

图1-6 晋武帝诏王武子弈棋局

晋的第一个皇帝晋武帝司马炎，就是一个有名的围棋爱好者。他在宫中，常与中书令张华、侍中王济下棋。《忘忧清乐集》就保留有他和王济的一局对局谱《晋武帝诏王武子弈棋局》【图 1—6】：

此后，晋代又出现了不少好棋的皇帝。在皇帝的影响下，太子、亲王、大臣、将军、名士皆好棋，宫廷内外，围棋极一时之盛。

南朝围棋承接两晋的遗风，更呈现出全面繁荣的态势。而其中，在围棋发展史上最有意义的应属围棋州邑的建立和棋品制度的确立。

围棋州邑的设置，始于宋明帝。《南史·王谌传》载：

> 明帝好围棋，置围棋州邑，以建安王休仁为围棋都大中正。谌与太子右率沈勃、尚书水部郎庾珪之、彭城丞王抗四人为小中正。朝请褚思庄、傅楚之为清定访问。谌贞正和谨，朝廷称为善人，多与之厚。

围棋州邑是掌管围棋的专业机构，仿州、郡设大、小中正，职掌棋者的选举、推荐，棋谱的收集、整理等。这应是中国最早的官方围棋机构，对围棋的发展，品棋及其他弈棋制度的进一步完善，有着颇为重要的意义。

棋品制度的创立，同样是魏晋弈坛的大事。需要为棋手定品，说明围棋已很普及，棋手众多。棋品制度也奠定了现代段位制的基础。

而魏晋时，围棋观念的一大变化就是确立了围棋作为“戏”的独立的存在价值，并将它纳入“艺”的范畴。

魏晋是个乱世，苟全性命于乱世，则成了生存的第一要道。于是，寄情于诗酒琴棋山水，成了他们释放自我的一种方式。竹林七贤酣饮高卧，吟诗下棋，啸傲山林；袁羌一边谈《易》，一边下棋，口手相应，意态傲然……这正所谓魏晋风度。手谈、坐隐、忘忧、烂柯，围棋的这些雅号，都是出现在这个时代，它代表的是人精神存在的一种方式。

二

围棋进入唐代，又进入一个新的时期。唐朝政治相对清明，国泰民安，为围棋发展提供了一个较好的社会环境。加之唐太宗作为一代雄主，对围棋的参与、吟咏、提倡，客观上为初唐围棋的发展奠定了一个良好的基础。

唐高祖李渊就是一棋迷，有时甚至“通宵连日，情忘厌倦”。受其影响，他的几个儿子都好棋。《旧唐书·裴寂传》曾载，李世民借裴寂与李渊下棋时，由裴寂劝说李渊起兵反隋。民间还有李世民观虬髯客与刘文静下棋的传说。即位后，在勤于政事之余，他还经常下棋，并作有两首《五言咏棋》，其中一首云：

手谈标昔美，坐隐逸前良。
参差分两势，玄素引双行。
舍生非假命，带死不关伤。
方知仙岭侧，烂斧几寒芳。

枰上谈兵，既关谋略，又可领略坐隐之妙，以一代明主对围棋的这种褒扬，自然会影响到社会各阶层，特别是文人士大夫对围棋的态度。唐太宗的棋诗还引来弘文馆学士许敬宗、刘子翼等的唱和，由此掀起了一个围棋诗歌的小高潮。

玄宗还专门设置了棋待诏与棋博士制度。所谓棋待诏，就是专门陪皇帝下棋的人，王积薪、王叔文、顾师言、滑能、朴球等都是著名的棋待诏。棋待诏虽然地位不高，但他们是专门以棋为职业的

图1-7　南唐周文矩《明皇会棋图》（局部）

人，成为中国围棋走向专业化、职业化的标志【图 1—7】。

而文人呢，也得风气之先，大多好弈。

唐代经济发达，社会安定，城市繁荣，上层风尚追求奢华与享乐。《国史补》云："长安风俗，自贞元（德宗年号）侈于游宴，其后或侈于书法图画，或侈于博弈，或侈于卜祝，或侈于服食。"在这种"仆马豪华，宴游崇移"的风气之下，博弈之风长盛不衰。它也就影响到人们的价值观念和行为方式，刘禹锡在《论书》中说：

> 吾观今之人适有面诋之曰："子书居下品矣。"其人必逌尔而笑，或謷然不屑；诋之曰："子握槊弈棋居下品矣。"其人必赧然而愧，或艴然而色。是故敢以六艺斥人，不敢以六博斥人。"嗟乎！众尚之移人也。

重六博而轻六艺，以善弈为荣，以不善弈为耻，使弈棋成为一种时尚。唐代的文人士大夫几乎都会下棋。当围棋成了一种高雅的艺术，会棋与否，便成了衡量一个人的艺术修养的标志之一，一向以风雅自许的文人，自不肯被人目为“愚拙”了。

到了宋代，围棋更为普及。就宫廷而言，宋太宗就是一个著名的棋迷，他一边与臣僚对弈，一边自制棋势：对面千里、独飞天鹅、海底取明珠，都是颇为有名的棋势。北宋末年的宋徽宗还别出心裁，设立女子棋待诏。有一首《宫词》即写此事：“忘忧清乐在枰棋，仙子精工岁未笄。窗下每将图局按，恐防宣诏较高低。”到南宋时，虽偏安一隅，在杭州这“诗酒琴棋歌舞地”，高宗皇帝仍“万机之务尽付之”，所乐者琴棋书画而已。

上行下效，围棋也就在社会各阶层中广泛流行起来。在宋代，居住在都市中的市民阶层，一般生活比较稳定，且有一定的闲暇时间，瓦舍勾栏、茶楼酒肆，成为市民阶层经常光顾之地。娱乐，成了都市生活的一种时尚，这构成了棋戏存在、发展的社会基础。于是，围棋不仅在宫廷、官宦、文人士子阶层中大为盛行，同时也逐渐由庙堂入民间，获得许多市民的喜爱。其中一些人甚至因嗜之过甚，终日沉溺其间，不能自拔，以至废业弃官。邢居实《拊掌录》载：“弈者多废事，不以贵贱，嗜之者率皆失业，故人目棋枰为‘木野狐’，言其媚惑人如狐也。”

如果说唐代棋待诏制度的形成，标志了围棋的专业化、职业化，那么宋代在职业与业余围棋间则有了进一步的分野。不少棋手以棋谋生，其大致分为三类，一类是当棋待诏，一类当棋师、门客，一类则当棋工。

棋待诏是由皇室供养的国手。北宋从太宗到仁宗、神宗、哲宗各朝，均设有翰林棋待诏。宋哲宗时，职业围棋迎来一个高潮。《忘忧清乐集》李逸民跋曰：“我朝善弈显名天下者，昔年待诏老刘宗，今日刘仲甫、杨中隐，以至王琬、孙侁、郭范、李百祥辈。”这七人应该都做过棋待诏。而其中刘仲甫更是继盛唐王积薪之后围棋史上的一个标志性棋手。

刘仲甫，字甫之，神宗元丰末年（1076年左右）开始称名棋坛。哲宗、徽宗年间为棋待诏。刘仲甫作为北宋最负盛名的棋手，其事迹在民间广为流传【图1—8】。

图1–8　中国围棋博物馆刘仲甫塑像

刘仲甫凭一技之长闯荡江湖，典型地体现了古代的职业棋手阶层的生存状态。这些人往往都是在小时候，因为某种机缘，学得一手好棋，渐渐在家乡没了敌手，遂起远游之心。以棋打天下，在棋坛闯下一块地盘，扬名立万，以棋谋生。就像刘仲甫，本江西人氏，练得一手好棋。来到临安，在自己的住处挂上一块招牌：江南棋客刘仲甫，奉饶天下棋先。并出银三百两，以此作为彩金。不一会儿，便观者如堵，一传十，十传百，传遍整个临安城。刘仲甫在棋盘上尽展风采，观众终于对他心服口服，盛情款待十数日，又备下厚礼为其送行。刘仲甫也如愿以偿，北上汴京，当上翰林棋待诏。

与此同时，文人们以棋为一种爱好，就像他们好在绢、纸上随意挥洒、笔走龙蛇一样，成了一种雅尚，一种赏心乐事。文人往往技不如人，索性看淡胜负，于是棋便有了文人棋和棋士棋的分别，棋士棋以争胜负为目的，文人棋却更多地把棋当作一种精神存在的方式，所谓“簸弄风月，陶写性情”，从棋上去寻一份隐逸雅趣与人生解悟。苏轼作《观棋》诗，其中有“胜固欣然，败亦可喜”，正所谓与其局上相争，不如退而观之，善弈不如善观，不仅影响到后世文人的围棋观，也成了他们的人生价值取向。

三

元朝（1206—1368）是一个由蒙古族入主中原建立的朝代。元代统治者一方面接受儒家文化，一方面又保持了本民族原有的一些习尚，喜爱骑射、歌舞、戏曲，但对围棋并不感兴趣。围棋多在文人士子阶层和民间流传，自生自灭，以致元代没有出现真正的围棋高手。倒是一部《玄玄棋经》，对后世产生很大影响。

朱元璋推翻了元朝的统治，建立了明朝（1368—1644）。朱元璋当政后，一度禁绝围棋。但因他自己就好弈，其后明朝历代皇帝中都不乏棋迷，禁止云云，遂成一纸空文。明初著名棋手有相子先、楼得达、范洪等。范洪之弈、金忠之卜、袁珙之相、吕纪之画并称“四绝”，说明棋也是属于“杂艺”之列。

明中期，围棋获得很大发展，形成了“永嘉派”“新安派”“京师派”三大流派鼎足而立、相互竞争的局面。“永嘉派”又称“浙派”，主要棋手为永嘉（今浙江温州）一带人，代表人物有鲍一中、李冲、周源、徐希圣；“新安派”又称“徽派”，主要棋手如汪曙、程汝亮、方子谦等都是安徽人；“京师派”代表人物有颜曙、李釜（字时养）。

三派的划分，主要是以地域而非棋艺风格为依据的。以“地”为标志的围棋流派的出现，预示着中国围棋开始摆脱皇家体制，获得独立发展。而江南则是富庶之地，商业经济与市民文化最为发展，为棋戏提供了良好的土壤。

明末清初最负盛名的棋手当推过百龄。过百龄，江苏无锡人。生于 1585 年左右，享年 80 余。关于他的生平事迹，民国裘毓麟《清代轶闻》中有一篇《过百龄传》，写得颇生动传神。这篇传记有几点值得注意：

其一，强调无锡多佳山水，也多奇特之士。画、诗、书、弈，皆为道艺，虽其道不同，但皆足以其名声震当世。

其二，过百龄的棋艺。十一岁见人弈，则无师自通，知虚实、先后、进击、退守之法，神童也。成年后，在京师与一代国手林符卿对决，三战皆胜，确立了棋坛霸主的地位，标志着一个旧时代的终结与一个新时代的出现。当时定式流行镇神头、金井栏、大小金网等套路，过百龄则在熟练掌握旧的套路的前提下，创造性地采用了倚盖起手式、大压梁式等新的着法，终结了以林符卿为顶点的旧式套路时代，为围棋发展开辟了一条新的道路。

其三，传记大力渲染的不是过百龄的棋艺，而是其人品修养。他小时候与南京显贵叶向高对弈，因不肯轻易让棋而受到赞赏。某锦衣者以事系狱，百龄念及旧情，仍与之交，不肯避祸，体现了非同寻常的节操。晚年归隐故乡，日与一二酒徒，狂啸纵饮，看淡钱财，所作所为，唯适志而已，真名士也。“若百龄者，仅谓之弈人者乎哉！”弈人终是技艺之徒，过百龄则有了儒士、名士、隐士的风范。这也体现了中国文化骨子里还是有一种重道轻技的传统。

过百龄的棋艺著作，有《官子谱》《三子谱》《四子谱》。后两书均为让子棋谱，其中尤以《四子谱》影响最大。全书分五部分：镇神头起手式、大压梁起手式、倚盖起手式、六四起手式、七三起手式。对这些“起手式”的各种变化，均做了详细介绍，对后世棋界产生很大影响。

四

清朝（1616—1911）也是由北方少数民族入主中原建立的。清朝统治者一方面继承了明代的绝对君主专制，另一方面又实施民族歧视和民族压迫，施行文化高压政策，“文字狱”大多是为镇压汉人的民族意识而起。而围棋由于不带政治和民族色彩，能为各民族、各阶层的人所接受，反而获得了一个相对自由的发展空间。清代，围棋在士大夫阶层和民间广为普及。在士大夫阶层特别是汉族士大夫中，许多人家里案头都要置一棋局，与典籍、文房四宝并列，这成为知识与身份的一种标志。在城市市民阶层中，围棋活动也颇为兴旺。正是因为拥有广泛的社会基础，清代出现了一批著名的国手，其中尤以黄龙士、徐星友、范西屏、施定庵的成就最为突出。

黄龙士，江苏泰县（今泰州市姜堰区）人，又名霞，字月天。大约生于1651年。黄龙士11岁即以善弈著称。康熙七年（1668）18岁时，与老棋手盛大有对弈七局，连战连捷。其后又先后击败各路名手，取代周东侯夺得棋坛霸主地位。著名学者阎若璩将当时名望大、学问造诣高或怀有绝技的十四人称为“十四圣人”，其中有著名的思想家黄宗羲、顾炎武、朱彝尊等，黄龙士作为唯一的棋家被列入其中。后来黄龙士被称为棋圣，也可见棋手在当时的地位。

黄龙士的行棋思路开阔，轻灵高妙，开启了一代棋风，上掩周过，下启施范。小说家李汝珍评曰：“逢黄月天出，异想天开，别创生面，极尽心思之巧，遂开一代之盛。”黄龙士著有《弈括》《黄龙士全图》《自拟谱十局》等。遗谱一百余局，主要见于邓元鏸刊《黄龙士先生遗谱》。

黄龙士中年早逝。野史逸闻往往认为和他曾鼎力提携的徐星友有关。徐星友（1644？—?），名远，浙江钱塘（今杭州）人。徐星友工书画，学棋较晚。师从黄龙士，苦心学艺，曾有三年不下楼的经历。与黄龙士对弈，起初受四子，后受三子，这时两人的水平差距已只有二子。老师为此殚精竭虑，学生亦全力以赴，十局之后，徐星友遂成国弈。后人将这十局命名为“血泪篇”。

黄龙士去世后，徐星友称霸棋坛二十余年，直到康熙末败于程兰如。遂归故里，潜心著述，有《兼山堂弈谱》行世。该书中收清初著名棋手 19 人 62 局棋谱，详加评说。棋家名之为经典【图 1—9】。

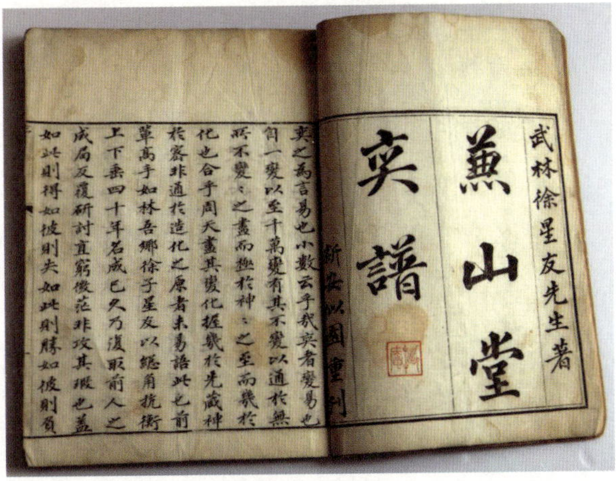

图1-9　徐星友《兼山堂弈谱》书影

中国围棋继黄徐时代之后，进入“四大家”时代。“四大家”为梁魏今、程兰如、范西屏、施定庵。“四大家”中，又以范西屏和施定庵成就最高。他们同是浙江海宁人，同时同里同学，弈艺旗鼓相当，被称为“棋中李杜”，同享“棋圣”之誉。

范西屏（1709—？），一作西坪，名世勋。袁枚《小仓山房文集》有《范西屏墓志铭》记其生平：

> 有清弈国手曰范西屏，吾浙海宁人。父某以好弈破其家，弈卒不工。西屏生三岁，见父与人弈，辄哑哑然指画之。十六岁，以第一手名天下。当雍正、乾隆间，天下升平。士大夫公余，争具采币，致劲敌角西屏，以为笑娱。海内推施定庵一人，差相亚也。然施敛眉沉思，或日昳未下一子，而西屏嬉游歌呼，应毕则哈台鼾去。尝见其相对时，西屏全局僵矣。隅坐者群测之，靡以救也。俄而争一劫，则七十二道体势皆灵。呜呼，西屏之于弈，可谓圣矣。为人介朴。弈以外，虽訹以千金，不发一语。遇窭人显者，面不换色，有所畜，半以施戚里。余不嗜弈而嗜西屏，初不解所以，后接精髹器者卢玩之，精竹器者李竹友告醰粹如西屏，然后叹艺果成，皆可以见道。今日之终身在道中，令人见之怫然不乐，尊官文儒，反不如执伎以事上者，抑又何也？西屏赘于江宁，无子，以某月日卒，葬某。有《桃花泉弈谱》传世。
>
> 铭曰：虽颜、曾，世莫称。惟子之名，横绝四海，而无人争。将千龄万龄，犹以棋名，松风丁丁。

范西屏晚年寓居江南一带的围棋中心扬州，著有《桃花泉棋谱》【图 1—10】。

而在同一时代、同一个地方，另一位棋坛巨星施定庵也开始闪耀出光芒。施定庵（1710—1770），名绍暗，字襄夏，号定庵。幼

图1-10　范西屏《桃花泉棋谱》书影

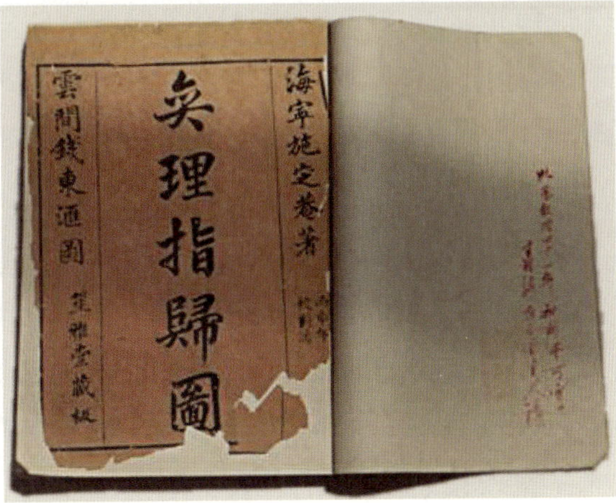

图1-11　施定庵《弈理指归图》书影

年羸弱多病，性拙喜静。其父擅诗文与琴、书、画，遂教以诗文琴。当时，范西屏从俞长侯学弈，12岁即与师齐名，令定庵十分倾慕，遂从俞退琴学弈。一年后即可与西屏争先矣。后遇老棋手徐星友，受三子，并获赠《兼山堂弈谱》，潜玩数年，技艺大进。21岁游湖州，得梁魏今、程兰如指点。施定庵在《弈理指归》自序中说，梁魏今曾让他在流水中顿悟弈理禅机，而臻棋艺最高境界。晚年寓居扬州，潜心著述，有《弈理指归》《弈理指归续篇》行世【图1—11】。

范、施两人棋艺各擅其妙。范西屏为人倜傥任侠，潇洒不群。棋如其人，思路敏捷，灵活多变，不拘常套，人称“棋中李白”。施定庵则精严谨密，操算深远，人称“棋中杜甫”。范、施棋艺旗鼓相当，两人曾多次对弈。乾隆四年（1739），两人受浙江平湖(又名当湖）缙绅张永年邀请，前往对弈。共弈13局，留存11局，人称“当湖十局”。这十局范西屏执白先行六局，双方胜负各半。黑白胜负也正好均等。此时范西屏年31岁，施定庵年30岁，两人均正当盛年，精力充沛，且技艺亦处于炉火纯青之时，双方殚精竭虑，各展所长，算路深远，着法紧凑、精湛，扣人心弦。被后人奉为楷模、经典。

范西屏、施定庵成了清代围棋界，也是整个中国古代棋史的一个最高峰。之后，虽还有一些棋手活动于棋坛，但水平已呈下降趋势。人们一般把活动于嘉庆、道光、咸丰、同治年间的十八位著名棋手称为“十八国手”，他们是：任渭南（一名惠南、位南）、僧秋航、董六泉、钱贡南、黄晓江、程德堂、周星垣、李湛源、楚桐隐、潘星鉴、申立功、金秋林、施省三、沈介之、林越山、赖秀山、李昆瑜、徐耀文。

这些棋手或靠王公贵族的延请，或于茶楼肆市、风景名胜之地设局以维持生计。弈棋都为稻粱谋，且时时处在朝不保夕的状态，也就难以保证他们能一心一意钻研棋艺了。他们的棋艺水平已较盛清国手有明显差距。“十八国手”之后，在道光至光绪年间，棋坛出现了一对双峰并峙的国手：周小松和陈子仙。他们两人并称晚清两大国手。

周小松（1820—1891），名鼎，江苏扬州人。青年时代曾得棋僧秋航指导，技艺大进。21岁成国手，足迹遍及江浙、北京、山东、广东等地，与当时官僚及上层文人也多有交往。据说曾国藩曾招周小松弈棋，周让曾九子，而把曾国藩的棋裂为九块，曾因此大怒而不赠一文。晚年著有《餐菊斋棋评》，选评晚清国手对局。

陈子仙（1827？—1871），名毓性，浙江海宁人，与范、施同乡。陈子仙经历也与范西屏相似。其父是大棋迷，本是小康人家，相传因嗜弈而至家道中落，靠赌棋抽彩为生。陈子仙幼时在乡里即有弈名。父亲曾带他到常州拜访老国手董六泉。青年时曾与施省三、李昆瑜、周小松等屡次切磋棋艺。但总的来说，周、陈较之施、范，棋艺有所不如。周小松谓，“弈虽小道，恒视国运为盛衰”，整个清王朝都在走下坡路，棋之一脉，当然也难以幸免了。

第三节　现代转型

中国围棋以棋艺水平而论，在清代中期，因为范西屏、施襄夏等国手的出现，达到顶峰。以后逐渐走下坡路。1909 年，日本棋手高部道平访华，将中国名手纷纷打到让二至三子。山中才一日，世上已千年，中国棋界震惊了，由此开始走上了反思、变革之路。中国围棋的现代转型也就由此开始。座子制被废除，日本围棋成了中国棋界学习、追赶的目标，不少日本棋谱被译介过来，中国围棋也就是在这种努力追赶中，开始走上了振兴之路。而中国围棋理论的一套话语，也开始了由传统向现代的转型。

一

1891 年，晚清的最后一大国手周小松谢世，中国围棋进入了一个“世无英雄”的时代。清末到民国前后二三十年的时间，虽然还活跃着一些知名棋手，如汪序诗、刘云峰、张乐山、王彦青、范楚卿、陈子俊、林诒书、何星叔、汪云峰（耘丰）、李子干、常仲

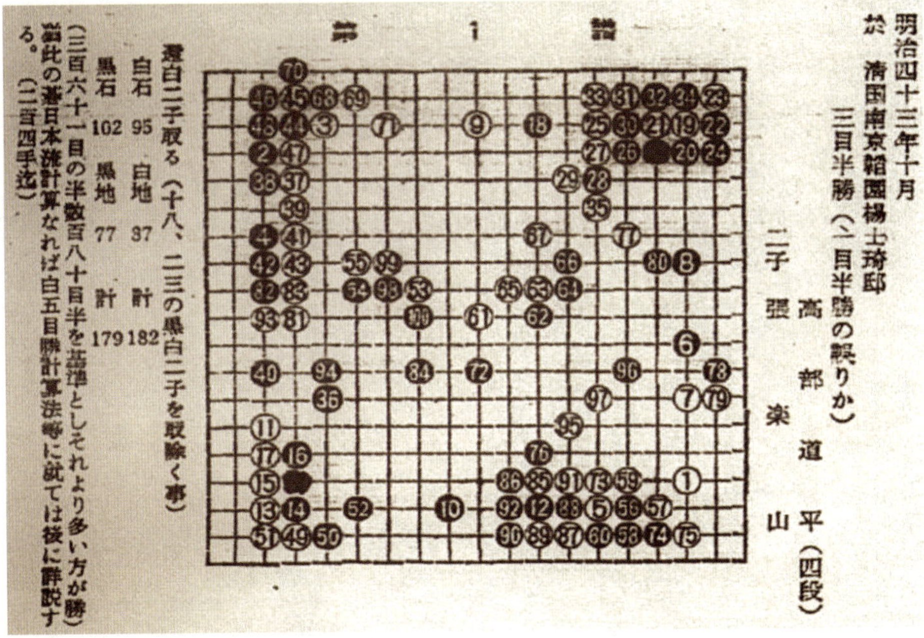

图1-12 高部道平与张乐山对局谱

卿、金芝亭等几十人，但他们中稍前一辈的均被周小松让二三子。而1909年，高部道平的访华，更使国人认识到，中国围棋真的是落后了【图 1—12】

中国围棋的没落，原因是多方面的。首先，恐怕在于国运的衰落。所谓国运兴、棋运兴，反之亦然。鸦片战争，西方列强用大炮轰开了中国的大门，在封建主义和殖民主义的双重压迫下，不仅民不聊生，而且连国家也面临着国将不国的窘境了。国势的衰落，使围棋之类的“游戏艺术”失去了它生存、发展的社会根基。王蕴章在《天香石砚室弈选》序言中说：

余尝窃论夫弈之盛衰矣。弈莫盛于有清一代，而其衰也，

> 亦于有清一代为最。极盛于施、范，中衰于陈、周，非施、范能盛之，陈、周能衰之也。施、范生于国家全盛之秋，民丰物阜，心无分骛，一枰黑白，若将终身，其以弈名世也故宜。降至陈、周，世变稍稍丕矣。士或怀才不得逞，则奔走为衣食计。手谈坐隐，余事蓄之。有能与陈、周敦槃玉帛狎主齐盟者，已视为登峰造极而不可复进。若更责以施、范之绝诣，则骇且走耳。

而反观日本棋界："日本人之治弈矣，争雄于坛坫，受成于天府，给廪以敬之，设官以宠之，高髻广袖之效，遂有遗弃一世之务而为之者。"（《天香石砚室弈选》序言）王蕴章由此感叹："呜呼！弈学之不振，岂第世运隆污之所由分，抑亦国民强弱之所由判也。"（同上）这段话极充分地说明了晚清棋道衰落的原因。

其次，晚清棋道的衰落，也与棋道中人的故步自封、一味因袭前贤、缺少创新精神有关。中国文化，本来就有尊祖敬宗的传统。这种祖先崇拜，导致人们习惯于遵循旧制，而少变革精神。在政治上，唯祖制是从；在思想上，多因袭，少创新。体现在棋道上，也是循循相因。晚清的对局，在布局阶段几乎千人一貌，毫无个性风格可言。特别是不少棋手是科举制度下训练出来的旧式文人，"尽信书"，"人人游于《桃花泉》之彀中"，生搬硬套，成了普遍的时代风气。高部道平曾一针见血地指出："中国之弈，有退化而无进步者，皆束缚于前人之谱，不求变古而为胜。"

封闭，便意味着坐井观天，故步自封，而正是高部道平和后来日本第一高手本因坊秀哉访华，在带给中国棋手刺激的同时，也迫使中国棋界开始对自己的围棋传统做出反思。宣统年间，李子干在

《咏棋十绝》中曾写道：

古法拘泥计本疏，兵情顷刻不相如。
赵家十万长平骨，误在将军读父书！

名手张乐山的棋友黄铭功更大胆提出："棋法自范西屏而精，亦自范西屏始坏。"他认为后来的棋家唯有"大抉其藩篱"，方能开拓中国围棋新境。古棋着法受到质疑，那么，唯有"先生"放下架子，从过去的"学生"日本围棋那里汲取养分，学习其棋理棋法，"礼失若援求野例，未妨俎豆本因坊"（黄俊《弈人传·刘叔通诗》）。

问题是，中日围棋规则、着法均不尽相同。特别是中国古棋的"座子"，首先导致了中日围棋在布局上的极大差异。《棋国阳秋》称："日人对弈，不置角子，即其破陈式之道。华人与之对局，古谱公式，废然无所用之。"废除"座子"制已成当务之急。之后其他的一些棋规如"还棋头"之类也相应地被废止，标志着中国现代围棋的诞生。在棋理棋法上，受日本围棋影响，中国棋手在发挥原好战善战的风格的基础上，也开始注重布局、官子，注重全局的均衡。像顾水如这样的名手，甚至直接去日本留学，吸收其养分，从而给中国围棋带来新的气象。

当然，在旧中国，社会的动荡、时局的多难，使棋手们大多只能靠赌彩、传授棋艺为生，或者依赖于好棋的权贵、富豪。就像段祺瑞，这位大军阀因为酷爱围棋，门下便聚集了一批中国棋手，如汪云峰、顾水如、刘棣怀，包括少年吴清源。这些棋手与他下棋，自然选择礼让三分了。段祺瑞觉得自己天下无敌。1919 年，日本

图1-13 秀哉（左）授四子对肃亲王善耆

秀哉名人访华【图1—13】，段祺瑞被让子，还死抱着白棋不放，棋盘上便出现了被让子的下手拿白棋后走的奇观。在这样的处境之下，顶尖棋手水平的提高自然受到很大的限制。

民国时最有名的棋手，除了顾水如，便是被称为“南刘北过”的刘棣怀与过惕生了。与长期受荫庇于段祺瑞的顾水如不同，到了“南刘北过”的时代，段祺瑞早已下野，张澹如事业破产，“南张北段”已不复当年。“南刘北过”这两位代表了民国中后期中国围棋最高水平的棋手，前半生的大部分时间都在茶馆、棋社中靠下彩棋为生。据赵之云先生的《桐城大将》记载：

从酷暑到寒冬，他（刘棣怀）出入各处茶楼下彩，有时通宵达旦对局，熬得两眼红肿，第二天仍照常应酬往来棋客，甚至大年除夕，也不敢稍事休息。

民国时代，中国棋界响当当的名手的生活境遇尚且如此，更不用说那些水平低的棋手了。在这种生活无保障，社会无地位的条件下，中国围棋又怎么能够提高水平，恢复曾经的辉煌呢？

而围棋大师吴清源，吸收中日文化的养分，成就了棋盘上的伟业。

吴清源生于1914年，父亲在日本留学时学会了围棋，回国后即把围棋传给了几个儿子。吴清源在棋上的天赋及其对日本棋谱的苦心钻研，又使他很快脱颖而出。12岁即打败了中国当时所有的名手。1928年，14岁吴清源东渡日本，棋艺精进，称雄日本棋坛。

郑也夫在《围棋·文化·边际人》一文中将吴清源称作一个“文化的边际人”。吴清源则自称是个“国际游民”。一方面，生长在动乱的旧中国，其后又长期客居他乡，在战乱和颠沛流离中，历尽生活的艰辛。但另一方面，游弋于中日文化之间，又使他得以吸收中国与日本围棋文化的养分，兼收并蓄，最终成就他在棋盘上的伟业，人生中的大修为。

而吴清源的围棋观，也可以说是中日两种文化的融合。一方面，吴清源将在日本的一次次十番棋的擂争及其胜利称之为“悬崖上的格斗”，那个时候的吴清源，是胜负师，是武士。而另一方面，他又不断地在寻求着信仰，寻求内心的和谐之道。而从小熟读《易经》《论语》《老子》等中国传统经典，这种文化的基因影响到他日后的围棋观。《吴清源棋谈》中说：“与其说围棋是竞争和胜负，不如说围棋是和谐。”“和谐相依，方成棋局”，（江崎诚致：《敬论吴清源的围棋观》，转引自《中国围棋文化史》，何云波著，武汉大学出版社，2015年，第477页）围棋看起来是交战双方在展开激烈的争斗，但棋如流水，当你委身于围棋的流势，行于当

图1–14　吴清源

行，止于当止，交战双方心息相通，最终达到的又是一个和谐的境界【图 1—14】。

而吴清源的一生，游弋于中日两种文化、两种人生（胜负与信仰）之间，一生都在各种冲突中寻找和谐。这和谐，既是棋盘内的，顺应棋的流势，在黑白子的冲突中达到和谐，也包括棋盘外的，在人与自我、人与自然、人与他人、民族与民族间，通过努力，达到理想的和谐之境。和谐，这是棋道，也是中国文化之道。

二

清末民初，中国围棋完成了由传统向现代的变革，这由此也带来了围棋观念的革新。与此相应，中国棋论话语，也在悄然发生变化。

1917 年，汪耘丰在《问秋吟社弈评·自序》中有感于中日围棋的差距，发出了“励勇武之精神，挽颓孱之末俗”的呼吁。而振兴棋道，首先便涉及对围棋的认识，即所谓围棋观念。以围棋的功用论，中国传统围棋观念，尽管也常常把围棋与天地之道、治国之事联系起来，但骨子里还是把围棋当作艺事之末，大雅君子聊以遣怀，但不可常也。这种观念一直延续到民国时。汪耘丰却把棋与国人之“勇武精神”联系在了一起，棋之为“技”，具有了更高的意义。

随着西学东渐，中国传统知识向现代知识的转型，中国现代棋论话语，在概念范畴、言说方式、文化观念上，也开始产生一系列的变化。正像邓元鏸在《黄龙士先生棋谱·序》中谓：

弈为数学之一。我朝数学极精，弈理愈显。前刻范、施、

> 梁、程各谱，已论之详矣。范、施后起而最著，周、黄实为之先声。周为东侯，黄即龙士，并称绝艺擅名。

由“数”而“数学”，虽仅一字之差，却代表了两套不同的知识系统。孟子的“弈之为数，小数也”乃传统之“数”。而“数学”，乃是西方科学体系下的学科之一。邓元鏸未必明白“数”与“数学”之差异，但将“弈”当作“数学之一”，乃是受新的时代风气的影响。在中国传统知识中，以“道”为最高境界，一切都要被纳入“道”的范畴，以证明其存在的合法性与合理性。而在19—20世纪之交的中国，“科学”逐渐取代“道”，成了检验其知识合法性的最高标准。邓元鏸作《黄龙士先生棋谱·序》是在光绪十三年（1887），而受西学开始在中国广泛传播的时代风气的影响，邓元鏸自然也要将“弈”纳入“数学”之中了。

以西学话语阐发围棋，邓元鏸仅仅是偶尔用了一新名词，未必理解其中真正的内涵。时间又过去20多年，到宣统二年（1910），出身合肥巨室的李子干与其弟李威如在上海召集组织棋友会，招邀同好，交流棋艺。并将宣统元年以前的对局四十五局，印为《手谈随录》。李子干处处以欧洲为参照，因为那时的欧洲，乃“至富极强之邦”，而下面一段话，尤其值得注意：

> 况弈者，推析微芒，近于美学；布置攻取，近于兵学；穷理尽性，近于哲学。善学者触类旁通之。且与各种科学，皆相发明哉。棋经之言曰：有用之用，不如无用之用。愿推广斯言，使人知弈虽无用，然用之焉得其道，或较世间有用之学，为更有用也。

将“弈”比之于“美学”“兵学”“哲学”，总之是各类“科学”，它们互相“发明”，互为促进，“无用”中有“大用”，围棋，也就有了存在的合法性、合理性。相对于中国传统棋论，用天地之“道”、之“象、数”、之“阴、阳”、之“易”来言说围棋，显然这里体现的是两套不同的话语。

三

说到棋论话语的转型，其实这里涉及东西方的两套不同的知识系统。

现代西方知识体系，在古希腊时代奠定了基础。亚里士多德按照研究对象的不同，划分出物理学、逻辑学、伦理学、诗学、形而上学（哲学）等等。而中国传统的知识，划分出经、史、子、集四大类，这不是按研究对象，而是按知识的重要程度的分类，有严格的排序。

围棋棋谱在唐代以前是在“子部”“兵法类”，唐代成为琴棋书画四艺之一，进入“子部”“艺术”类（由兵法而艺术，地位其实是下降了）。而围棋棋谱本身，也有自己的概念和分类，它们便构成了中国古代围棋的一套知识系统。

中国古代围棋知识的分类，从笼统地把棋局分成起手、残局两大类，到《弈薮》分成起手、侵分、残局三部分，之后施定庵又将“起手式”分成“起手”与“布局”两个部分，陶式玉的《官子谱》则将死活、侵分、收官通通纳入“官子”名下，构成了中国传统的一套围棋知识分类体系。而中国棋论的一套概念，如戏、道、艺、技、气、虚实、阴阳、神、妙、境界等，与中国传统文学艺术理论共用一套话语，言说不同的对象，也自成一套独立的系统。

然而，在19—20世纪之交西学东渐的大背景下，这套知识体系却开始面临挑战。正像现代意义上的“文学”“艺术”“哲学”“经济”都是由日语转译过来，借用原有的汉语词汇旧瓶装新酒一样。而中国传统围棋棋论的一套知识体系、话语，也面临着现代转型。

对他国文化的接受，除了身临其境的耳濡目染，最普遍的方式，便是书刊的引进与翻译。20世纪20年代以来，日本围棋的一些书籍被译介过来。这里有编译的日本棋谱，如《日本第一国手棋谱》（狄葆贤选编）、《东瀛围棋精华》（陶审安编译）、《丈和弈谱》（日本名《国技观光》），还有一些则是日本围棋专题研究著作的编译，如涉及日本围棋定式的著作有《新桃花泉》。关于布局的著作有《布局详解》《围棋布局研究》《围棋布局要则》等。而1937年上海“中国围棋社”编辑发行的《中国围棋月刊》，办了各种专栏，如创刊号“定石栏”，有“置棋定石顶手篇”“置棋定石大桂马篇”“小目一间高挂定石”“高目定石”。

中国现代围棋受日本的影响，传统的那套知识系统，如“起手”“棋势”“官子”等分类，逐渐被代之以“布局”“定石（定式）”“中盘”“死活”“官子”等的分类。有的概念，旧瓶装新酒，含义已发生变化。比如“官子”，中国古代有好几部《官子谱》，这里的“官子”包括了死活、中盘、残局的各类棋图，而现在我们所用的“官子”，专指终局阶段的收束，恐怕更多的是受日本围棋影响的产物了。

日本在明治维新之时开始了“西化”的历程。而19世纪后期，西学东渐也引发了中国思想、学术的变革，它不光是思想、观念的更新，更涉及整个知识话语的转型。就像中国传统的经、史、子、集这套知识系统，所谓的“四部之学”，被西式的“七科之学”（文、理、法、商、医、农、工）所取代，中国之“经学”被代之以西方之“哲学”，中国传统之“文”与“艺”也被代之以西方意义上的“文学”与“艺术”。作为传统四艺之一的围棋，在西方之“艺”中找不到自己的位置，也就回归为体育之“技”，由此开始了中国围棋的现代化历程。中国围棋沿着竞技化之路，经过几代人的努力，取得了很大的成就，但同时也可能导致围棋的一些风雅传统的丧失。以至当竞技围棋在今天走向辉煌之时，我们又要重提围棋作为艺术与文化的价值。

第二章　棋之戏

围棋首先是一种游戏。

人类的竞技游戏，多是对生存争斗的模拟。当把这种争斗移到棋盘上来，便有了各种棋戏。当然，由于争斗方式不一样，便有了博与弈、围棋与象棋及其他棋戏的差别。而游戏得以进行，需要有一定的规则、场域。围棋之戏有一个从简单到复杂的演变过程。不同的时代、不同的民族，对待游戏的态度也不一样。一方面，以儒家为主流的中国传统社会，经常把“玩物”与“丧志”联系在一起，竭力把围棋纳入“伦理教化”的体系中。另一方面，当游戏与人的精神快乐联系在一起，它又有了独立存在的价值与意义。游戏精神，本质上代表的是一种艺术精神。

第一节　游戏规则

荷兰文化史学家约翰·赫伊津哈在《游戏的人》一书中，对作为一种文化现象的游戏展开了全面的探讨。他开宗明义，指出游戏先于文化，人类文明的各个方面，如法律和秩序、商务和谋利、涂鸦和艺术、诗歌、智能和科学，都植根于游戏的原始土壤中，真正纯粹的游戏是文明的主要基石之一。他归纳了游戏的主要特征：其一，游戏是自愿的、自主的、自由的行为，它遵循快乐原则，而无须承担物质与道德责任；其二，游戏不是“平常的”或“真实的”生活，它走出“真实”生活而进入一个暂时的别具一格的活动领域；其三，游戏是非功利的，它是一种与物质利益无关的活动；其四，游戏具有隔离性和有限性，它在特定范围的时空中“演出”，有其特定的时空界限；其五，游戏创造秩序，它就是秩序，它把一种暂时而有限的完美带入不完善的世界和混乱的生活当中，游戏要求的秩序完全而又超然，哪怕微小的偏离都会“败兴”；其六，游戏是伴有竞争的活动，它有着紧张性和不确定性，紧张意味着不确定、机遇，意味着果断决定、奋力争取，游戏者要尽全力“获胜”。

正是这种紧张和冲突成分调动着游戏的技能，使不少游戏具有对抗性质。赫伊津哈为此给游戏下了一个完整的定义：“游戏是在某一固定时空中进行的自愿活动或事业，依照自觉接受并完全遵从的规则，有其自身的目标，并伴以紧张、愉悦的感受和有别于‘平常生活’的意识。”（赫伊津哈：《游戏的人》，多人译，中国美术学院出版社，1996年，第30页）

当游戏体现为在一定规则下的紧张的竞争，便成为各种竞技的渊源。游戏大致可分为两大类：竞技类与非竞技类，竞技类包括赛力竞技、赛技巧竞技、智力竞技。各种棋戏便属于智力竞技类。

围棋作为一种游戏，它体现为在特定的场域里，在一定规则下的紧张的竞争。游戏得以进行，先要有一套规则。这规则，既有行棋的规定，也有对弈的方式、胜负的计算等。也包括一些棋道的礼仪、规范。而这些规则的设置，既源于围棋本身的自然法则，也与中国传统的思维方式、文化观念息息相通。

一

围棋最初不过是一种简单的游戏。

说尧造围棋，就像江湖的传说，大抵是附会。

人们在田间、地头，画几条线，用石子、树枝，玩相互攻杀的游戏，也许就是最初的围棋了。当然，一开始并没有围棋之“名”。

那么，最初的围棋是怎么下的呢？

笔者在大学里开围棋课，第一次上课，往往会让两个从来没有接触过围棋的同学，在五路或七路盘里，下他们人生的第一盘棋。

围棋的规则极其简单而自然，不会下棋的也不影响他下完一盘棋。象棋就不行，你不告诉他马走日、象走田、车直行，他会寸步难行。

没有接触过围棋的人们下出的棋，应该最接近围棋刚出现时的最原初的状态。

我们先来看看课堂里两个没有接触过围棋的同学走出的棋【图2—1、2—2】：

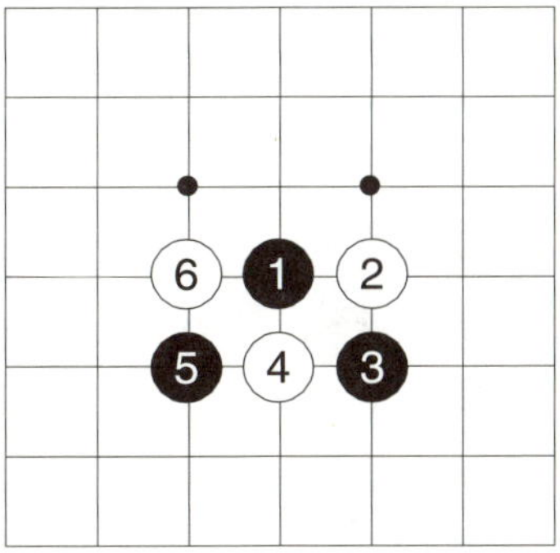

图2-1　学生对局谱1

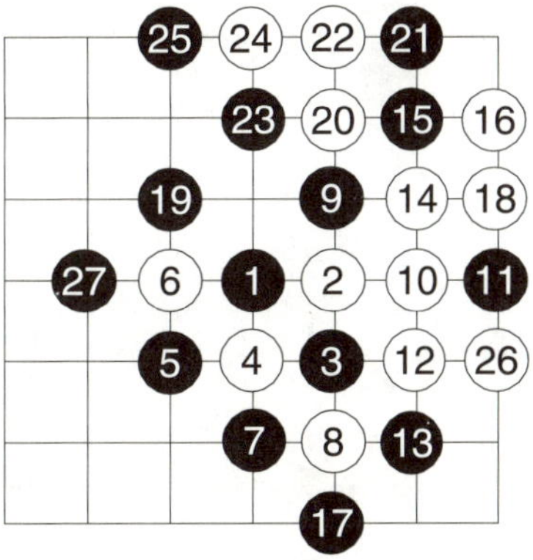

图2-2　学生对局谱2

一上来就扭杀在一起，然后开始你吃我，我吃你，最后一方把另一方吃光。这就像打架，没学过武功的，经常一上来就会扭在一起。而武功高手，往往会跟你保持一段距离，所出的一招一式都有讲究。

然后，我明白了，“吃”是人的本能，“战斗”是围棋的本质。最初的围棋一定是吃子棋，而围空，那是学棋的时候，老师教化的结果。正如唐代的孔颖达所说：“以子围而相杀，谓之围棋。”

而围棋的规则，最原初的一条，应该就是：没有气的子就死了，要被从棋盘上拿掉。换成文雅的说法，就是：棋以气生，气尽棋亡。

在课堂上，因为是在电脑上下棋，程序已经设计好了，没有气的子会自动从棋盘上消失。所以从来没有下过棋的，不影响他下完一盘棋。

而在现实生活中，你只要告诉他什么是“气”，气尽提子，就可以开局了。曾经在学校组织围棋比赛，不会下棋的同学也来报名参赛。然后在这个“未入门组”开赛前，用5分钟告诉他们如何“吃子”，“比赛”就开始了。不需要他们下完一盘棋，而是在规定的时间，以吃子的多少判胜负。其实，也可以将“规则”设计为：谁最先吃到对方的子为胜。就像象棋，捉“王”即胜。

那么，这种“吃子棋”在几路盘上可以玩呢？

我们先来看两路盘。

黑1占一个角，白2占对角（此时白方已经有了选择，如果贴着黑棋下，将被吃掉）【图2—3】。

黑3如果继续走，将被白4吃掉【图2—4】。

但黑5再走，被白6吃掉，黑7却可以吃回来。黑5送吃，相当于围棋吃子经常用到的一种战术：倒扑吃【图2—5、2—6、2—7】。

黑7回到初始状态，白8新的一轮循环开始【图2—8】。

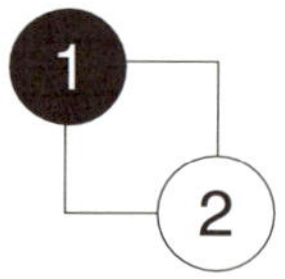

图2-3

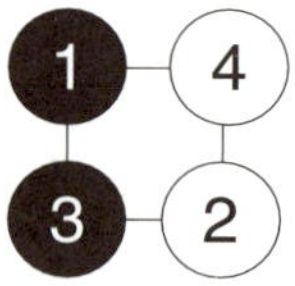

图2-4

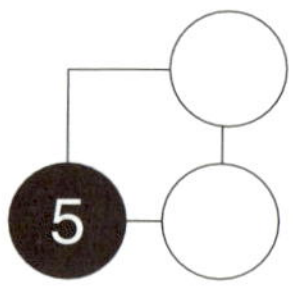

图2-5

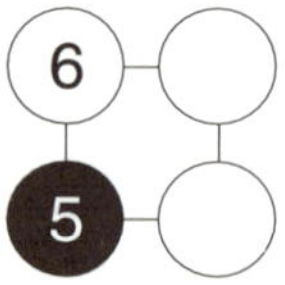

图2-6

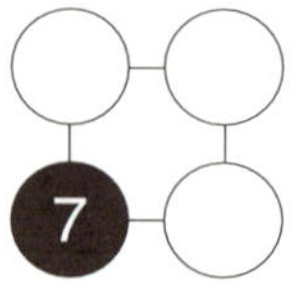

图2-7

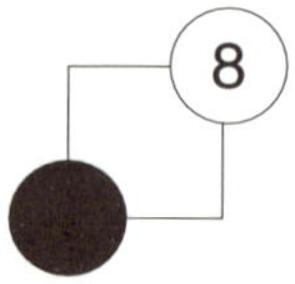

图2-8

两路盘可以说是最简单的“棋盘”了，但从“围棋”角度说，已经涉及“气”“吃”“扑”等概念了。

奇妙的是，如果在两路盘上下棋，它可以永远循环，分不出胜负。中国古人谓一阴一阳之谓道，以黑白指代阴阳，它们恰恰体现了阴阳相生相和，既相互对立又互为依存的关系。两路盘，黑白子，无意中已经暗合了中国哲学之道。

再来看三路盘。

在三路盘上，黑 1 的最佳选点是棋盘的中心。结果黑棋通过 1、3、5 围出一个眼，而白棋的“眼”却是假眼。这里便已经涉及围棋的“眼”（真眼和假眼）、有眼杀无眼的概念了。“眼”跟“气”有关，一个眼就有了一口“内气”。此外黑白棋共两口外气。也正是依赖这口内气，使黑棋在对杀中处于有利位置【图 2—9】。

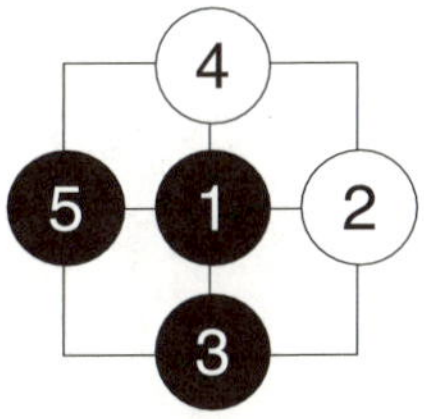

图2-9

陈祖源先生在《围棋规则演变史》中推断，围棋应该经历了从吃子棋到活子棋的演变。吃子是以吃掉对方的子为目的，活子则以自己一方的子求活为目的，胜负就看谁在棋盘上活的子多。从以吃子为目的到以活子为目的，围棋的第一个发展过程就完成了。

有了活子，围空的概念也就产生了。活子是通过围空来实现的。围空本质上就是争夺棋子的生存空间。

那么什么是活子呢？死子是完全没有气的子，活棋就要有对方不能入子的“气”。于是，“眼”概念便诞生了。有了眼的棋就是活棋。

在四路盘上，无论哪方先走，都可以形成双方有眼的公活，【图 2—10】双方都是假眼，【图 2—11】双方都是真眼。但黑白都

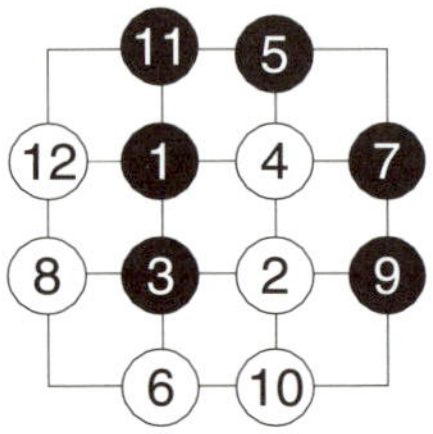

图2-10

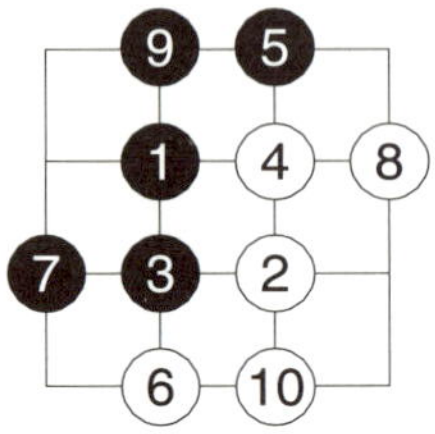

图2-11

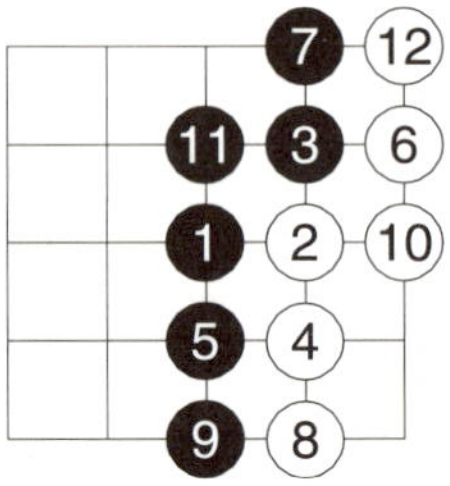

图2-12

共两口公气，谁也不能再走，形成和棋。

再来看五路盘。

陈祖源先生推断，当围棋进化到活子棋，在棋盘道数较少的情况下，应该有一眼就可以活棋的时期。

如前所述，三路盘先走的一方必胜，四路盘可形成双活。五路盘，后走的白棋可以做出一个眼来。如【图 2—12】，白棋围出的两个交叉点至少有了一个眼。如果按照“一眼活棋”的规则，五路盘上就可以展开竞技了。由此推断，作为争胜负的围棋，棋盘最少应该是四路或五路盘。

围棋的进一步进化，就是从一眼活棋到两眼活棋的规则的产生。一眼活棋依据的规则是：无气之子是死子，有一个眼（一口气）的子是活子。而两眼活棋的规则的基础，则是“双方同时无气，保留着己方的子”。也就是说，在两眼活棋的规则下，一个眼的棋，你进去，尽管也没气，但可以把对方的棋提掉。而这一点，在一眼活棋的规则下，是禁入点。而在两眼活棋的时期，还保留了禁止自尽的禁入点规则，应该是一眼活棋时期留存下来的。其实在两眼活棋时期，自尽一手，如【图 2—13】，两个图中的 A、B 点，都属于禁着点。其实下后，又被从棋盘上拿走，相当于弃权一手，应该是允许的。禁入点的规则也就变得多余了。其实，自尽还可能

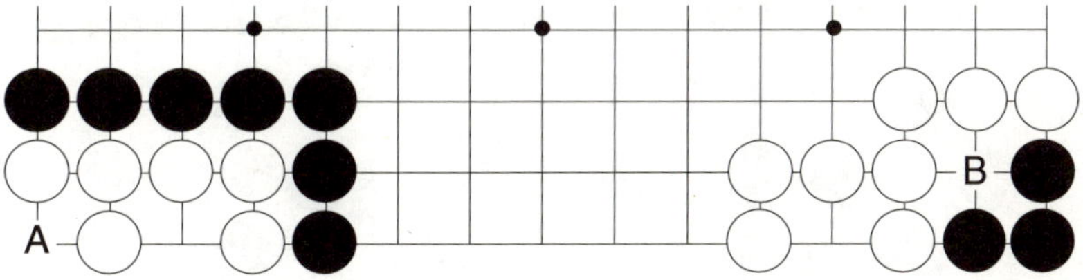

图2-13

引发一些手段。金庸《天龙八部》描写的珍珑棋局，自尽的一手成为盘活一块棋的妙手，便颇为有趣。

从一眼活棋到两眼活棋，最少应该是六路盘【图 2—14】：

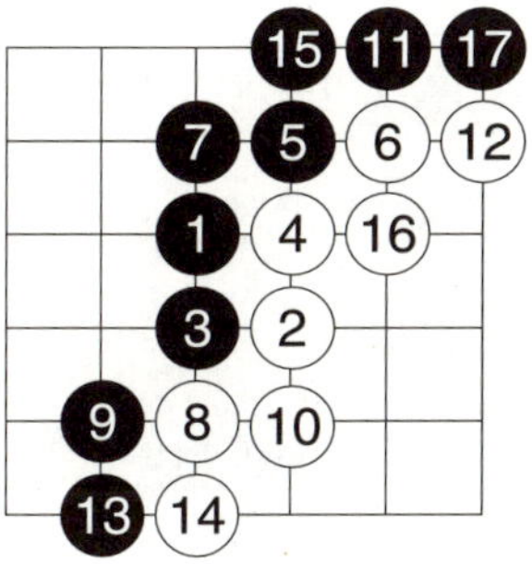

图2-14

现行通行的棋盘，道数都是奇数，不知为何，没有偶数的棋盘流传下来。其中一个解释是，如果以胜负计算，偶数的棋盘，交叉点是双数，可以有和棋，双方各得一半。奇数的棋盘，如 9 路盘，81 个交叉点，19 路盘，361 个交叉点，不算贴子因素，双方所得不可能一样。除此之外，是否还有其他因素，则需要进一步研究了。

两眼活棋，还引发了围棋的另一条规则：打劫。因为“双方同时无气，保留着己方的子”，使提取对方眼（假眼）中的一个子成为可能。但双方提来提去，将不断重复，然后才有了打劫的规则：虎口中的子，被对方提取之后，不能马上提回，而需要在其他地方

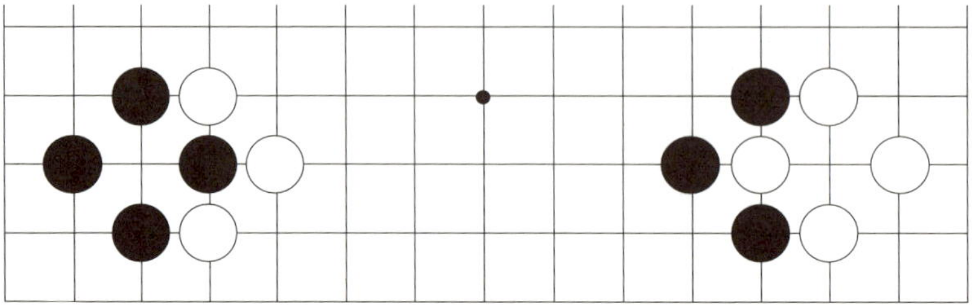

图2-15

走一手，如果对方应了，才可以再提回【图 2—15】。

打劫的规则是围棋所有自然产生的规则中，唯一人为规定的一条规则。它大大丰富了围棋的战术。两眼活棋和与此相伴的打劫规则的产生，意味着现代意义上的围棋诞生了。

二

棋盘的道数，有一个由少到多的过程，围棋的下法，也逐渐由简单到复杂。如前所述，下棋可在五、六路盘上进行，但总的来说，下法比较单一。到七路盘，相对来说变化就多了许多。李喆六段曾在《围棋天地》撰文，讨论七路盘的最优解，也就是双方最善的下法，变化已经很多。在他看来，如果是九路盘，完全凭人力，找最优解已经无能为力了。

这意味着，九路盘的未知、未定性已经大大强化。也就是说，九路盘应该是围棋作为简单的竞技游戏和作为正式竞技比赛的一个转折点。因为如果在棋盘上能够找到双方的最优解，那“竞技”就将失去悬念。

现在不少学棋的孩子都是从九路盘开始学起。在日本，职业棋手间，还有九路盘比赛。

现存已知最早的围棋盘实物出自西汉。陕西咸阳西汉中晚期墓葬出土石棋盘一件。棋盘面磨制光滑，其中以黑线画出棋格 15×15 共 225 格。

1998 年，在陕西汉阳陵南阙门遗址的考古发掘中，又发现了一个西汉陶质围棋盘【图 2—16】。从棋盘的质地看，它是用一块当时的铺地方砖加工而成，盘面纵横线刻画粗糙，表明棋盘虽然出土于皇家陵园，但显然不属于皇家之物，很可能是汉阳陵的守陵人信手刻制而成，以供闲暇时娱乐所用。

1954 年，在河北望都发掘的东汉古墓中发现一石棋盘，高 14 厘米，边长 69 厘米，上刻有纵横十七道线【图 2—17】。三国时魏邯郸淳《艺经》说“棋局纵横各十七道，合二百八十九道，白黑棋子各一百五十枚”。1975 年，山东邹县发掘的西晋刘宝墓中，有一副装在灰色陶盒里的完整的围棋，黑白共 289 子，充分说明十七道盘还是这时的通行制式。

南朝宋时有一首《读曲歌》云：“坐倚无精魂，使我生百虑。方局十七道，期会是何处？”《读曲歌》是南朝宋时流行于江南一带的民间歌谣，它说明十七道盘还通行于民间。

1972 年，在新疆吐鲁番阿斯塔那唐墓中，出土了一幅绢画，

图2-16　西汉陶质围棋盘

图2-17　东汉石围棋盘

图2-18 《弈棋仕女图》

叫《弈棋仕女图》，图中所绘棋盘为十七乘十六道（十六当为十七之误）。该墓墓主是武则天时安西都护官员，它说明初盛唐时，十七道盘仍在边远地区使用【图2—18】。而直到现在，中国藏棋、印度锡金围棋犹流行十七道制。

那么，十九道盘起于何时，却成了一道难题。一说在三国时期已流行，理由是北宋棋待诏李逸民《忘忧清乐集》中，收有《孙策诏吕范奕棋局面》，该图谱就是十九道的。另外，还有《晋武帝诏王武子弈棋局》，也是十九道的。但有人认为，这两谱乃后人所为，不足为凭。

一般认为，十九道盘至少在南北朝时开始流行。成书于北周的敦煌写本《棋经·像名篇》中有"棋有三百一十六道，放周天之数"之说，"三百一十六"应为"三百六十一"之误，"放"应为"仿"。十九道棋局出现在《棋经》中，说明北周时十九道棋盘成了主要对局用具。

此外，中国古代数学名著《孙子算经》中有一道算题：

今有棋局方一十九道，问用棋几何？答曰："三百六十一。"术曰："置一十九道，自相乘之，即得。"

《孙子算经》见《隋书经籍志》，不著撰人姓氏，原作者究为何人，诸家说法不一。《唐书·艺文志》载：李淳风注甄鸾《孙子算经》三卷。甄鸾，北周时人。李淳风，初唐时人。

一种围棋制式从产生到流行，总有一个发展过程，如果孙策棋谱不确，十九道盘至少在南北朝前期时已产生，应属不谬。已发现的十九道盘的最早的实物是在河南安阳隋代张盛墓中出土的一具瓷棋局【图2—19】。唐人裴说《棋》中有“十九条平路，言平又崄巇”的诗句。《忘忧清乐集》中所收棋谱，也都是十九道的。说明十九道盘在唐代已成为标准制式。

图2-19 隋代张盛墓中出土的瓷棋局

棋盘的演变过程，有一个由简单逐渐到复杂的轨迹。棋盘越大，变化就越多，棋势越复杂，斗智的趣味性也更浓。至于随着人们对围棋理解的进一步加深，掌握得越来越熟练，特别是围棋人工智能给人类的围棋带来的冲击，会不会由此带来一次新的围棋的革命，出现二十一道的棋盘，我们只能拭目以待了。

三

再说对局方式。

围棋称为“手谈”，纹枰对坐，当然是以两人对局最为常见。因古代的棋不贴目，水平相当者采用互先制，在多局制比赛中，双方交换先手，即所谓“敌道戏”。

对局者若水平有差距，为使“对话”顺利进行，便以让先或让子的方式入局。至于让多少，在南北朝有较完善的棋品制度的情况下，基本采用“依品赌戏”的方式。

萧子显《南齐书·萧惠基传》中的一段记载，为我们了解当时棋手的对局情况，提供了第一手资料：

> 萧惠基，兰陵人也。善隶书，及弈棋。当时能棋人琅邪王抗第一品，吴郡褚思庄，会稽夏赤松并第二品。赤松思速，善于大行。思庄思迟，巧于斗棋。宋文帝世，羊玄保为会稽太守。帝遣思庄入东与玄保戏，因制局图，还于帝前覆之。太祖使思庄与王抗交赌，自食时至日暮，一局始竟。上倦，遣还省，至五更方决。抗睡于局后，思庄达晓不寐。世或云：“思庄所以品第致高，缘其用思深入，人不能对也。”抗、思庄，并至给事中。永明中，敕抗品棋。竟陵王子良使惠基掌其事。

这里一方面涉及帝王好棋，命人覆局，令高手品棋及棋手的风格等情况。另一方面，写思庄与王抗交赌，实行累局制，第一盘从中午下到日暮，接着继续，不知共下了几局，到第二天五更时方决出胜负。同时比赛实行不限时制，又因为两局之间没有间隔，不仅看棋者支撑不住，先去睡了，下棋者思庄“思迟”，大约属于长考派，能够“达晓不寐”，王抗却熬不住，一下子就在棋枰后睡着了。看来，古人下棋，既要比棋艺，也要比身体，比耐心，比“泡”功。

古代围棋比赛中，还有一种擂台赛制。无论是茶馆，还是棋工市肆设局，都由一人设擂，接受他人攻擂，以赌输赢的情况。宋代

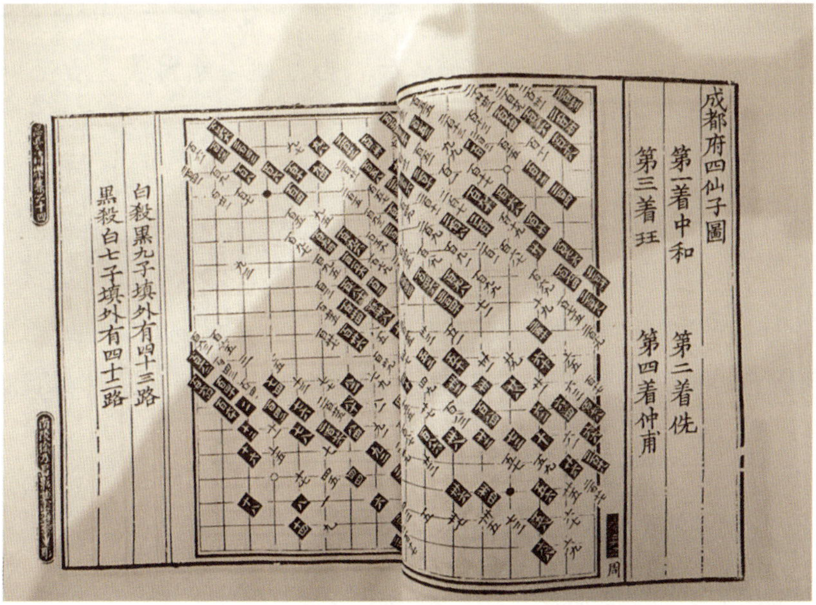

图2-20　《成都府四仙子图》

国手刘仲甫出道时，立一招牌：江南棋客刘仲甫奉饶天下棋先。显然也就准备公然接受天下棋客的挑战了。

除了两人对弈，古代还有联棋，即多人对弈。《忘忧清乐集》有一局《成都府四仙子图》，是现存最早的联棋谱【图 2—20】：

无论是两人还是多人对弈，都不离一“对”字，手谈者，对话也。但有的时候，对话者，并不一定是“他者”，而就是自己。这种自我对话便产生了“独弈”这一独特的弈棋方式。宋代有一文人兼棋迷郑侠，棋瘾极大，“宾来酒一樽，兴来棋一局”，但有时找不到对手，心痒难熬，便发明了自己和自己下棋的方法。陆游《渭南文集》载：

郑介夫，名侠，以刚直名天下，晚居福清，自号一拂居士。……好强客弈棋，有辞不能者，则留使旁观，而自以左右手对局，左白右黑，精思如真敌。白胜则左手斟酒，右手引满。黑胜反是。如是凡二十年如一日。

琴、书、画都可以是自娱自乐的，而围棋本来一般须两人对弈，既娱己也娱人。“独弈”则使围棋与其他艺术一样，成为一种纯粹的自娱方式，围棋也就显示了它的多方面的趣味。独弈之人，一手胜了酌酒以示鼓励，一手输了，大概就要挨板子了。如此乐此不疲，真棋痴也。

四

古代围棋的行棋规则，与现行规则也有所差异，比如古代实行座子制（一曰“势子制”）。座子制究竟起于何时，已不可考。大约最初是作为一种程式化的下法，后来慢慢固定下来。东汉时班固的《弈旨》云“保角依旁”，马融《围棋赋》说得更明白：“先据四道兮，保角依旁”。“四道”即四四星位。这种先占四四的模式化下法，便渐渐演变成了座子制。

在对局方式和战法中，古代还出现过“口弈”和“模仿棋”。“口弈”又被称作“谈棋”，即盲棋。对局双方不在棋枰上落子，而以意为枰，进行“口谈”而非“手谈”。唐代笔记小说《集异记》有王积薪赴蜀途中，于夜间黑暗中闻妇姑对局的记载。这应该是最早记载的“盲棋”了。

围棋竞赛规则中还涉及一个重要方面，这就是胜负的计算方法。中国古代曾通行过唐宋填空法（现在通常所谓的数目法）和明清数子法。六朝胜负计算法应以比目为主，辅以数子法，以确定终局输赢。唐宋填空法应是从六朝胜负计算法中演变来的。围棋以占地域的多少来确定胜负。填空法首先确立的原则是“以空为地”。但同时，棋子是以“气”为生存条件的，维持一块棋的生存的最低条件是要有两口“气”，这两口“气”不能算空。

唐宋填空法后来为日本所继承，日本在继承的基础上又有扬弃。

明代以后，中国围棋胜负计算法逐步改为数子法。数子法是由填空法改进而来的，它确立的一个原则是“子空皆地”。它以双方拥有的子数的多少来确定胜负，双方围有的空位也要折合成子。其计算胜负的程序是：

一是收完单官终局，双方取走盘上的死棋。二是凡唐宋填空法视为“不算路”的空位，均按双方各半折合为子（因而每块活棋赖以生存的两个空位中，一子属己方，另一子属对方，于是每多一块活棋就要还对方一子，这就称为“还块子”或“还棋头”）。三是任择一方，以其全部子数与归本子数 180 子半比较，然后算出胜负之数。

数子法与填空法并无本质差别，但更简便可行。

清末民初，中国围棋走向衰落，而日本围棋却取得了长足的发展，一进一退之间，使中日围棋出现强烈的反差。面对日本围棋的直接冲击，中国围棋体制也面临着转型。这其中就包括座子制的取消，完全土生土长的胜负计算法的变革。近代数子法就是在继承传统数子法，又吸收了日本填空法的一些规则的基础上发展起来的。这就是既坚持“子空皆地”的原则，又取消还块子，使其胜负结果与日本填空法结果基本一致（特殊情况例外），避免了同一盘棋因为不同的计算方法而出现胜负颠倒的情况。民国时期，日本填空法和中国近代数子法并行，大多是“约定俗成”，并无一个统一的规则。1957年，我国首次制定了《围棋竞赛规则》，明确规定计算胜负采用数子法。竞赛规则后又多次修订，日趋完善。应该说，与日本填空法相比，它具有简洁合理、应用方便的优点，又无自相矛盾的弊病，不失为一种较为先进、完善的计算法。

第二节 游戏精神

围棋是一种游戏。游戏者，玩物也，玩物就会丧志，这决定了围棋这种游戏，在中国古代，一开始地位并不高。儒家的实用主义、功利主义，使其竭力要把围棋这类游戏也纳入其“伦理教化”的体系中。倒是魏晋士人让围棋回归其本来面目“游戏”，并肯定了“戏”独立存在的价值与意义。唐宋文人以围棋为“雅戏”。明清之际，棋戏日益走向大众，融入人们的日常生活中。到现代，围棋作为一种高雅的游戏被提倡，成为一种新生活的时尚。

一

以围棋为游艺，始作俑者是儒家的创始人孔子。孔子以“仁”“礼”为其“学”之核心，构成了一种政治与伦理本位的思想体系。其对“艺”的看法，也被置于这一体系中。所谓“志于道，据于德，依于仁，游于艺”（《论语·述而》）。以道立志，以德、仁立身，以艺游心。这里的艺，乃指儒家的“六艺”：“礼、乐、射、御、书、数”，为君子所必备的技艺。朱熹《四书集注》注释孔子“游于艺”云：“游者，玩物适情之谓。艺，则礼乐之文、射御书数之法，皆至理所寓，而日用之不可阙者也。朝夕游焉，以博其义理之趣，则应务有余，而心亦无所放矣。”

孔子关于“艺”的观念，影响到其对博弈之类游戏之事的看法。孔子曾在《论语·阳货》中提到围棋：“子曰：饱食终日，无所用心，难矣哉。不有博弈者乎？为之，犹贤乎已。”“博”指“六博”，是一种靠掷子行棋的盘上游戏，在孔子的时代颇为流行。弈则一般认为是指围棋。孔子把围棋看作有闲阶级提供娱乐消遣的工具。与其饱食终日，不如有所用心，免得心生邪念。

在这个意义上，儒家在一定程度上接受了围棋这种游戏。如《颜氏家训·杂艺》云：

> 《家语》曰：“君子不博，为其兼行恶道故也。”《论语》云：“不有博弈者乎？为之，犹贤乎已。”然则圣人不用博弈为教，但以学者不可常精，时有疲倦，则傥为之，犹胜饱食昏睡，兀然端坐耳。至于吴太子以为无益，命韦昭论之，王肃、葛洪、陶侃之徒，不许目观手执，此并勤笃之志也。能尔为佳。古为大博则六箸，小博则二茕，今无晓者。比世所行，一茕十二棋，数术浅短，不足可玩。围棋有手谈、坐隐之目，颇为雅戏。但令人耽愦，废丧实多，不可常也。

围棋虽为“雅戏”，但用以教子，立功立言立德要紧，博弈之事，可偶尔为之，“但令人耽愦，废丧实多，不可常也”。

儒家之学，本质上是实用主义、功利主义的，它常常把“游艺”当作成德成仁的工具。反过来，儒家对围棋的贬抑，也正在于有时围棋与仁义之道是相违背的。儒家文化一向具有浓厚的现实功利性。“格物、致知、正心、诚意、修身、齐家、治国、平天下”，构成了儒士的内圣外王之道。大丈夫系天下忧乐于一身，当“勉精励操，晨兴夜寐”，以求立言立德立功。而围棋作为“玩物”，“玩人丧德，玩物丧事”“其迷惑人不亚酒色”，自然受到贬抑。

三国吴太子孙和有感于“玩物”使人丧志，所谓“夫人情犹不能无嬉娱，嬉娱之好，亦在于欢宴、琴书、射御之间，何必博弈，然后为欢”（《三国志·吴书·孙和传》）。命韦曜作《博弈论》。韦曜痛感“今世之人，多不务经术。好玩博弈，废事弃业，忘寝与食，穷日尽明，继以脂烛。当其临局交争，雌雄未决，专精锐意，心劳体倦，人事旷而不修，宾旅阙而不接，虽有大牢之馔，韶夏之乐，不暇存也”。如此费时费力之事，却是无用之物。正所谓：“胜敌无封爵之赏，获地无兼土之实，伎非六艺，用非经国，立身者不阶其术，征选者不由其道。求之于战阵，则非孙吴之伦也；考之于道艺，则非孙氏之门也；以变诈为务，则非忠信之事也；以劫杀之名，则非仁者之意也。而空妨日废业，终无补益，是何异设木而击之，置石而投之哉！”以下韦曜苦口婆心，劝人回归正道：“假令世士移博弈之力，用之于诗书，是有颜闵之志也；用之于智计，是有良平之思也；用之于资货，是有猗顿之富也；用之于射御，是有将帅之备也。如此则功名立而鄙贱远矣。”

以现实的“有用”与“无用”论围棋之“戏”，典型地体现了儒家功利主义的围棋观。

二

魏晋时，围棋观念的一大变化就是确立了围棋作为“戏”的独立的存在价值。汉代文化具有浓厚的经世致用色彩。围棋或被当作游戏之类遭到贬抑，或被纳入“致用体系”中，充当教化之物。东汉文学家李尤在《围棋赋》中首先提出了“志之空闲，玩弄游意”，“游意”者，追求精神快乐也，它预示了其后围棋观念的变化。

汉以后，社会的纷乱，文人士子的命运在各种政治旋涡中常常朝不保夕。何况人生本就苦短，“对酒当歌，人生几何，譬如朝露，去日苦多”（曹操），“生存华屋处，零落归山丘”（曹植），“人生有何常，但患年岁暮”（孔融），何况在此乱世，连生命本身都飘如转蓬。“生年不满百，常怀千岁忧。昼短苦夜长，何不秉烛游？为乐当及时，何能待来兹？”舍弃功利，及时行乐，便成了社会的一种普遍风气。于是，“戏”便成了他们人生中的重要内容。

魏晋士人把足以引起人的精神愉悦的活动都称为“戏”。嵇康有诗曰：“琴诗自乐，远游可珍。含道独往，弃智遗身。寂乎无累，何求与人？长寄灵岳，怡智养神。”诗酒琴棋山水，成了他们人生之乐的重要内容。著名的竹林七贤【图 2—21】，就是其中的代表。他们常常酣饮高卧，笑傲山林，在身心的释放扩张中体验一种自我解放的感觉。

有时，甚至连谈玄论史都成了一种“戏”，《世说新语·言语篇》：

诸名士共至洛水戏，还，乐令问王夷甫：“今日戏乐乎？”王曰：“裴仆射善谈名理，混混有雅致；张茂先论《史》《汉》，靡靡可听；余与王安丰说延陵、子房，亦超超玄著。”

图2-21　清范德容《竹林七贤图》

如果说儒家传统把“戏”与“道”对立起来，魏晋士人则让“戏”具有了独立的人生意义。这种游乐意识凸现了人的生命意识和自由意识的觉醒。围棋，作为人的精神之戏，令人坐隐忘忧，也就有了独立存在的价值与意义。

三

唐代开始的棋博士和棋待诏制度，成为围棋之“艺”走向专业化、职业化的一种标志。而宋代还设有书画院。一方面这些琴、棋、书、画艺能之士，成为宫廷所豢养的职业艺人。另一方面，社会上还出现了以棋谋生的棋师、门客、棋工。这些棋师、门客，乃是社会上真正的“游艺”之士，有的被邀到达官显贵府上，做棋艺表演，有的专门陪达官或教其家人下棋，成为“闲人”“食客”一族。还有一些棋手以棋谋生，又不愿做门客，则往往在市肆设局，靠陪人或指导人对弈乃至赌彩为生，这就是所谓的“棋工”。

对于这些带有职业性质的棋手来说，下棋是谋生的手段，务必以争胜为本。而对贵胄、文人士子来说，下棋主要是为娱乐，所谓陶情怡性、修身忘忧，风流雅事也。从而导致围棋出现作为竞技与作为游戏的分野，所谓竞技围棋与快乐围棋，构成不同的价值取向。

有意思的是，在中国古代，当某种“艺术”一旦成为职业，操此职业者成为“技艺之徒”，地位便急剧下降。文人士大夫虽然好棋，但他们仅仅是把棋当作雅戏，骨子里是瞧不起以“艺”为职业的“技艺之徒”的。苏轼从《观棋》中悟出“胜固欣然，败亦可喜”，围棋很多时候成了文人士子的“雅玩”，或助兴、或消愁、或解闷，他们更注重的是棋中之“趣”。

当然，围棋之趣首先离不开胜负。纹枰对坐，双方为取得局面优势，或出击，或防守，或咄咄逼人，或以退为进，或声东击西，或先弃后取，从此殚精竭虑，浑不觉时间的流逝。偶尔能胜一局，则成人生一大快事矣！胜利需要有人分享，难免形诸笔端。宋人王十朋一日与三友人下棋，三战三胜，作诗记之。前有一小引：“予素不善棋，孙先觉、万大年、林大和见访，戏与对垒，偶皆胜之，因作数语。”诗云：

予手不善谈，临局气先怯。
偶逢孙万林，三战辄三捷。
都缘敌不勍，非以台威胁。
孺子滥成名，凯奏意殊惬。
三君皆壮士，小挫未肯厌。
予今务持胜，坚壁不容劫。

不善棋而能连战连胜，意外之得，更让人兴奋。

围棋既是争胜之物，便难免一“赌”字。本来，“博”与“弈”就常常并称，双方长期和平共处。宋以后，在棋工之棋和市井之棋中，“为赌金钱争路数”，已成社会的一种普遍风气。文人下棋，也常常喜欢来点“彩”，不过，“彩头”大多不是金钱或其他俗物，而是文人的“家当”——翰墨文宝之类，或者索性就是赌“诗”，所谓雅赌是也！

宋政治家兼文人王安石便不乏类似的趣事。据《冷斋夜话》记载，王安石老年闲居南京，常与薛昂处士纹枰对坐。有一次，为了助兴，二人约定赌棋罚诗，输者作梅花诗一首。首局是王安石负，他即吟《梅花》诗云：

华发寻香始见梅，一枝临路雪培堆。
凤城南陌他年忆，杳杳难随驿使来。

次局薛昂负，却蹙眉搔首，难以成诗，王安石等得不耐烦，便代他作了一首：

野水荒山寂寞滨，芳条弄色最关春。
欲将明艳凌霜雪，未怕青腰玉女嗔。

后来薛昂官运亨通，“出知金陵”，有人作诗以嘲之云：

好笑当年薛乞儿，荆公座上赌新诗。
而今又向江东去，奉劝先生莫下棋。

既赌胜负，又不失风雅，增加下棋的情趣而已，这正是文人之赌的别具一格之处。

文人们下棋一方面在争胜负，另一方面又时时追求着胜负之心的超脱，仿佛要在超脱中才能真正领略棋中真趣。王安石作《棋》诗：

莫将戏事扰真情，且可随缘道我赢。
战罢两奁分白黑，一枰何处有亏成。

图2-22　明唐寅《楸枰一局图》

超脱胜负，在棋中求一份人生真趣，在宋以后逐渐成了中国文人的一种时尚。“随缘冷暖开怀酒，懒算输赢信手棋”（唐寅《避事》），“局中局外两沉吟，犹是人间胜负心。那似玩仙痴不省，春风蝴蝶睡乡深”（纪昀《题八仙对弈图》）。作为游戏的围棋，也就有了一种别样的趣味【图2—22】。

四

围棋到明清之际，更为普及。围棋作为竞技，在清代达到顶峰。作为一种游戏，参与到各阶层的日常生活中，雅俗同乐。这在明清小说中常有表现。

中国的“话本”小说，乃是源于瓦舍勾栏、茶楼酒肆的“说话”艺术。话本，就是说书人所用的故事的底本。到明清时代，又出现了拟话本小说，它虽是文人创作，但保留了“说话”的形式。明清时期，还出现了长篇白话章回小说。这些小说，如《金瓶梅》《红楼梦》《镜花缘》《儒林外史》，经常会写到不同阶层的人下棋的场面。在这里，下棋多为消闲。儒家正统强调的往往是围棋的伦理教化意义，但在实际生活中，围棋的功用首先还是娱乐。那些富裕人家，无须为生计而奔波，往往有较多的闲暇时光，围棋便成了一种绝好的消闲之物。《金瓶梅》第十一回写潘

图2-23 清李翰园《观弈轩闲棋》

金莲与孟玉楼在一处做针线、下棋，正好被从外回来的西门庆撞见，金莲解释道："俺两个闷的慌，在这里下了两盘棋子。"《红楼梦》中也多有探春、惜春、宝玉、宝琴、妙玉等下棋的记载。妙玉本为"槛外人"，那日与惜春下棋，本为闲情，见着宝玉，却惹下一段相思【图 2—23】。

下棋为取个乐子，也常会来点"彩"。《金瓶梅词话》第二十二回有一段描写：

> 话说一日腊尽阳回，新正佳节。西门庆贺节不在家，吴月娘往吴大妗子家去了。午间，孟玉楼、潘金莲都在李瓶儿房里下棋。玉楼道："咱们今日赌什么好？"潘金莲道："咱每人三盘。赌五钱银子东道。三钱买金华酒儿，那二钱买个猪头来。教来旺媳妇子烧猪头咱每吃。只说他会烧的好猪头，只用一根柴禾儿，烧的稀烂。"玉楼道："大姐姐他不在家，却怎的计较？"金莲道："存下一分儿，送在他屋里，也是一般。"说毕，三人摆下棋子，下了三盘。李瓶儿输了五钱银子。

《红楼梦》第九十二回也描写过贾政与詹光的赌棋。不过，总的来说，这里的所谓"赌棋"，大多不过为了增加下棋的趣味性，来点彩，以示对输赢的奖励或惩罚。

以上所描写的下棋场面，大多还是属于"官宦贵胄"之棋。而《儒林外史》第五十五回却为我们描绘了一个真正的市井之棋的场面。小说描写一个卖火纸筒子的。这人姓王，名太。他祖代是三牌楼卖菜的，到他父亲手里，穷了，把菜园都卖掉了。他自小儿最喜下围棋。一日，妙意庵做会。王太走将进来，见一柳荫树下，三四个大老官簇拥着两个人在那里下棋，王太就挨着身子上前去偷看。小厮们看他穿得褴褛，推推搡搡，不许他上前。底下坐的主人道：“你这样一个人，也晓得看棋？”王太道：“我也略晓得些。”有人激他上场，王太也不推辞，摆起子来，把那姓马的“国手”杀败。众人大惊，就要拉着王太吃酒。王太大笑道：“天下哪里还有个快活杀矢棋的事！我杀过矢棋，心里快活极了，哪里还吃得下酒！”说毕，哈哈大笑，头也不回，就去了。

这里的“做会”应是指“庙会”或曰“社会”，它与宗教的敬神活动有一定关系，但作为民间集会，又带有狂欢节色彩。在这种民间狂欢中，围棋自然成了其中的一项娱乐活动。文人士子之棋讲究环境的清雅，市井之棋却追求热闹，旁观者众。观棋者无须做“君子”不语状，不服者自己也可上阵杀上一盘，过把赢棋瘾。小说写王太赢棋后的情状，生动极了。围棋作为游戏之“乐”，得到充分体现。

如果说文人士大夫，常常要将围棋上升为高雅之艺术、为形而上之“道”，哪怕是“玩”，也是雅玩，那么民间围棋，则更多地让其回归到作为“戏”的本来面目。正像民间画中的《琴棋书画戏婴图》【图2—24】，棋与婴戏联系在一起，也就更多了一分世俗的趣味，一分生活的气息。

五

民国之时，一方面，棋手们在日本围棋的刺激之下，孜孜于提高棋艺，以与他者争雄。另一方面，如何让围棋之戏，在现代社会中发挥其作用，也是棋界中人关心的话题。徐去疾撰《围棋

图2-24　四条屏《琴棋书画戏婴图》

入门》【图 2—25】，在“自序”中谓：

> 韦氏以弈为游戏，有害无益，非士夫所宜好者，警劝世人。各务其正，自是古君子与人为善之用心，虽然，陈义太高，范围过狭，则行之维艰，转成纸上空谈。夫人性多欲，本诸天然，苟无圣贤收心克己功夫，佛陀不变随缘妙觉，不能不与其当前之时光相为流连。故无论何人，操劳以外，必各求其所以消遣之道焉。我见今日盛行之种种消遣品矣，麻雀也，扑克也，牌九摇滩也，博而已矣。通都大邑，踵事奢华，自不待言。博之

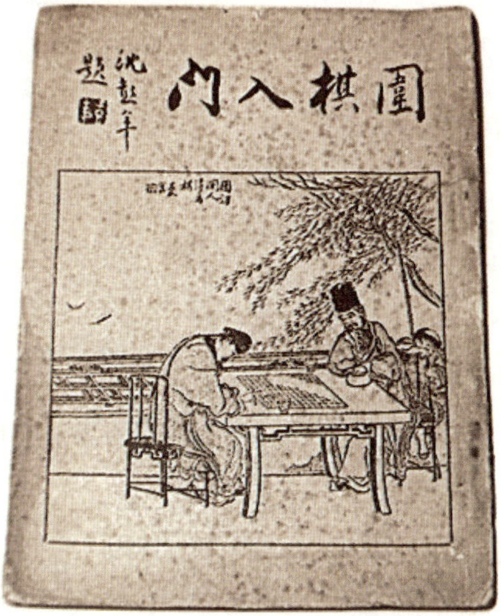

图2–25　《围棋入门》书影

为害，小则丧志耗财，大则倾家绝友，当为举世所共喻。消遣固人群不可少之需要，然何必以博为哉？弈为数千年来相传之一种艺术，虽属游戏，无关宏旨，然启发性灵，平矜释躁，非优美高尚之消遣品耶？余不敢谓弈之外无可消遣也，我国消遣品之无伤大雅者，不可胜数，弈不过其一耳。倘能两害就轻，博弈相代，则影响于社会者实大。或曰：弈亦博耳，又安见弈之为较善耶？曰：弈消遣品也，博非消遣品也。今试集数人于一堂，作麻雀、扑克、牌九、摇滩各戏，而不计金钱之输赢，恐麻雀未又至一圈，扑克未打至四副，牌九未推至三条，摇滩未开至十宝，此数人皆将口称无聊而四散矣。无他，博全恃金钱以成立者也。博无金钱，如躯壳之离其灵魂，作用尽失。故博之本体，殊无消遣性质之可言。弈则自有其引人入胜之处，初不必有赖于金钱也。博弈之异点在此，弈之为害较少于博者亦在此。

这令人想起孔夫子的“饱食终日”之论，围棋乃小道，乃消闲娱乐之具。民国时的围棋观念，在为弈正名时，将围棋当作正当之“消遣品”，让围棋回归其本身。虽少了“上有天地之道、次有帝王之治”之宏论，但于提倡围棋着眼，反更显其平实可信了。

第三节　博弈与象戏

白居易有一组《和春深二十首》，其中第十七首写道：“何处春深好，春深博弈家。一先争破眼，六聚斗成花。鼓应投壶马，兵冲象戏车。弹棋局上争，最妙是长斜。”“博弈家”类似于今天的私人俱乐部，这里设置了围棋、象戏、弹棋、双陆等多种棋戏，供人娱乐，它们反映了这些棋戏在唐代普遍流行的情况。而除此以外，中国古代还流行过六博、塞戏。这些棋戏大致分两类：分兵种或等级的棋戏和无兵种的棋戏。围棋属于后者，前者又可分博戏与象戏两类。后来中国棋戏的演变，主要剩下两种：围棋与象棋。这些棋戏虽然都孕育于中国文化的土壤中，同源共生，但在发展演变过程中，命运又不一样，体现了文化传承的多元化、差异性。

一

我们先来看看与围棋同样古老的六博。

古代常常将博弈并称。“博”即六博，“弈”指围棋。但有时人们又往往容易将两者混淆，如关于围棋的起源，明《潜确类书》云："乌曹作赌博，围棋。"就是源于对先秦典籍《世本·作篇》的"乌曹作博"的误解。而"博"的赌博性质，也常常殃及"弈"，使"弈"也染上"赌"的色彩。

"博"又称为"簙"。《说文》载："簙，局戏也，六箸十二棋也。从竹，博声。"六博大约产生于春秋，战国时已相当流行。它与围棋被并称为"博弈"，但六博要比围棋更受社会大众的喜爱。这是因为六博变化简单，又带有强烈赌博性质，适应了当时人们的文化修养和娱乐情趣。《战国策·齐策·苏秦为赵合从章》载：

> 临淄甚富而实，其民无不吹竽、鼓瑟、击筑、弹琴、斗鸡、走犬、六博、蹴鞠者。临淄之途，车毂击，人肩摩，连衽成帷，举袂成幕，挥汗成雨，家殷而富，志高而扬。

孔子也将"博弈"并举，认为它胜于"饱食终日，无所用心"。伟大的诗人屈原在《楚辞·招魂》中也曾描写楚国宫中玩六博时的情景：

> 菎蔽象棋，有六簙些；分曹并进，乃相迫些；成枭而牟，呼五白些。……

这里涉及六博的形制、下法。一套完整的六博棋，应包括棋盘、棋子、博筹、投子、割刀、削和盛放棋具的盒。棋子古称"棊"，多骨质，所谓"象棋"，即指象牙制的棋子，六黑六红或六黑六白，共十二枚。一般呈正方形，也有六枚为正方形，六枚为长方形的。博筹也叫“算”，用狭窄的竹片制成，分长短两种，数量多少不等，用于记录对博者的输赢情况。投子即用于投掷的骰子。唐以前，对骰子的称呼不一，有“箸”“蔽”“瑗”“采”等多种名称。多用木、骨、竹等制成，所谓“菎蔽”这里为用玉装饰的簙箸。至于博具盒内放置的割刀和削，大约是用来削制博筹以记数的。

六博的行棋方法，采取捉对儿厮杀的方式。先投箸后行棋，以杀枭来为胜。

秦汉时，博棋非常盛行。班固曾在《弈旨》中慨叹：“孔子称有博弈，今博行于世，而弈独绝。博义既弘，弈义不述。”笔者在参观徐州汉画像石艺术馆时，见到过六七块画像石上的博戏图【图2—26】，唯独没有围棋之戏，客观上印证了班固所说的“博义既弘，弈义不述”的状况。

东汉时，博棋出现分化，旧制称大博，新的称小博。颜之推

图2–26　博戏图（徐州汉画像石艺术馆藏）

《颜氏家训·杂艺》云："大博则六箸，小博则二茕。"

六博依靠掷骰行棋，胜负带有很大的偶然性。正如班固《弈旨》云："博悬于投，不专在行。优者有不遇，劣者有侥幸，虽有雌雄，不足为凭。"但也正因为如此，文化素养较高者，固然对其有所不满，而对社会大众来说，这种具有强烈的胜负性质，又简单便捷的棋戏，正好成为赌博的极好工具。《史记》中曾记载，汉时有一个叫桓发的博徒因经营"博戏"一跃而成为富翁，说明当时利用六博赌彩，已成为一种职业。因此，自汉以后，不断有人指责六博为"恶业"。例如，东晋时陶侃为荆州刺史，见佐吏博弈戏具，投之于江。说："围棋，尧舜以教愚子，博，殷纣所造，诸君并国器，何以此为？"即将六博与殷纣的亡国联系在一起了。

春秋战国之际，除博弈以外，社会上还流行一种盘戏，称为"塞"，又写作"簺"。古文献中常以"博塞"并称，如《庄子·骈拇篇》有"博塞以游"之语，成玄英疏云："投琼曰博，不投琼曰塞。"可见塞戏是由六博脱胎而来，两者的区别在于六博掷骰行棋，而塞戏不掷骰行棋，在其他方面则基本一样。从西汉墓中出土的塞戏棋具看，棋盘的形制与六博大致相同【图2—27】

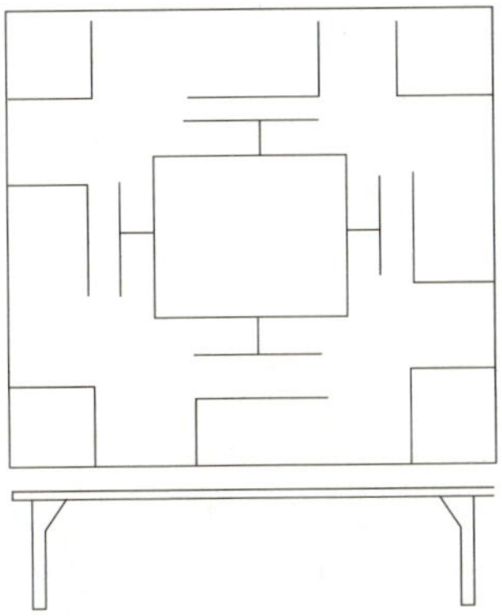

图2–27　塞戏棋局（广西西林县西汉墓出土）

塞戏又称"格五"，在汉代非常盛行。汉宫廷中还设有擅长格五的专职侍从——待诏。《汉书·吾丘寿王传》曾记吾丘寿王"以善格五，召待诏"，这是迄今为止最早的棋待诏了。后世的围棋、象棋棋待诏制度当源于此。

东汉文学家边韶还作有一篇《塞赋》：

始作塞者……制作有式：四道交正，时之则也；棋有十二，律吕极也；人操厥半，六爻列也；赤白色者，分阴阳也；乍亡乍存，像日月也；行必正直，合中道也；趋隅方折，礼之容也；迭往迭来，刚柔通也；周则复始，乾行健也；局平以正，坤德顺也。然而塞之为义，盛矣大矣，广矣博矣。质象于天，阴阳在焉。取则于地，刚柔分焉。施于人位，仁义载焉。考之古今，王霸备焉。览其成败，为法式焉。

文中的六爻、阴阳、中道、刚柔通、乾行健、坤德顺等等，完全是用易学大道讲解棋理，这也是古人的习惯。一旦需要确立某种棋戏的地位，往往都要抬出易象、天文，以壮其威，造其势，正其名。

由大博、小博到塞戏（格五），构成了六博的演变轨迹。但“博”与“弈”有着不同的命运。“弈”自东汉时起获得很大发展，“博”则呈衰落之势，隋唐以后终于销声匿迹。这大约源于“弈”乃雅俗共赏之物，“博”则“赌”的因素过浓，过“俗”，尽管也有文人想为由“博”演生出来的“塞”正名，但终归无济于事。文化观念的差异影响到不同游戏的兴衰，此为一例。

二

除“博”与“弈”外，盘上游戏的另一大类型就是象棋。象棋经过了一个从象戏到宝应象棋、大象戏、小象戏、广象戏、七国象戏到定型象棋的发展过程。象棋流传至今，成为与围棋共生共存的两大棋戏。

关于象棋之“象”，一说指“大象”，一些学者认为，中国古代不产象，中国象棋与国际象棋有一个共同的渊源，即都是由印度传入。而当今不少中国学者认为，象棋之“象”乃是易学中的“卦象”之象，“象天则地”之象，具有象征、象形、观象制器、立象尽意等内涵。中国象棋的起源，与中国古代的博塞之戏有关，同时吸收了源于印度的波罗塞戏的一些成分，改造而成。

我们撇开争论不休的象棋的起源不论，单看中国象棋是怎样演变过来的。中国古代曾称六博、弹棋之类为“象棋”，而真正的象棋的雏形应该说是象戏。

象戏之称，始于北周。《周书·本纪》载，北周武帝宇文邕（543—578）曾在“天和四年五月乙丑，帝制《象经》成，集百僚讲说”，天和四年即公元569年。后遂有周武帝“造象戏”之说。应该说，这种象戏已在民间流传，周武帝应是一个积极的提倡者、推动者。

唐代流行一种宝应象棋（或曰“宝应象戏”）。宝应象棋得名于唐传奇小说《岑顺》。《岑顺》为牛僧孺撰《玄怪录》中的一篇，叙述一段带传奇性质的下棋故事。其中有云：“其干戈之事备矣，乃悟军事之词，乃象戏行马之势也，……时宝应元年也。”

《岑顺》中提到的棋子名称有上将、辎车、天马、卒（六甲）。棋子完全是立体形的象形制品，没有文字。棋的走法：将（金象将军）“横行系四方”。车（辎车）“直入无回翔”，即只能前进，不能后退。马（天马）“斜飞度三止”，与今天中国象棋马的走法相同，但无轧马脚的规定。卒（六甲）“次第不乖行”，只能前进一步。

宝应象棋的棋盘为 64 格，故又称“八八象棋”【图 2—28】。宝应象棋无论棋子的形制，还是棋子的排列、开局、棋子的走法，都与今天的国际象棋相似。有人据此认为，八八象棋来源于北周、唐初时，阿拉伯世界正在流行的一种“沙特朗兹”象棋。“沙特朗兹”象棋同时也是现代国际象棋的前身。而“沙特朗兹”象棋则来源于古印度的“恰图兰卡”。

中国象戏形制的巨大变革是在唐末。棋盘由 64 个黑白相间的小方格演变成由纵横直线相交叉组成的平面方阵图，有 9×9、9×10、11×11、19×19 等多种格式，棋子由在黑白小方格内行棋改为在纵横直线组成的交叉点上作直线或斜线运动。棋子的制造由立体的象形制品简化为平面的象形图案，或者一面为平面象形图案，一面为楷体汉字，后期则完全以汉字代替。有三十二枚棋子，有将、车、马、卒、象、仕、炮（象、仕曾称作偏、裨，炮古作“砲”）七个兵种的象戏成为最流行的棋种。

在流行的象戏之外，也有人试图对这一棋种加以改造。由于兵种和行棋规则的不同，当时有大象戏、小象戏之分。北宋著名政治

图2-28　宝应象棋棋盘

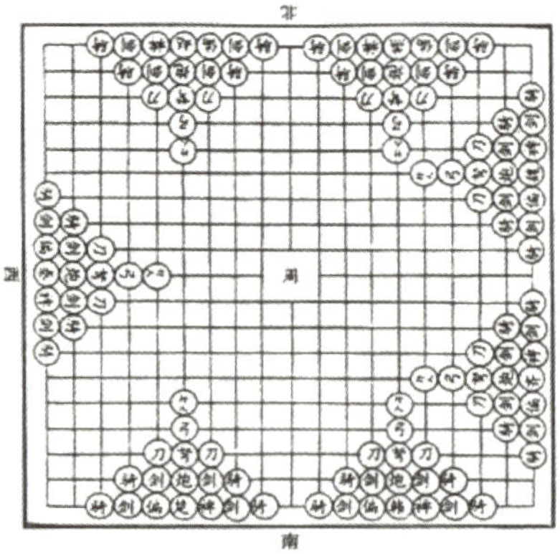

图2-29　七国象戏

家、文学家司马光创制“七国象戏”【图 2—29】，采用 19 道围棋盘，棋子为120 枚。棋子废去两象，改为偏（将）、裨（将），废去两车，把马由二骑增至四骑，改八个卒为弓一、弩一、刀二、剑四，将则由七国：楚、韩、赵、魏、齐、燕、秦代替，另有炮一、行人一。棋子的下法已由八八象棋的走“格”改为走“线”。

比司马光稍后的文学家晁补之，也创制了一种“广象戏”。其时社会上流行一种纵横十一路、棋子三十二的象棋，被称为“广象戏”。晁补之试图在“大象戏”的基础上进一步扩大其规模。

司马光和晁补之，都是试图结合围棋去改造象棋。自唐宋以降，在封建士大夫中，存在着“弈贵象贱”的观念，大约围棋要比象棋更适应封建士大夫阶层的趣味。司马光和晁补之试图在围棋盘，演绎古代列阵厮杀的情景。场面固然壮阔宏大，但唯其如此，象棋往烦琐的方向发展，结果反而失去了原有的魅力，不能为广大群众所接受。“七国象戏”与“广象戏”的改革，都以失败告终。但这种改革所体现的士大夫的文化观念，又是值得我们注意的。

北宋年间，社会上流传着各种形制的象棋，到南宋逐渐定型为现代通行的象棋格局。棋盘纵九路，横十路，有九宫、界河。棋子32 枚，制型完全简化为平面汉字，将（帅）、仕（士）、象（相）、车、马、炮、兵（卒）七个兵种成为规范的流行兵种，行棋规则也确定为现代流行的模式。

三

象棋与围棋作为中国古代的两大棋戏，正好代表了两种类型：分兵、等级的棋戏和无兵种的棋戏。

兵种游戏带有浓厚的中国奴隶社会、封建社会时期军事战争和社会制度的色彩，而象棋定型的过程，就是等级、集权越来越得到强化的过程（如九宫、楚河汉界的设置，将仕深居“宫”中）；围棋则更多地体现了原始部落的战争和原始公社制社会的特征，这就是平等原则（棋子无等级贵贱之分），人多为胜原则（四个吃一个）。从中我们也可以推断，博棋、象戏都是阶级社会的产物，围棋则应产生于原始社会。

围棋与象棋在形制上也有较大区别。象棋是对人生、社会、战争的直接模拟，因为过于直接，反而让人觉得少了一些韵味。而围棋，则复杂多了。黑白子，纵横十几道格子，“圆象天”，“方法地”，“一阴一阳之谓道”，它同样典型地体现了中国乃至东方文化的特征。只不过与象棋相比，一为具象，一为抽象。“具象”的特点是直观，但给人留下的想象空间较小。“抽象”在意义上有着更多的不确定因素，但同时，意义也就可能更丰富、更多回味。

也许正是这一差异，使围棋与象棋在流传过程中，有了分别。围棋在官宦、文人阶层中更为流行，象棋则以其“简洁、通俗”在下层民众中具有更广泛的市场。围棋乃雅事，琴棋书画中的“棋”多指围棋，象棋则更具有“俗”的色彩。中国传统文化基本上倾向于走“上层路线”，“弈贵象贱”的观念由此而生。在这种观念影响下，围棋又有了一个新的名称：大棋。

其实，在北宋初年苏州织锦琴棋书画四大艺术图案中，其中的棋不是围棋盘，而是唐代象戏盘。这说明北宋初年象戏活动仍然盛行，特别是在民间有着广泛的群众基础，围棋独霸“艺坛”、一统江湖的局面尚未完全形成。宋代宫廷设棋待诏，也是围棋、象棋并举。唐代棋待诏多为围棋国手。最早记载象棋待诏的当推南宋末周密的《武林旧事》，这是他在宋亡后追记南宋京城社会生活的著作，其中卷六《诸色伎艺人》中，列“棋待诏”有围棋 5 人、象棋 10 人。

“弈贵象贱”的观念，应是在宋末逐渐形成的。尽管上层统治阶级和文人也下象棋。一些人试图将象棋玄妙化、贵族化。明代象棋谱《橘中秘》，辑者朱晋桢曾自道其辑书的动机：

> 象戏向因市廛童叟纷然从事，人遂卑为末艺，而弈独高之，所以弈谱充栋，而象谱寥寥，即有一二行世，混合鲁鱼，弃同刍狗。迄于今而无不手谈，则弈尤滥觞矣。是知象与弈非有低卑，而人之好尚自为轩轾也。夫弈固玄微，而象尤深奥，如阅弈谱，知与不知，皆可按子而投，至阅象谱，妙须〔领〕神悟，即素于此道者，不免对之茫然，果就为轩轾哉？至于局势方残，仅存一二子于枰，而纵横有制，变化无方，实仙子之遗踪，非尘凡所可测，岂市贾村童之能与于此哉，因而以贱目之，不亦冤乎？余故表而出之，以为象懑枉。

为象棋“懑枉”，将象棋玄妙化，以为“市贾村童”资质愚钝，不能领悟，在试图纠正“弈贵象贱”的倾向时，走的却是将象棋围棋化的路子。总的来说，这并未能改变象棋“贱”与“俗”的命运。士大夫仅将其看作“漫然酒次之物”，不像围棋之被目为雅戏。如此厚此薄彼，只能从贵雅贱俗的中国文化传统中去寻找原因了。

四

尽管有“弈贵象贱”之说，围棋与象棋在其发展过程中，仍然常常结下不解之缘。

首先，围棋与象棋同是盘上棋戏，古人不仅习惯于以易、以儒家之道比附棋道，在棋艺上，两者也颇有相通之处。就以围棋、象棋界一直争论不休的“十诀”为例。一般认为，“十诀”是南宋时代出现的象棋理论。最早见于元泰定本《事林广记》中，其内容为：一、不得贪胜；二、入界宜缓；三、攻彼顾我；四、弃子争先；五、舍小就大；六、逢危须弃；七、慎勿轻速；八、动须相应；九、彼强自保；十、势孤取和。

在“十诀”的传播过程中，又逐渐被当作围棋理论。明代陈耀文《汉中记》卷四一、明谱《玉局勾玄》均题为北宋刘仲甫作；明代刘仲达《鸿书》则标为唐代王积薪所传，明清弈谱如《秋仙遗谱》《石室仙机》以及日本大正年吉田俊男《奇美棋谈》、昭和四十年日本棋院《围棋古典名品集》等均承袭之。

“十诀”也许首先是象棋理论，但在传播过程中，围棋逐渐反客为主，夺得了“发明权”。那么，“十诀”究竟是姓“围”还是姓“象”，直到今天仍颇多争议。其实，与其为“十诀“的归属权争论不休，不如把“十诀”看作高度概括后的基本棋理，通用于围、象二棋。

其次，围棋与象棋类似的纠葛，也常体现于一些与棋有关的传说中。最典型的一例莫过于关于“橘中戏”的传说。唐代牛僧孺《幽怪录·巴邛人》载：

> 有巴邛人，不知姓名，家有橘园。因霜后，诸橘尽收，余有两大橘，如三斗盎。巴人异之，即令攀摘。轻重亦如常橘。剖开，每橘有二老叟，鬓眉皤然，肌体红润，皆相对象戏，身

长尺余，谈笑自若。剖开后，亦不惊怖，但相与决赌……

“相对象戏”，说明橘中叟玩的应是象棋的前身——象戏。“橘中戏”成了一个流传广泛的动人传说，象棋棋谱著作中有《橘中秘》，历来文人们多乐于以此为题材绘画作诗。如宋郑思肖《所南诗集》就有题为《巴山橘中图》的诗：

剖破浑沦一壳宽，二仙飞去已云端。
须知橘里封疆别，莫作凡间胜负看。

但在《幽怪录》中又有“橘中之乐，不减商山”之语。四皓商山围棋的传说，早在陈隋时期便已形成了。其时，象棋尚未定型，无论影响还是乐趣都赶不上围棋，因此，唐人及唐以后的人往往把这个传说看成围棋的传说，大加弘扬。

类似的纠葛，还表现在“自出洞来无敌手”的故事中。故事起于宋人姚宽的《西溪丛语》卷上：

蔡州褒信县有棋师闵秀才说：尝有道人善棋，凡对局，率饶人一先。后死于褒信，托后事于一村叟。数年后，叟为改葬，但空棺衣衾而已。道人有诗云：

烂柯真诀妙通神，一局曾经几度春。
自出洞来无敌手，得饶人处且饶人。

该故事本出自围棋，但晚明有一象棋名谱，亦取名为《自出洞来无敌手》，题纯阳道人著。纯阳道人即道教八仙之一的吕洞宾。

看来，围棋与象棋的解不开的情缘，乃是因为两者不仅在棋艺上，同时在功用、趣味上都有相通之处，遂无论棋论还是传说，都产生了一种有趣的飘移现象。“忘忧清乐在枰棋”，象棋有《橘中秘》《梦入神机》《适情雅趣》《梅花泉》《竹香斋》，围棋有《橘叟玄谈》《石室仙机》《适情录》《桃花泉弈谱》《师竹斋谱》，从这些棋艺著作的名称，我们就可以发现两者在趣味上有着惊人的相似之处。它不仅表现了古人在棋道上崇尚高雅玄妙的旨趣，从烂柯、橘中、洞中之乐中，我们也可以感受到古人的人生追求，他们对凡俗的现实之外的美好的“仙人”世界的期望及其中包含的超越意识、浪漫情怀。

第三章　棋之技

围棋是一种竞技性游戏。

当游戏体现为一定规则下的紧张的竞争，游戏便成为各种竞技的渊源。赫伊津哈在《游戏的人》中将游戏分为两种：为某种事物的竞争，或对某种事物的表现。前者演变为竞技，后者便成为艺术。

棋之为竞技，当然其魅力首先在胜负。为争胜负，需要提高技艺，便涉及种种着法、技战术手段、行棋法则与棋理等。所谓名数、棋势、棋法，便构成了围棋之“技”与“术”。由此形成的言说，便构成了一套“术”的话语。它们与棋之“道”的话语，互为依存，构成了围棋的形下与形上之维。

第一节　名　数

文化，常常是从命名开始的。

命名，代表了意义的建构。

当然，围棋之“名”，首先是关于围棋下法的一些基本“术语”，它们构成了围棋技术的基础。敦煌《棋经》中即有“像名篇”。这里的“像名”乃是古人对棋局及一些特定的棋形，赋予一形象的名称。宋代徐铉（916—991）撰《围棋义例》，为涉及围棋的三十二“名”释义。不过有学者撰文称有可能是明人假托徐铉所作。

宋代张靖（一说张拟）《棋经十三篇》则有《名数篇》：

夫弈棋者，凡下一子，皆有定名。棋之形势、死生、存亡，因名而可见。有冲，有斡，有绰，有约，有飞，有关，有劄，有粘，有顶，有尖，有觑，有门，有打，有断，有行，有捺，有立，有点，有聚，有跷，有夹，有拶，有嶭，有刺，有勒，有扑，有征，有劫，有持，有杀，有松，有槃。用棋之名，三十有二。围棋之人，意在万周。临局变化，远近纵横，我不得而前知也。用行取胜，难逃此名。《传》曰：“必也正名乎！”棋之谓欤？

《棋经十三篇》与《围棋义例》的术语基本相同。不同的三个术语是：斡—干（幹），杀（殺）—毅，嶭—嶭。斡，相当于现今的术语“挖”。“嶭”与“嶭”形近，而读音、释义不同。“杀(殺)”与“毅”有程度方面的区别，《左传》曰：“杀敌为果，致果为毅。”

《棋经十三篇》流传最广的校注本是元严德甫、晏天章的《玄玄棋经》本，清末邓元鏸作补注，今人有李毓珍《棋经十三篇校注》。严、晏释“名数”曰：“名者，实之宾。有其实，则有其名，即其名而求其实，则棋之意可知矣。此篇虽为初学入路之门，然而造于高妙者，必由此而进焉。凡三十二名”。

这三十二名，代表了围棋的基本下法，所以又被后人称为“三十二法”。了解并掌握这些“名”，围棋就可算入门了。可惜古人常常有“名”无“图”，以下我们来看看这些“名”的释义，并以图示之。

1. 冲

《围棋义例》谓：“冲，突也。直速子而入关，谓之冲。”冲的目的是欲将对方棋子分割成两边。如【图 3—1】中的白△均为“冲”。

2. 斡

《玄玄棋经》谓“虚探入它关曰斡”。《围棋义例》作“干”，谓：“间也。谓以子间之，曰干。”即今之“挖”，在对方相隔一路的棋子中下一着，通常用于制造对方棋形的破绽。如【图 3—2】白 1，意在制造黑棋的断点。

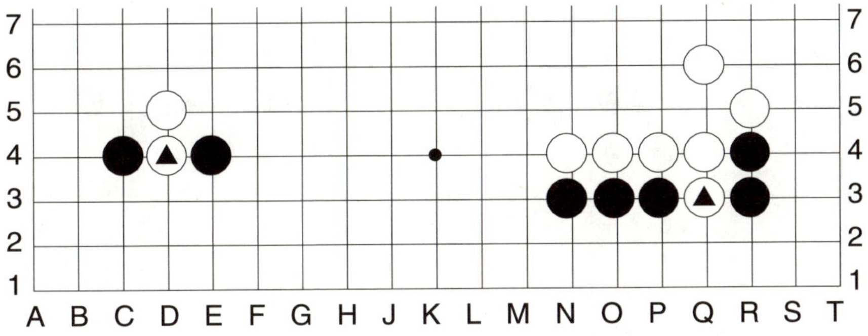

图3-1

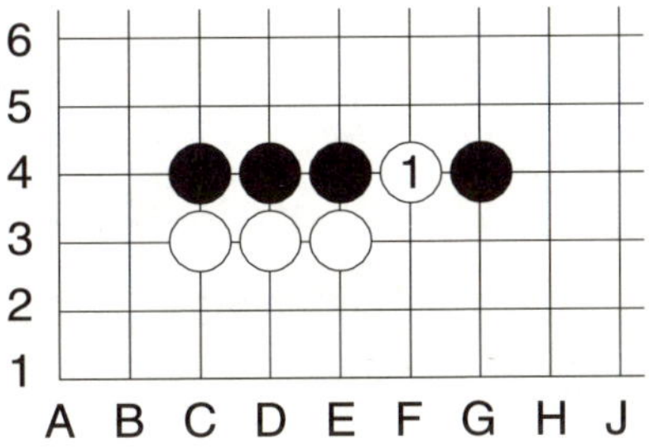

图3-2

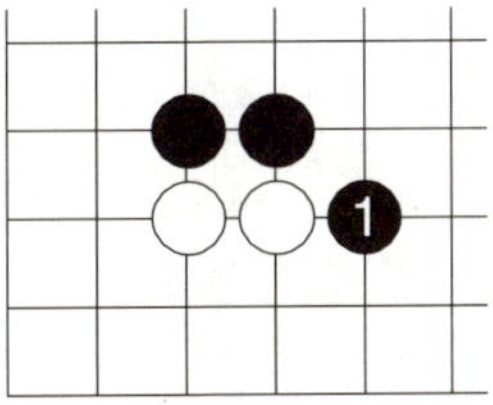

图3-3

3. 绰

《玄玄棋经》谓："斜尖压所敌之子曰绰。谓如与彼并行，于头上斜尖一着压之，不使之进是也。又如周边用钥匙头侵之，亦谓之绰。"即今之"扳"。如【图 3—3、3—4】

4. 约

《围棋义例》谓："约，拦也。以彼子斜拦我子之头，而反闭之，曰约。"即今之"挡"。如【图 3—5】

5. 飞

《玄玄棋经》谓："斜行曰飞，拆一曰小斜飞，拆二曰大斜

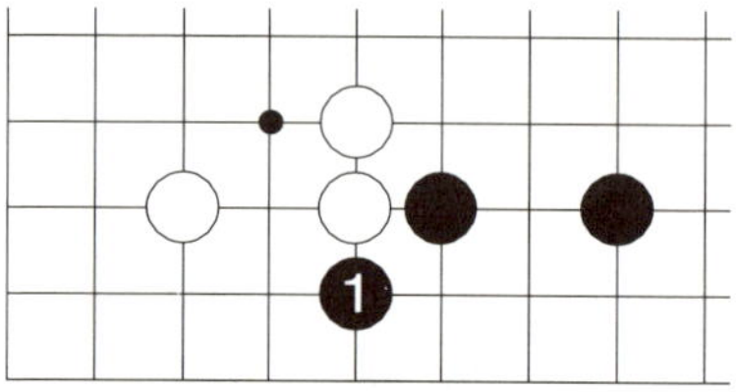

图3-4

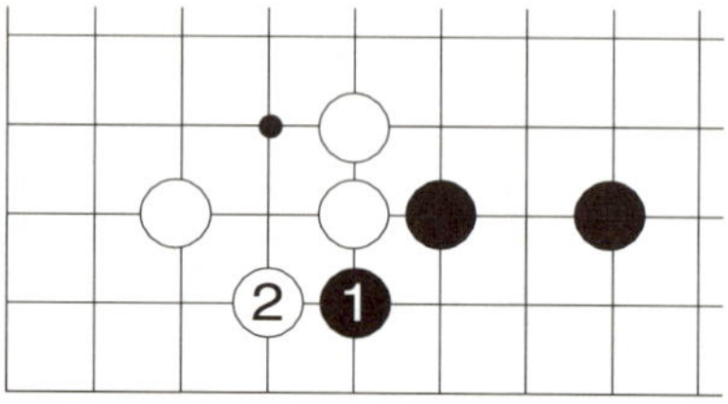

图3-5

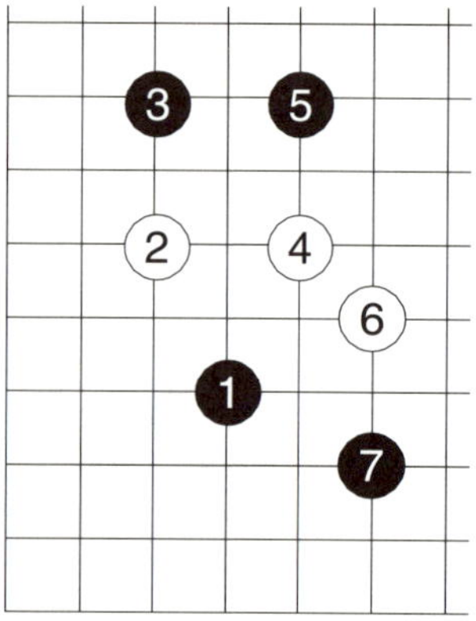

图3-6

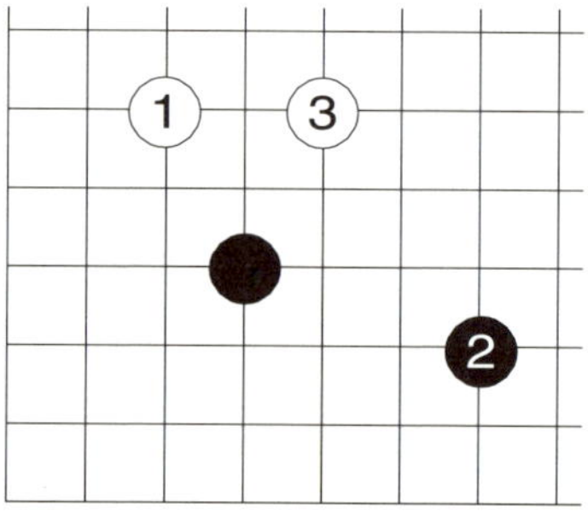

图3-7

飞。”如【图 3—6】，为宋代常见的起手式，黑 7 即为“小飞”。

如【图 3—7】，为《孙策诏吕范弈棋局面》起手式，黑 2 即为“大飞”。

6. 关

《围棋义例》谓：“关，隘也。两子正相对而立者谓之关，有单关、双关之名。”

如【图 3—8】，白 4，黑 5 均为单关。

《棋经十三篇》邓元鑣注：“双关，隔二路而关也。”刘仲甫《遇仙图》中的黑 8 即为“双关”，今谓之“大跳”【图 3—9】。

《玄玄棋经》谓：“单关可破，双关不可破。俗云双关似铁

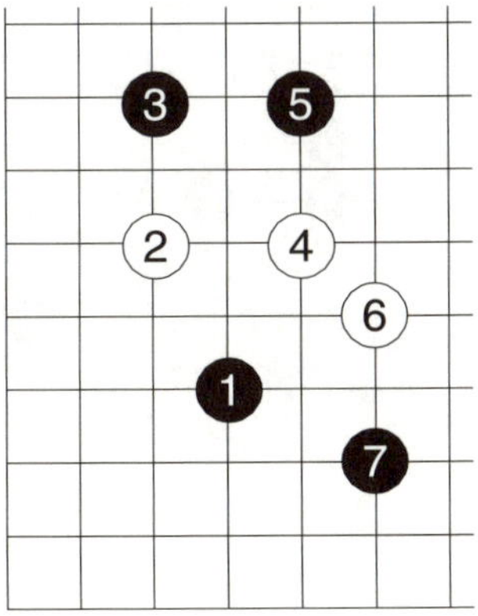

图3-8

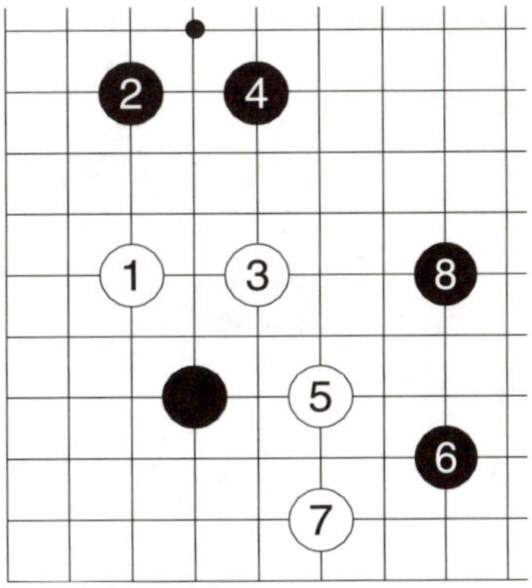

图3-9

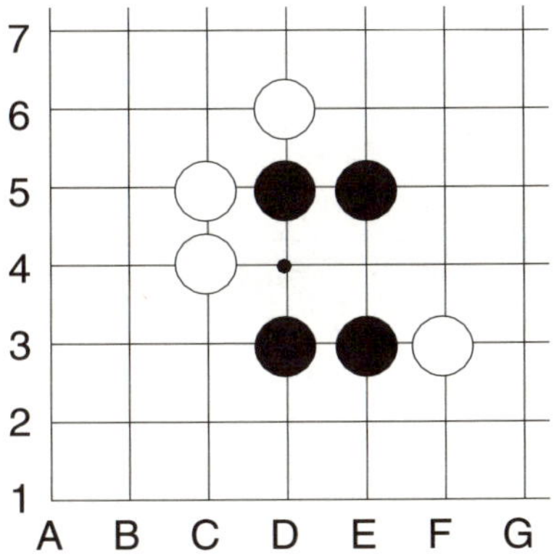

图3-10

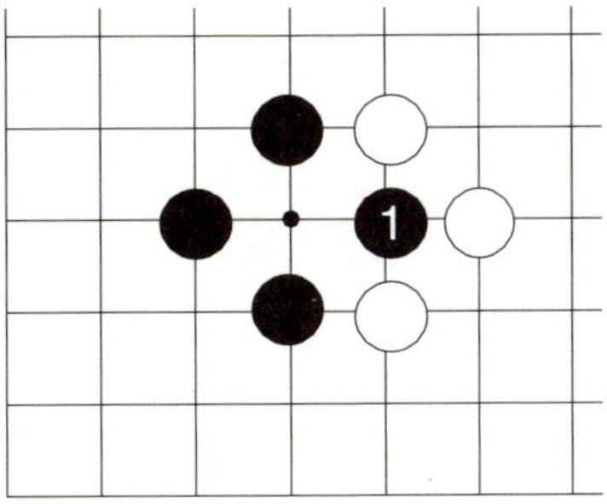

图3-11

牢。”这里的“双关”应是现在所谓“双”，如【图 3—10】：黑方两颗并排棋子形成“关”的结构，非常结实，故不可“破”。

7. 劄

《围棋义例》谓：“劄，札也。有若两虎口相对者，夹而札之，使有复毅。”札，即拔除。劄，相当于现今的术语“抛劫”【图3—11】。

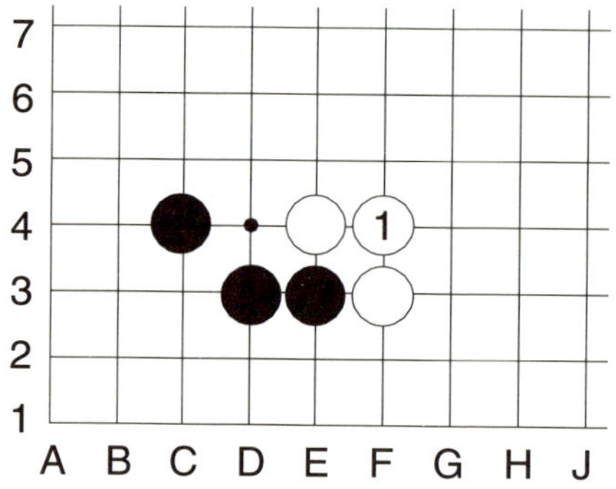

图3-12

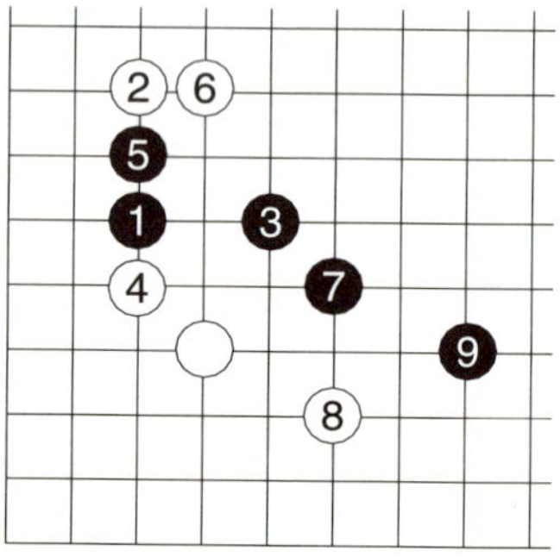

图3-13

8. 粘

《围棋义例》谓："粘，连也。彼欲以子断之，我即以子连之，故曰粘。""粘"也叫"接"，将可能被对方分断的棋子连接成不可分割的部分。如【图 3—12】，白 1 接，防止被分断。

9. 顶

《围棋义例》谓："顶，撞也。我彼之子，同路而直撞之，之谓顶。"《忘忧清乐集》中的《长生图》，起手黑 5 即为"顶"【图 3—13】。

10. 尖

《围棋义例》谓："尖，签也。两路斜签而下子曰尖，使有觑之之意也。"如【图 3—14】，是宋谱中常见得起手式，白 6 即为尖。

11. 觑

《围棋义例》谓："觑，视也。有可断而不断，先以子视之，曰觑。"如【图 3—15】，黑 1 觑，下一手瞄着断。"觑"现为各种"点"之一种。

12. 门

《围棋义例》谓："门，闭也。闭之使不得出曰门。隔一路曰

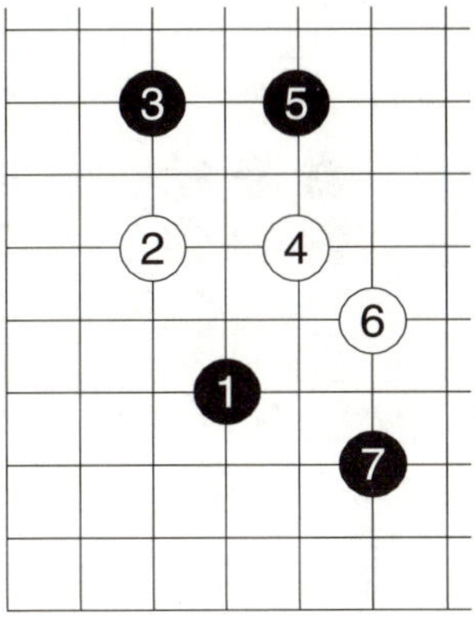

图3–14

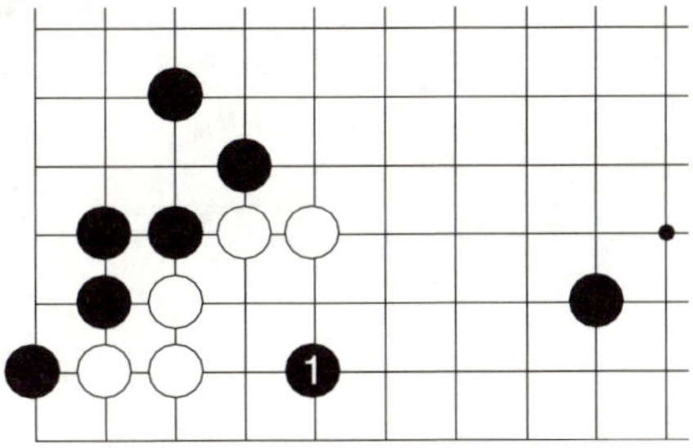

图3–15

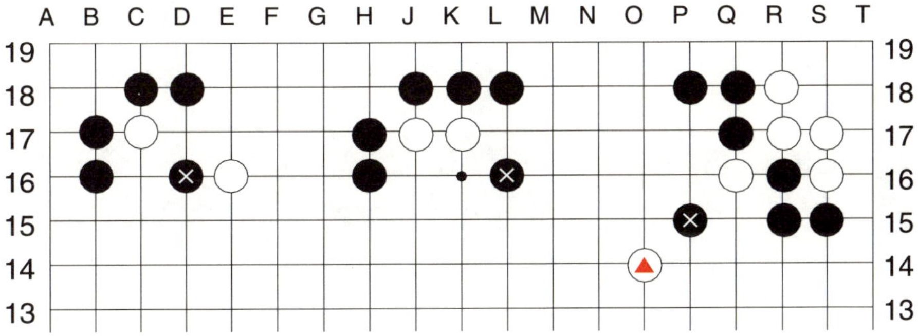

图3–16

行门，二路曰大门。”即现今所谓“枷”，为吃子法之一种。如【图3—16】带×的黑子就是“枷”，如同枷锁一般把白子封住。

13. 打

《围棋义例》谓：“打，击也。谓击其节曰打，连打数子曰赶。”也即“打吃”“叫吃”。当一方落子后，另一方棋子只剩一口气时，就称为“打”。【图 3—17】中的白△均为“打”。

14. 断

《围棋义例》谓：“断，段也。段之而为二曰断。”也称“切”

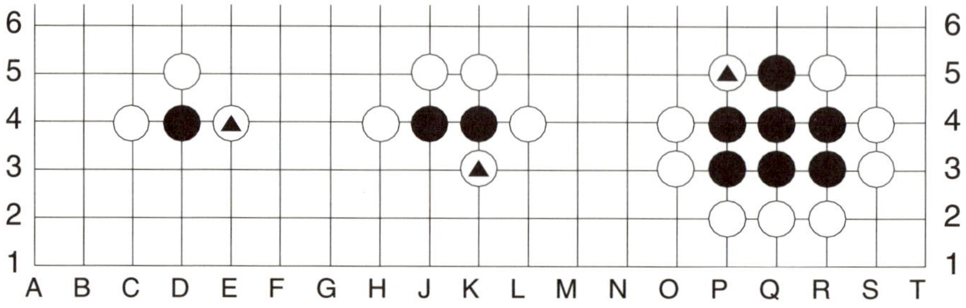

图3-17

“切断”，把对方的棋子直接分切为两块，展开攻击，是攻杀中经常使用的战术。如【图 3—18】。

“扭断”为断的一种，为双方各有两个棋子形成相互断开的状态。如【图 3—19】。

15. 行

《围棋义例》谓：“连子而下曰行，使有粘连不断之绪也。”相当于现在的“长”，当双方棋子相互接触时，向己方连接处的前方继续落子。如【图 3—20】黑 5、白 6、黑 7 均为“长”。

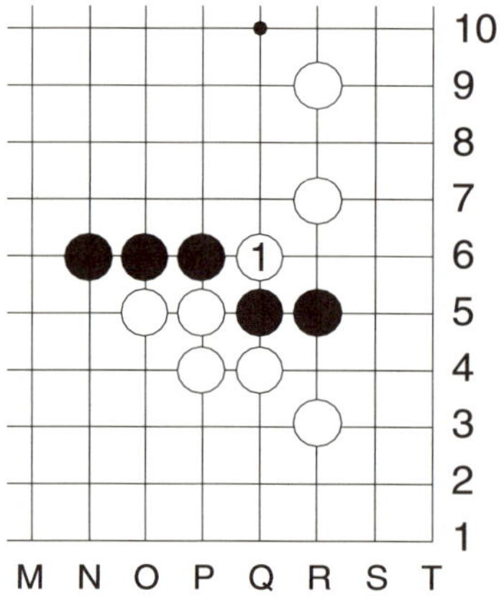

图3-18

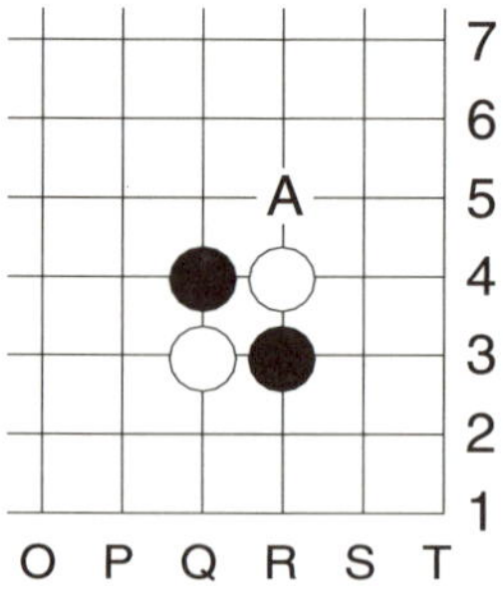

图3-19

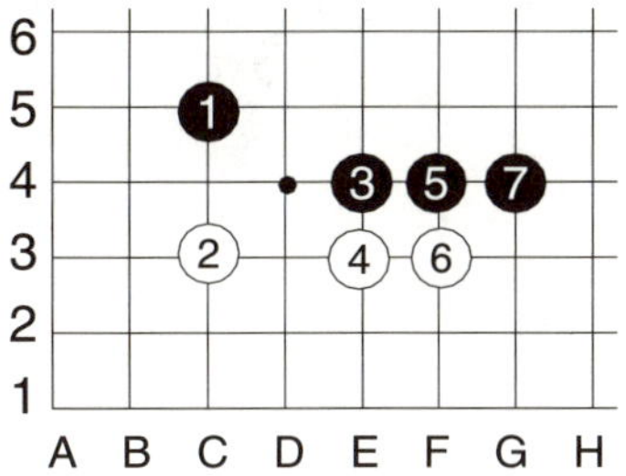

图3-20

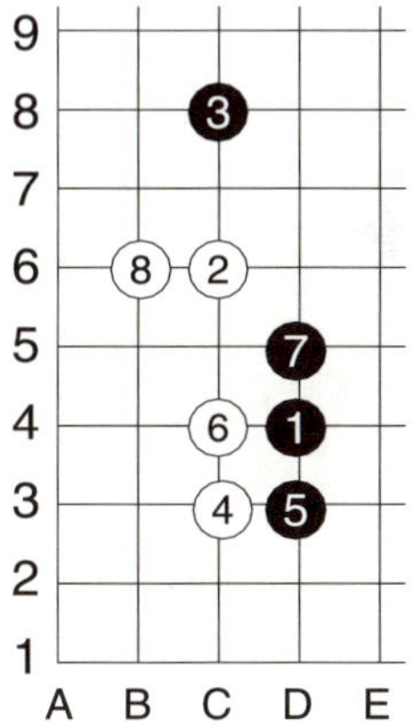

图3-21

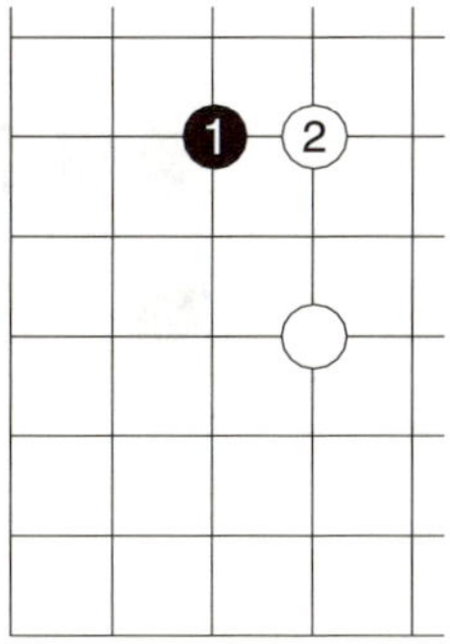

图3-22

16. 立

《围棋义例》谓："立，历也。沿边而下子者曰立，恐彼子有往来相冲之患也。"凡是在直线沿边下子叫作立，以防止对方侵入。如【图3—21】，白8立下，守住角空，防止黑棋冲下。

17. 捺

《围棋义例》谓："捺，按也。以子按其头曰捺，自上而按下也。"相当于现今的"压"。如【图3—22】，白2压，为倚盖势之起手。

18. 点

《围棋义例》谓："点，破也。深入而破其眼曰点。旁通其子，透点。"如【图3—23、3—24】均为"点"。

19. 聚

《围棋义例》谓："聚，集也。凡棋有求全眼者，则反聚而点之。有聚三、聚四、花聚五、聚六之类"。【图3—25】黑1做成聚四，此块白棋已无活路。

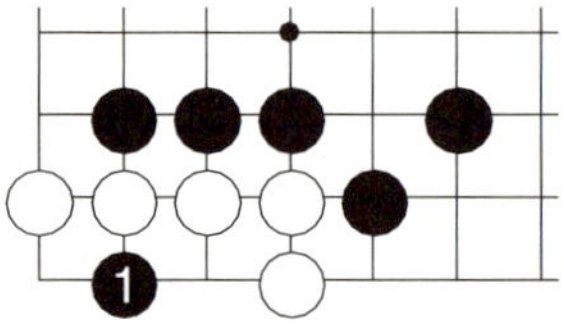

图3–23

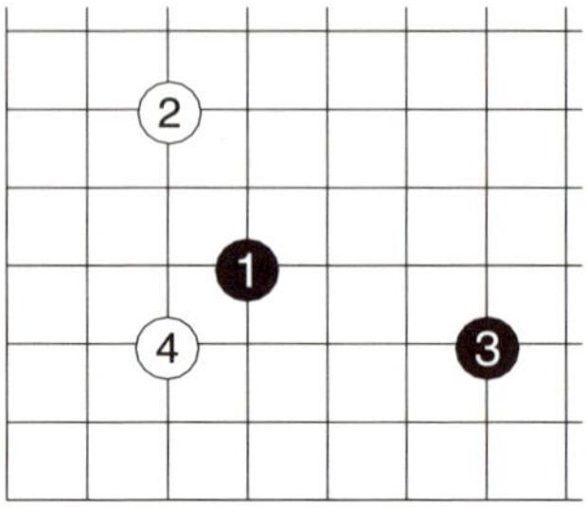

图3–24

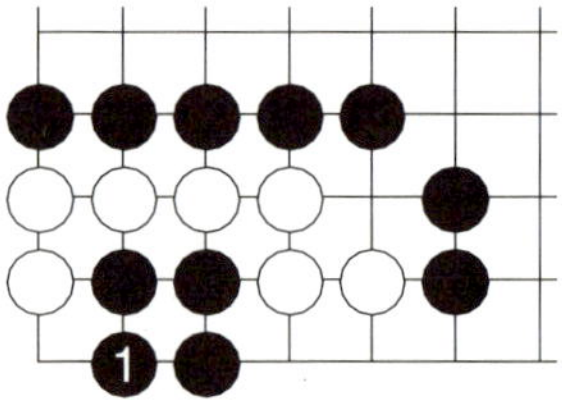

图3–25

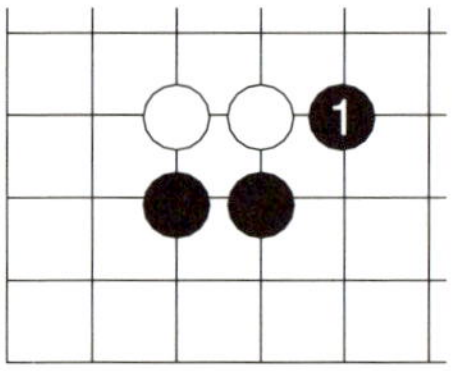

图3–26

20. 跷

《围棋义例》谓：“跷，翘也。我彼之子皆相倚联行，而我子居下，势不能张。而欲先取其势，则以我子斜出一路，而拂彼子之头，若翘首之状也。”相当于现在所谓的“上扳”。如【图 3—26】黑 1 上扳，正应了两子头必扳的棋谚。

21. 夹

《围棋义例》谓：“夹，甲也。两子夹一子曰实夹，两子自夹曰虚夹。”如【图 3—27】黑 1 夹，吃住白子。“虚夹”，邓元鏸注曰：“如敌于我势子前三六投子，我与三八逼之之类。”【图 3—28】白2 即为虚夹。

22. 拶

拶，本为古代的一种酷刑，使用木棍或其他物体夹人之手指或脚趾。借用到围棋中有严厉打吃之意。《玄玄棋经》谓：“拶，逼

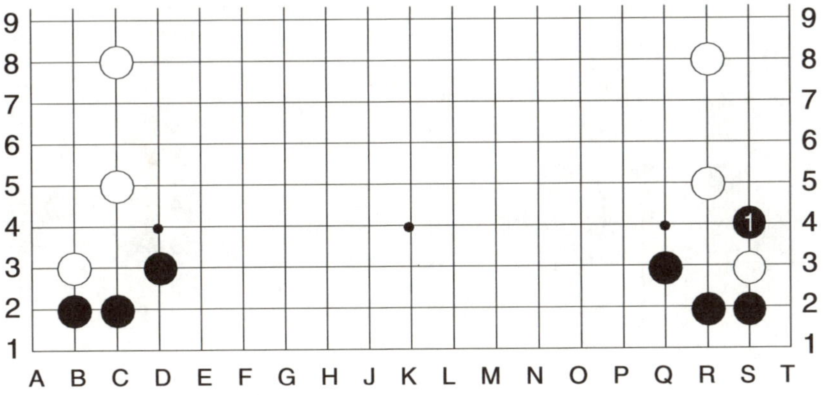

图3-27

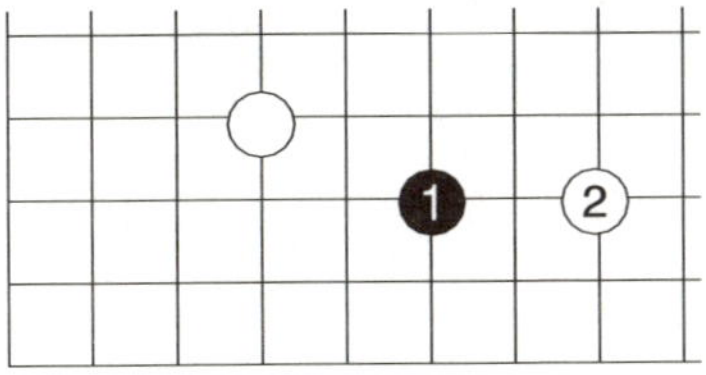

图3-28

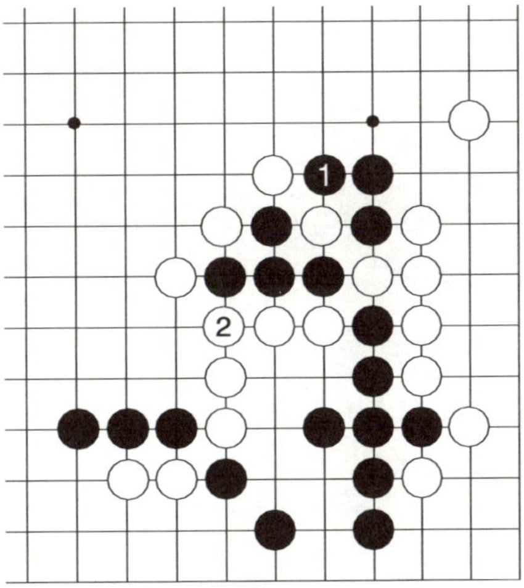

图3-29

拶也。如翻扑他虚眼，随后敢之，其名曰拶。拶之多粘，不粘则提之。”相当于现在的“扑”之后再打吃。如【图 3—29】白扑，黑 1 提，白 2 打吃，下一手黑要粘。

23. 嶭

《玄玄棋经》解“紧嶭”：“嶭，山高貌。从高而压使之不出，

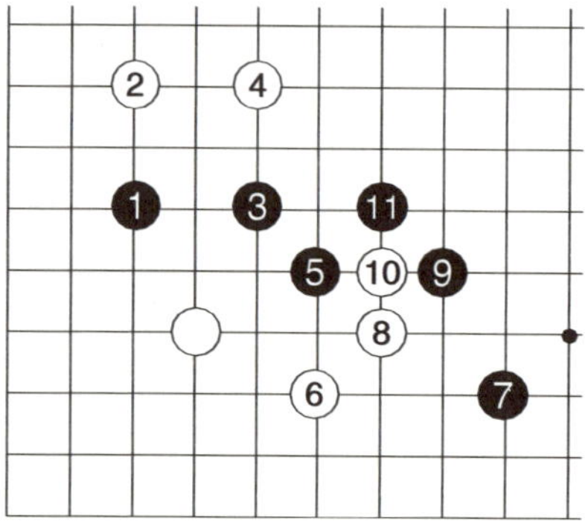

图3-30

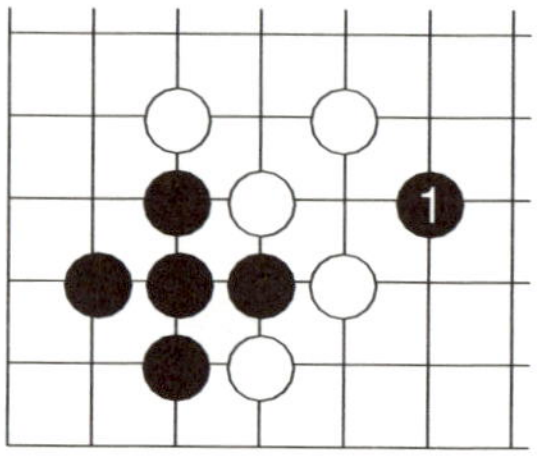

图3-31

逢冲多有此着。紧辥，辥之有力也。”《围棋义例》则将“辥”写作“薜”：“薜，截也。谓以我子截住彼之头绪，次着断也。使之急，曰薜。”大致相当于从高处的“挡”。如《忘忧清乐集》之《万寿图》起手式，白10冲，黑11挡，即为“辥”【图3—30】。

24. 刺

《玄玄棋经》曰：“于可透点处促他一着，曰刺。或截他眼，亦曰刺。”如【图3—31】。

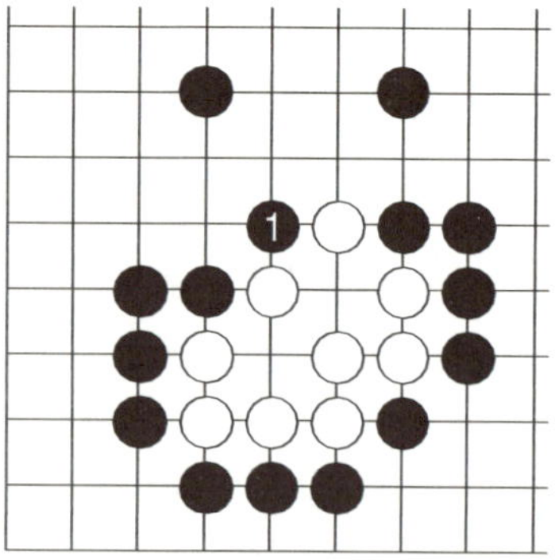

图3-32

25. 勒

《围棋义例》曰：“勒，束也。使其无眼曰勒，与劄、刺之义小异耳。”即今之“卡眼”。如【图3—32】，黑1勒，这块白棋已无生路。

26. 扑

《围棋义例》曰：“扑，投也。以我子投彼穴中，使其急救曰扑，所以促其着也。”这一战法颇有不入虎穴焉

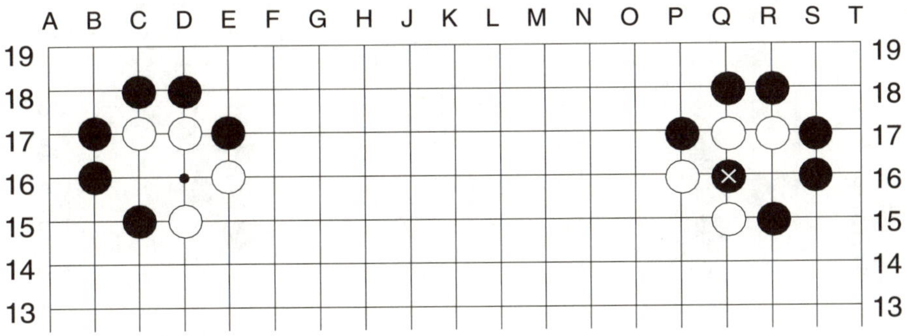

图3—33

得虎子的意味。如【图 3—33】。

27. 征

《围棋义例》曰："征，杀也。两边逐之，杀而不止曰征。"征也称"征子"，俗称"扭羊头"。凡被征的棋，如果想马上逃出，征吃的一方，可以通过"扭羊头"的方式，使之无法逃脱。如【图3—34】，黑 1 即为征吃。

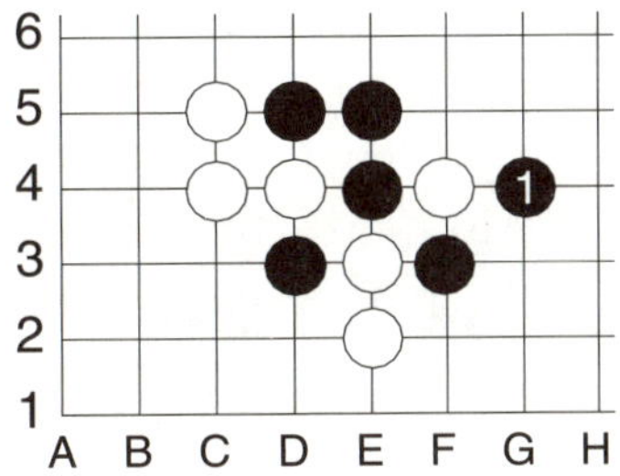

图3—34

28. 劫

《玄玄棋经》谓："先投子曰抛劫，后应子曰打劫。"劫是围棋中的一门复杂的战术。《围棋义例》称劫"乃有实东击西，弃小图大之功也"。【图 3—35】左边所示即为"劫"，右侧一型中，黑 1 提称为"提劫"，白 2 不能立即提回，需在全盘其他位置要求黑 3 应一手，再于白 4 提回。过程中，白 2 称为"找劫"，这一位置称为"劫材"，黑 3 称为"应劫"。如果黑 3 不理，认为此处的劫争价值大于白2 找劫的位置，则可在白△位"粘劫"，或称"消劫"。

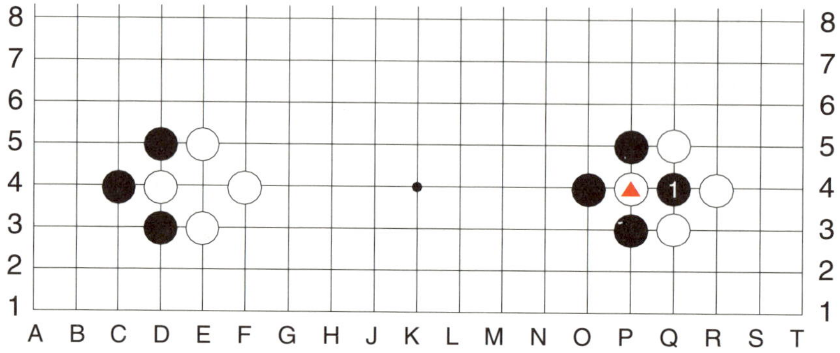

图3—35

29. 持

《围棋义例》曰：“持，和也。两棋相围，而皆不死不活曰持。有两棋皆无眼者；有两棋各有劫者；有各一眼活者；有彼棋两段各一眼，而我棋一段无眼，间其中而俱活者。盖取其鹬蚌相持之义，故曰持。”

“持”即为“公活”，也称“双活”。双方互围的棋子都没有两个眼，但彼此不能杀死对方，双方都算活棋，形成“公活。”

“公活”有双方都无眼的“公活”，双方都有一个眼的“公活”，一方有眼一方无眼的公活。如【图 3—36】，左下角和右上角，双方都无眼，都有两口“公气”，双方均不能在公气的地方下子，否则会被吃掉，形成双方都无眼的“公活”。左上角双方都有一个眼，都有一口“公气”，这口公气双方都不能入子，形成双方都有眼的“公活”。右下角的棋形则比较特殊。黑棋有两个眼，白棋无眼。有两口公气，但黑气不能在公气处下子，形成一方有眼一方无眼的“公活”。

30. 杀

《玄玄棋经》谓：“三子围一子曰杀。或五子围二子，六子围

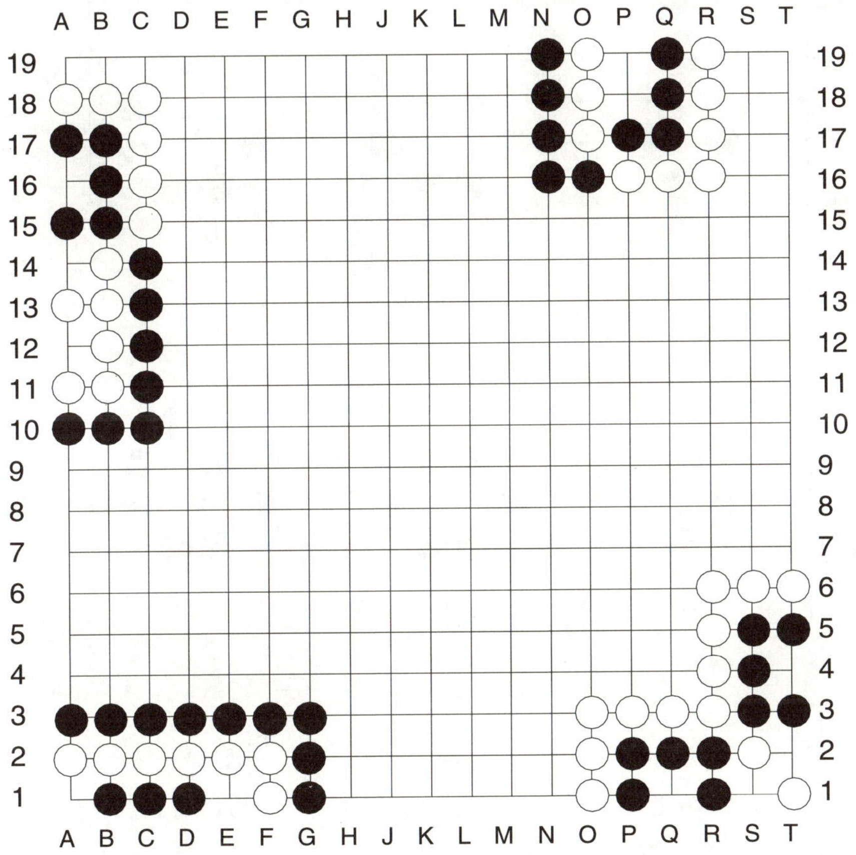

图3-36

三子之类，皆谓之杀。”

杀，《围棋义例》作“毅”：“毅，提也。”如【图3—37、3—38】。

31. 松

《玄玄棋经》谓：“松，宽纵不逼之意。棋中松意多妙。”《围棋义例》曰：“松，慢也。棋家取其玲珑透空，疏而不漏之谓也。”“松”具体指什么着法，较难解。汪廷讷编撰《坐隐先生订棋谱》，

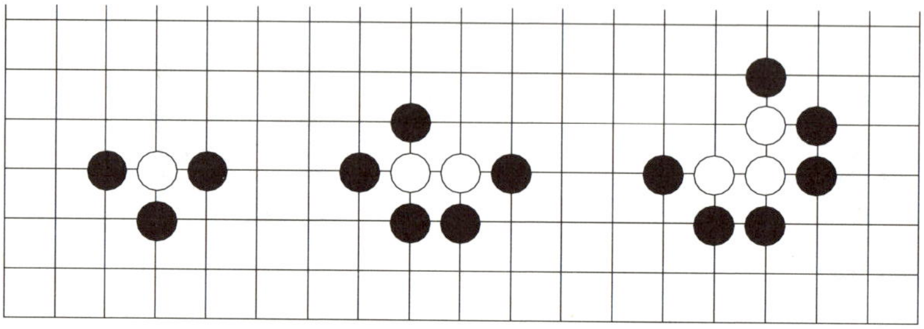

图3-37

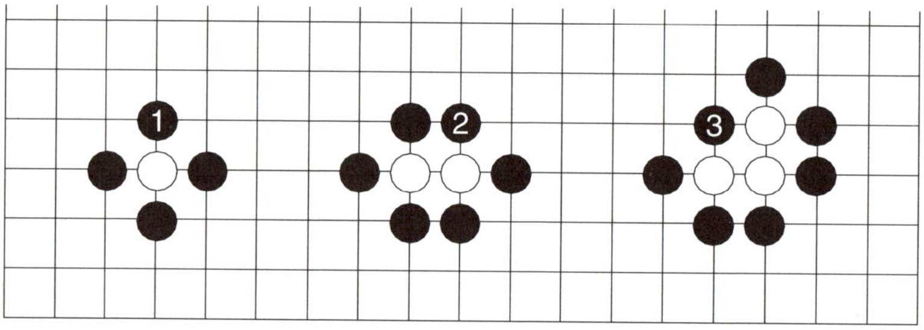

图3-38

作《订谱小叙》，把《棋经十三篇》的“松”置换成“握”：“扼其吭以凌夺之曰握，一名松，松也者，取其玲珑通达疏而不漏之义。”

过百龄在《四子谱》中，谈到“大压梁起手式”时曰：“镇神用松，宜于对手，倚盖用紧，压梁尤紧中之紧，利于受子。若对手还须斟酌，嫌于欺敌也。”这里的“松”是指“宽松”之意。但是否与作为着法的“松”与“镇”有关，还需进一步考证。【图3—39】，黑1即为镇神头，黑1、3飞镇，宽攻白棋，即有“疏而不漏”之意。

32. 盘

《围棋义例》曰：“盘，蟠也。两棋隔绝而欲连之，沿边而度子曰盘。”“盘”，即为“盘渡”。如【图3—40】中，黑1即

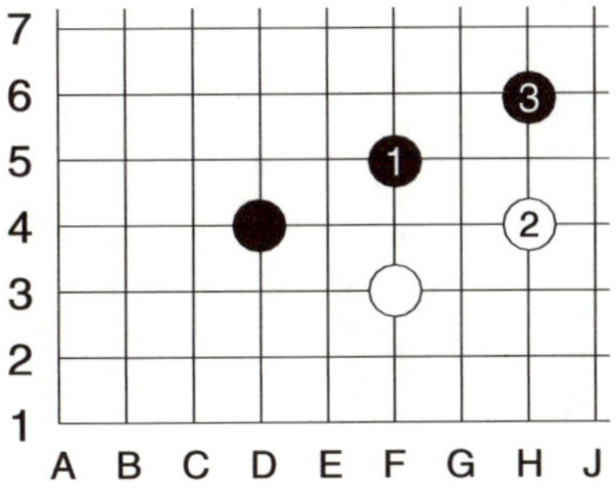

图3-39

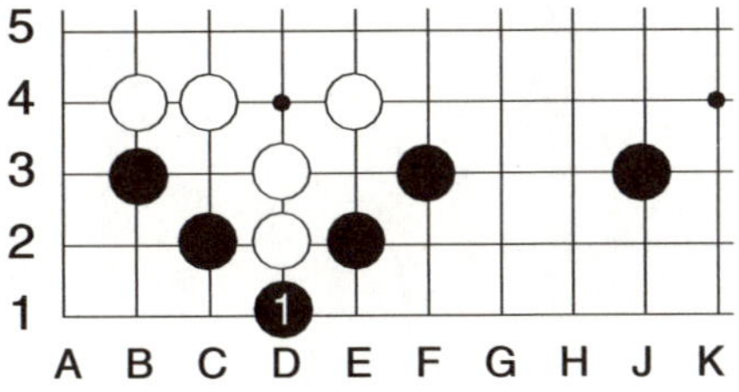

图3-40

为“盘”。

围棋之战，其中的千变万化，皆不出这些基本的着法。所谓“围棋之人，意在万周。临局变化，远近纵横，我不得而前知也。用行取胜，难逃此名。”对弈之人，当好好体会，灵活运用。

在《棋经十三篇·名数篇》三十二“名”的基础上，施定庵《弈理指归》又将其扩充为四十八字：投、飞、拆、逼、镇、罩、门、封、托、压、扳、退、嵌、斡、顶、冲、长、行、夹、渡、并、立、双、关、盖、贴、跳、跨、挤、搪、拦、引、征、觑、虎、断、接、转、尖、扑、收、点、吃、打、劫、提、沾。这些“名”更为详尽，基本囊括了围棋的基本下法。

第二节 棋 势

棋势，又名棋式，为围棋的各种起手式、角图（定式）、死活棋图。它们构成了一局棋的重要组成部分。广义上说，围棋棋局，包括中后盘的侵分、官子，都是由局部的一个个“图式”组合而成。这些“图式”，一方面有其“形”，另一方面又可以形成“势”。《孙子兵法·形篇》云：“决积水于千仞之溪者，形也”；《孙子兵法·势篇》云：“转圆石于千仞之山者，势也。”决定积水向下边流的是它所处的地形，这就是形；造成圆石向山下滚的是它所处的高度，这就是势。战争的胜负往往决定于形与势的营造，对围棋而言，“形”与“势”组合，便成棋局。

一

棋局在棋盘上进行，十九路盘是唐以后的标准制式。《忘忧清乐集》对棋盘有一分解：

> 夫棋盘，有三百六十一路，以分平上去入，四字各管一角，计九十路。棋盘以左手尊而为平。从角顺行，起一为首，顺行至十逆之，止九。若言“六·三”，先顺数六，而后逆数三；或言“三·六”，先顺数三，而后逆数六是也。凡下局图，边角先须排定势子，切恐学者未晓，故立此图法。

这里把先排定的座子称为“势”子。棋局一般先由“三六”或“六三”挂角开始，起手便会生出一些相对固定的着法，名为“起手式”或曰“角图”，即我们现在所谓的“定式”。现存最早的棋谱《忘忧清乐集》共有三卷，为宋代及以前棋艺理论著作和棋谱、棋势的汇集。

宋以前的对局谱真伪难考。我们先看看宋代实战棋谱之常见的“起手式”。在《忘忧清乐集》所载宋代棋谱中，大部分棋局开局的走法都延续了同一种定式，如【图3—41】：

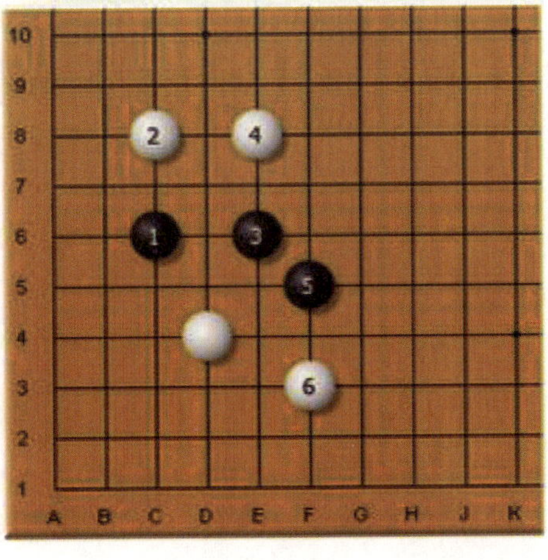

图3-41　《忘忧清乐集》“起手式”

黑 1 挂角，白 2 紧夹，黑 3 跳起、白 4 不守角，顺着白 2，也往中腹一跳。以下黑 5 小尖、白 6 再在角上小飞，至于黑 7，就有各种各样的选择了。令人惊奇的是，宋代十局标明了对弈地点的棋局，起手式竟完全一模一样。只有《长生图》稍有变化【图 3—42】：

还有就是《遇仙图》【图 3—43】：

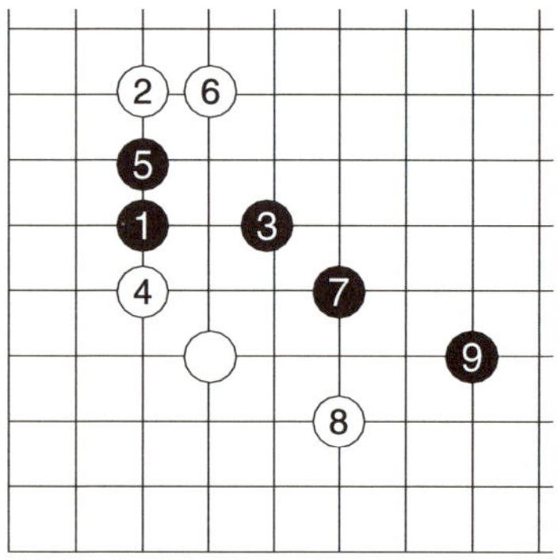

图3-42 《长生图》刘仲甫饶王珏黑先

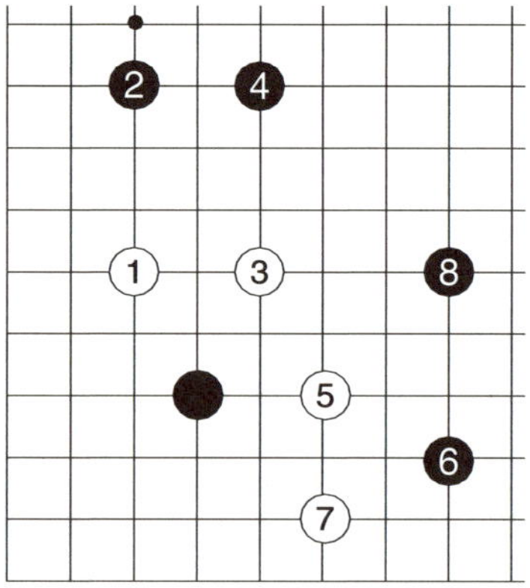

图3-43 《遇仙图》

《遇仙图》题为“本朝刘仲甫遇骊山媪弈棋局面图，又名《呕血图》”。骊山媪被指为“仙”，这谱也颇有些仙气，不同于宋代流行的起手式。

奇怪的是，《忘忧清乐集》中卷所收的“角图”，与宋代棋谱实战的定式，基本上是“脱节”的。请看《忘忧清乐集》所选八种“棋图”，每一图均有多种变化，我们仅列基本图：

第一，《空花角图》【图 3—44】

第二，《立仁角图》【图 3—45】

第三，《背绰角图》【图 3—46】

第四，《莲花角图》【图 3—47】
第五，《倒垂莲角图》【图 3—48】
第六，《大角图》【图 3—49】
第七，《小角图》【图 3—50】
第八，《穿心角图》【图 3—51】

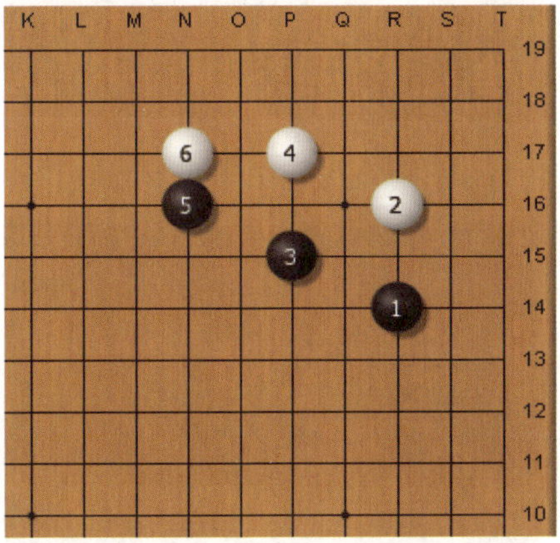

图3-44　《空花角图》

图3-45　《立仁角图》

图3-46　《背绰角图》

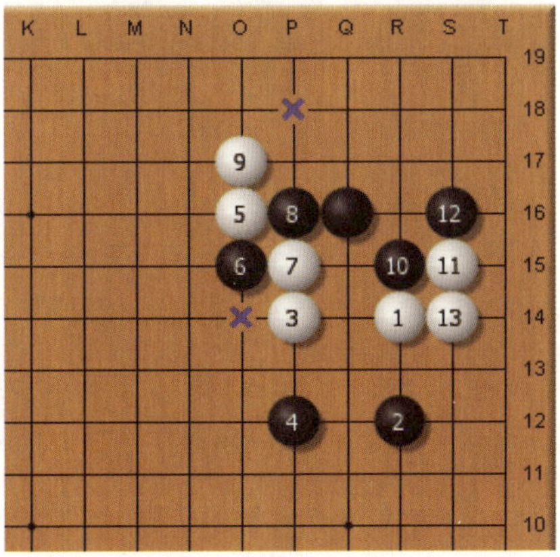

图3-47　《莲花角图》

图3-48 《倒垂莲角图》

图3-49 《大角图》

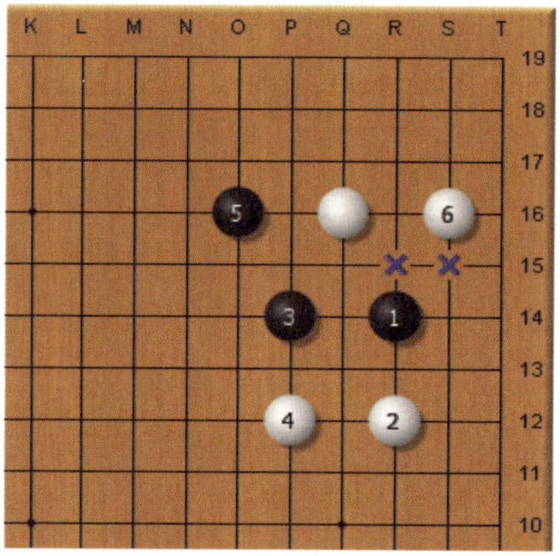

图3-50 《小角图》

图3-51 《穿心角图》

在这八种“角图”中，除《空花角图》《倒垂莲角图》，其余六种前五手都是一样的“型”，即一方小飞挂角，另一方紧夹，一方跳起，另一方紧夹之子亦跳起，一方飞下，攻击角上之子。以下不同在于，角上之子的不同应对，便演变出不同的“角图”。但在宋代的实战棋谱中，第五手飞下之子都是小尖（仅刘仲甫《遇仙图》采用飞下的变化，但第六手的反夹，亦不见于各角图），这些作为“定式”的“角图”，并不用于实战（仅有《倒垂莲角图》在宋代实战中有出现，并一直延续下来）。实战与作为技术总结的“定式”脱节，原因何在，颇令人费解。

二

元代的《玄玄棋经》第二、三卷“乐卷”“射卷”，也载有棋局的各种“起手法”，还附有部分术语图解。《玄玄棋经》起手法中的棋势，有的在《忘忧清乐集》中即有，但可能生出一些新的变化，如倒垂莲、莲花角势、小角势、大角图等。有的则是《玄玄棋经》的创造。如“受三子局面”中的“倚盖”【图3—52】。可算是最早出现的“倚盖势”，人们往往把“倚盖”的发明权交到明末清初的过百龄身上，恐不准确。只能说，过百龄将之发扬光大了。

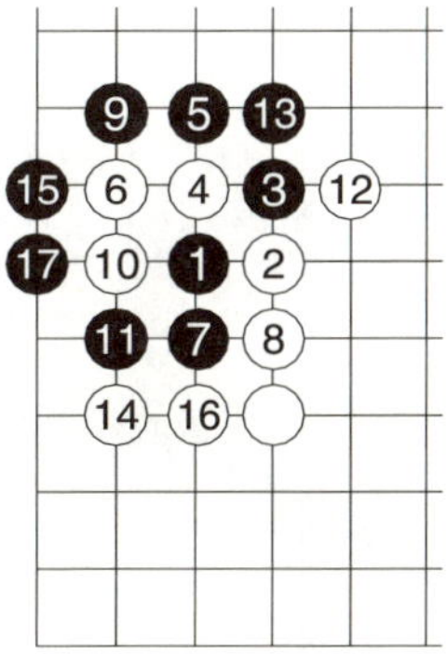

图3—52　“倚盖势”

每一时代都会有一些流行的棋势。明代是中国围棋技术发展的一个重要时期，可谓承先启后。起手的下法也有了许多新探索。以《弈薮》中所载“起手”式为例，像“起好手”中列的多是宋元时代流行的棋势，有的棋势，如镇神头、倒垂莲、大压梁、倚盖势，在宋元时代虽已出现，但未流行，明谱将其发扬光大，逐渐成了一个时代流行的棋势。这种发扬光大，也就包含着对旧的下法的改造，从而推陈出新。

而“守城”【图3—53】中的白1挂，黑2大飞，白3反夹，经常会出现在明代的实战对局中。

图3-53 《弈薮》中的“守城势”

而“转换边”【图 3—54】，白 1 挂，黑 2 四间夹间分投，比紧夹从容许多。编者说这一下法“势极新巧惟对手者识之”，所谓代表了一种新潮的时尚，果然，一二百年后，在清代中后期，成了一种最为流行的套路。

此外，除了“六三类”的小飞挂角，“六四类”“七三类”“七四类”等，选择高挂、大飞挂、二间高挂，大大丰富了星位下法的变化，它同时也体现了古人的一种围棋观念，为了不被压、盖、镇、封，所以选择高挂或大飞挂。如“六四类”第三变【图 3—55】：

白 1 高挂，黑 2 单关守角，白 3、5 托退，关键是黑 6，现代棋手都会选择往二路长一手，但谱中却是选择在中央跳兼镇，而宁愿忍受在角上被对手先手扳一下。这只能说明在古人的围棋观中，中央比角更重要。

如果说古代围棋的对角星座子制，决定了“起手”式中，星定式永远是主角，有着独一无二的地位。但在让子棋中，因为空角的

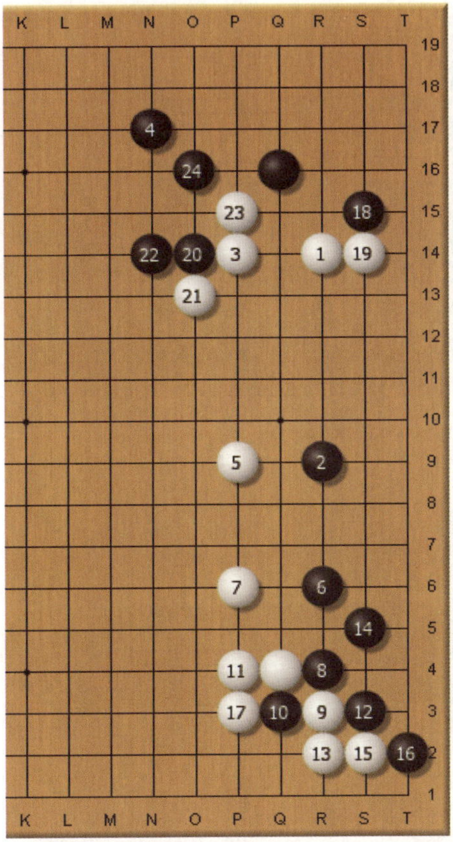

图3-54　《弈薮》中的“转换边势”

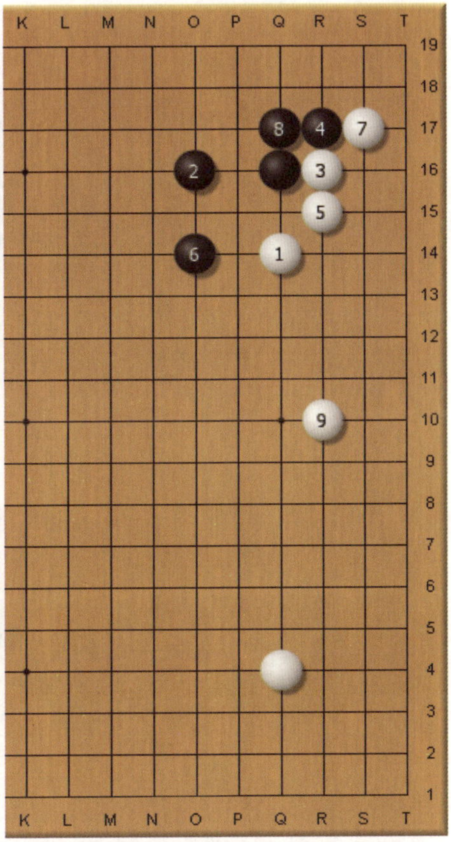

图3-55　“六四类”平角图第三变

存在，便给了棋手选择的余地。三三、小目、目外的下法，也就应运而生。如《弈薮》所载受二子的第一局，白 5、11 连占了两个三三。第三局，白 11、13，小目加大飞守角，这在明代棋谱中，绝对可算得是一个新型了。随着星位高挂、三三、小目、目外等下法的出现，也就大大丰富了棋局的变化。正像《弈薮》中受二子的第七局【图 3—56】：

白 1 高挂，黑 2 占小目，白 3 不三路托退，而是贯彻把棋走

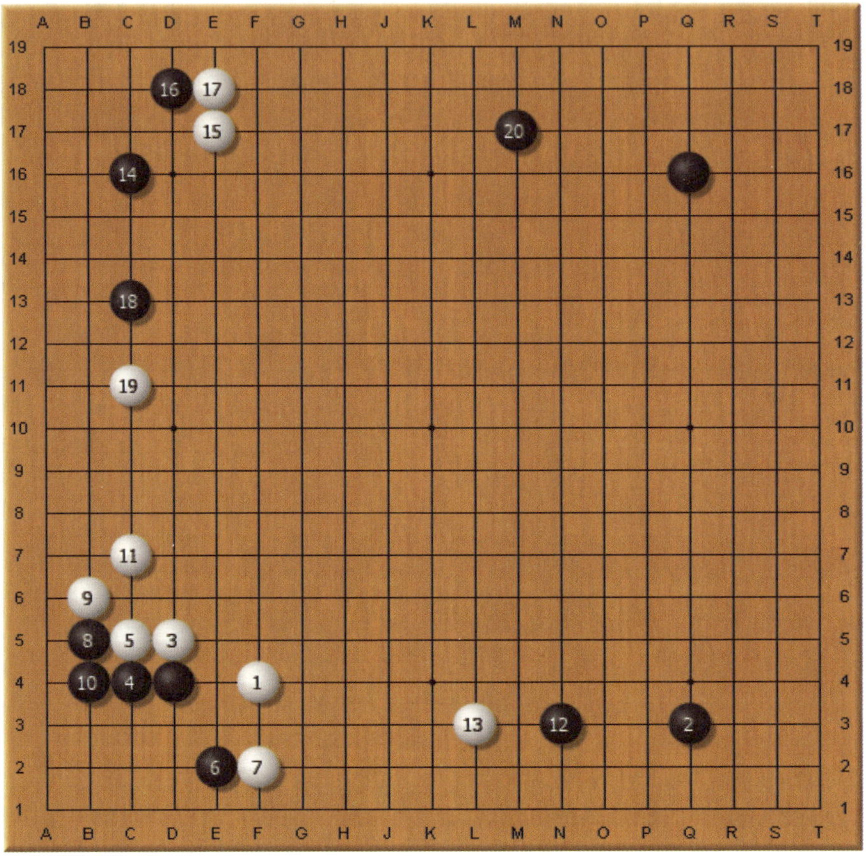

图3-56 《弈薮》受二子第七局

在外面的初衷，在外面靠了上去。以下演变出星位棋势的一个新型。而黑 12 拆边，白 13 拦，黑 14 再占一小目，白 15 小飞挂，又一个新的棋型出现了。在一般人的心目中，总以为小目是日本棋界的创造，其实中国在明代就已有之。只不过因为座子制，使在让子棋中才出现的小目、目外之类的棋型，未能引起足够重视而已。

三

清代围棋在技术上取得较大的突破，体现在“棋势”上，对各种“棋势”不是一股脑接受，而是做出细致辨析、研究。如过百龄在《四子谱》亦谈到“倚盖起手式”：“凡倚盖压梁皆紧紧制敌之法，受饶者借以自固，使敌无隙可乘，最宜用之。若敌手起局时不可轻用，以其欠松也。局中有必用此法处，盖当相度机宜，审慎行之。”如【图 3—57】。

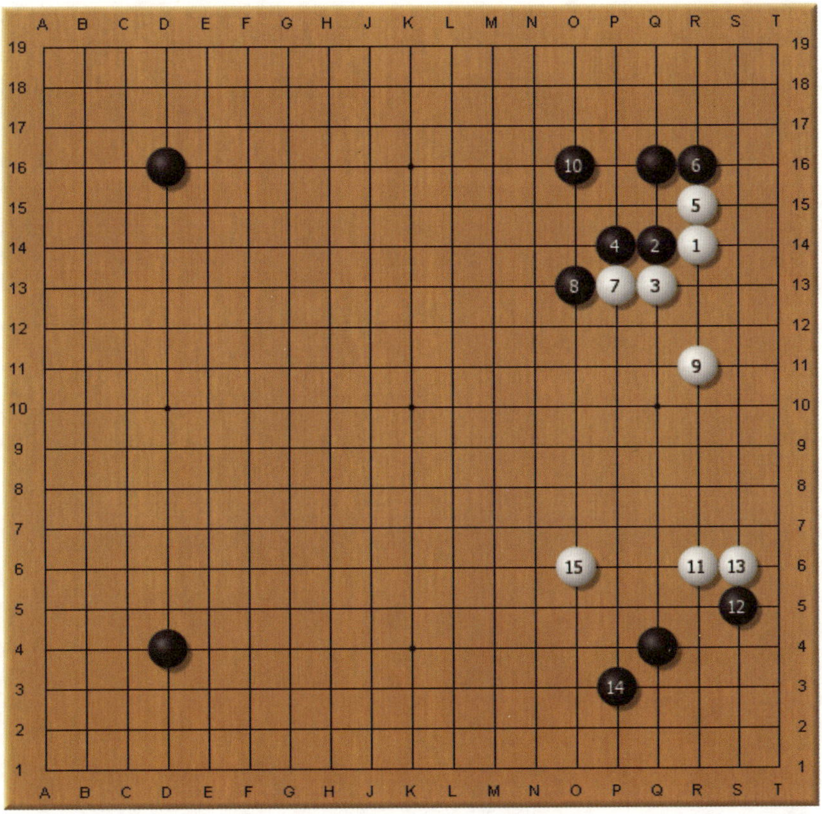

图3-57　《四子谱》倚盖起手式第一局

不过，过百龄在思想上强调倚盖起手式因其“欠松”，不可轻用，而在实战中，“倚盖”却是他最钟爱的“起手式”。他与周嬾予的争斗，几乎每局都大斗“倚盖”，并且多为过百龄主动挑起，周嬾予竭力应对，而后衍生出各种变化。

清初的围棋秉承前代棋风，总的来说偏“紧”，经常一上来就扭在一起，形成局部的激战，而少有从容布置。所以“倚盖”和“大压梁”成了这个时期的流行风。就像《过周十局》中的第一局，周嬾予主动祭出“大压梁”，如【图 3—58】。

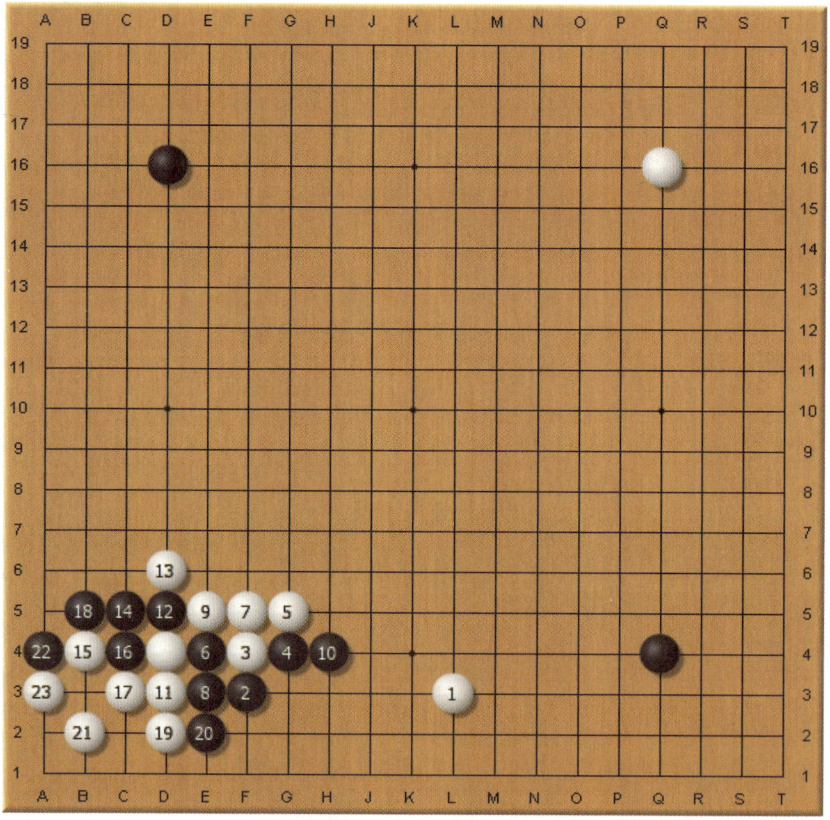

图3-58 《过周十局》第一局

还有“双飞燕”，“双飞燕”作为我国古代的一种棋势，在明代的《仙机武库》中所列棋势中就有“双三六法”四图，如【图3—59】。

过百龄《四子谱》首次出现“双飞燕”之名，在“镇神头起手式”中出现了一些与“双飞燕”近似的棋型，如【图3—60】。

图3-59 《仙机武库》“双三六法”之一

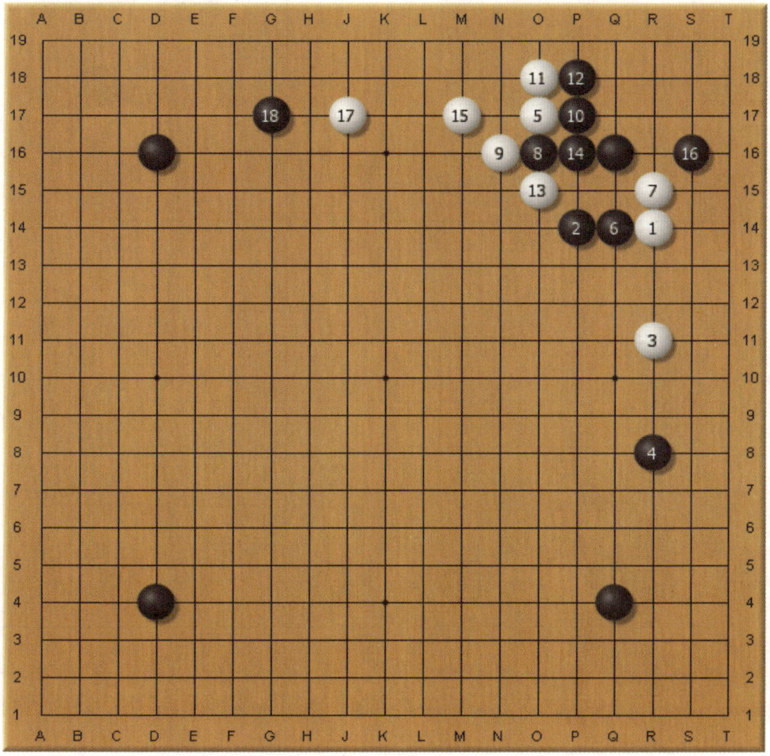

图3-60 《四子谱》“镇神头起手式”第12局

在实战中，“双飞燕”被清初国手如周嬾予、周东侯、汪汉年、盛大有、黄龙士、徐星友等频繁采用。徐星友《兼山堂弈谱》所选棋局中经常会有围绕“双飞燕”的斗智斗勇，而黄龙士与徐星友的对子七局，更是局局出现“双飞燕”，且好几局均两次出现，如【图3—61】：

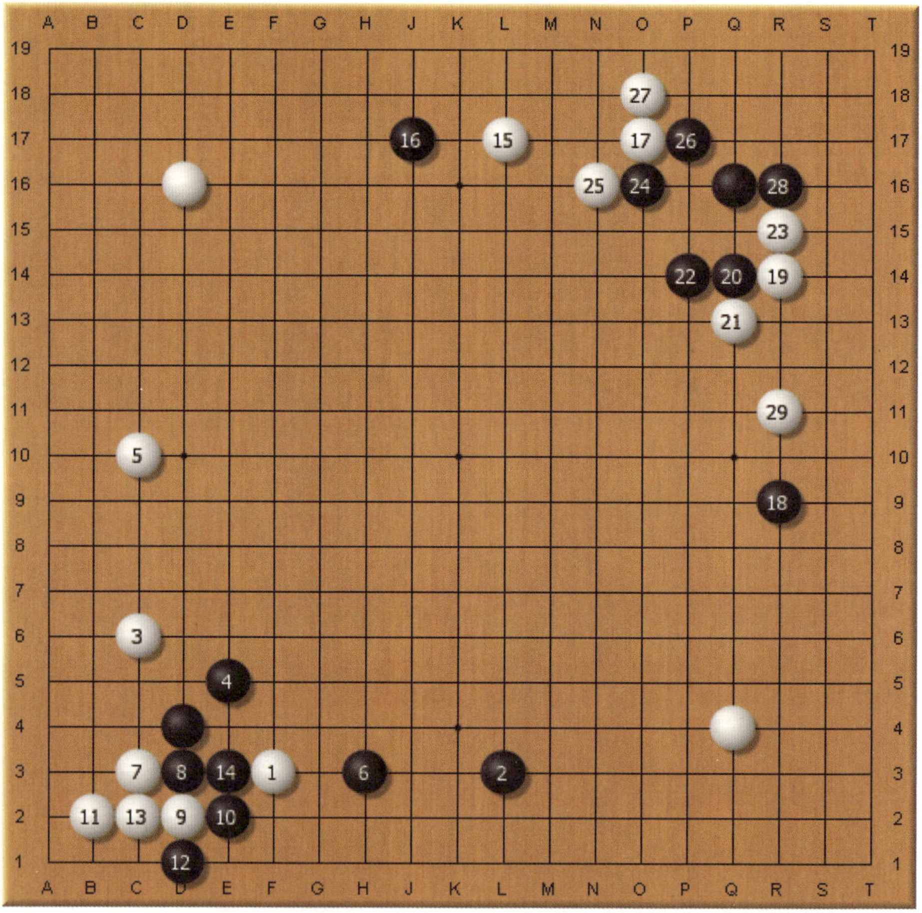

图3–61 徐星友（白）对黄龙士

黑 4 尖亦为应双飞之一法，黑 6 紧夹，白 7 点角转换，在古谱中不多见。对这一变化，徐星友曾认为“黑地已实，白地尚虚”，白稍不满，现代人则认为白棋完全可行，这只能说是围棋价值观的差异。

“双飞燕”到“四大家”时代，梁魏今（约 1670—?）、程兰如（约 1692—?）仍有采用。但在施、范之间，“双飞燕”则燕子飞走无踪影了。这源于施、范对“双飞燕”这一起手式的基本认知。《弈理指归》中有对“双飞燕”的专题研究，分“正双飞”“尖双飞”“拆二双飞”，占了整个下卷的篇幅，算得上是“双飞燕”最详尽的专题研究了。范西屏《桃花泉弈谱》下卷也有“双飞燕”共 56 变。施、范对“双飞燕”的研究，主要是用来对付他人，他们自己基本不用，因为范西屏认为“起手双飞无不太紧”。施定庵应该也是持这一观念，所谓英雄所见略同。

五

中国古代棋谱中所总结的“起手式”诸套，多为围绕星位展开，但是也有例外。比如《忘忧清乐集》所列八种“角图”中，就有一种“空花角图”，起手在六三位置。“空花角图”有十二变，兹列其中一变【图 3—62】。

《忘忧清乐集》所收集的从三国到宋代的实战对局，因为都是对角星座子，当然都不可能出现“空花角”，《忘忧清乐集》偏偏把它作为一个独立的角图列出来，加以研究，不免让人揣测，是否在唐宋的授子棋中有出现，只不过这些授子棋谱没能

图3-62 《忘忧清乐集》“空花角图”第一变

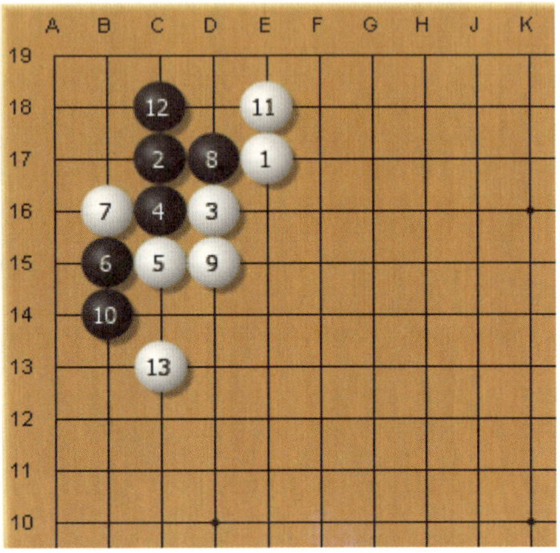

图3-63 《弈学会海》“空花角图”第二变

流传下来。

值得注意的是，清代董耀的《弈学会海》在“边角图”中也列有“空花角”十一变，但其中第二、三变，三六占“空花角”之子移到了三五之位（目外），如【图 3—63】。

这样就成了现代所谓的目外定式，并且这些棋型在清代的让子棋实战中也有出现。到了施定庵著《弈理指归续编》时，便彻底地将“空花角”变成了“目外”棋势。《弈理指归续编》中“空花角”有三十式，算得上是我国古代最完备的对“目外定式”的技术总结，姑列其中有代表性的几式，如【图 3—64】。

此外，在中国古代的让子棋中，三三与小目占角也经常出现。先看三三，《弈薮》《仙机武库》所收让子棋，就常有三三起手。如《仙机武库》饶二子图的一局【图 3—65】。

白棋连占两个三三，再拆二，从守地的角度说，非常实惠。一

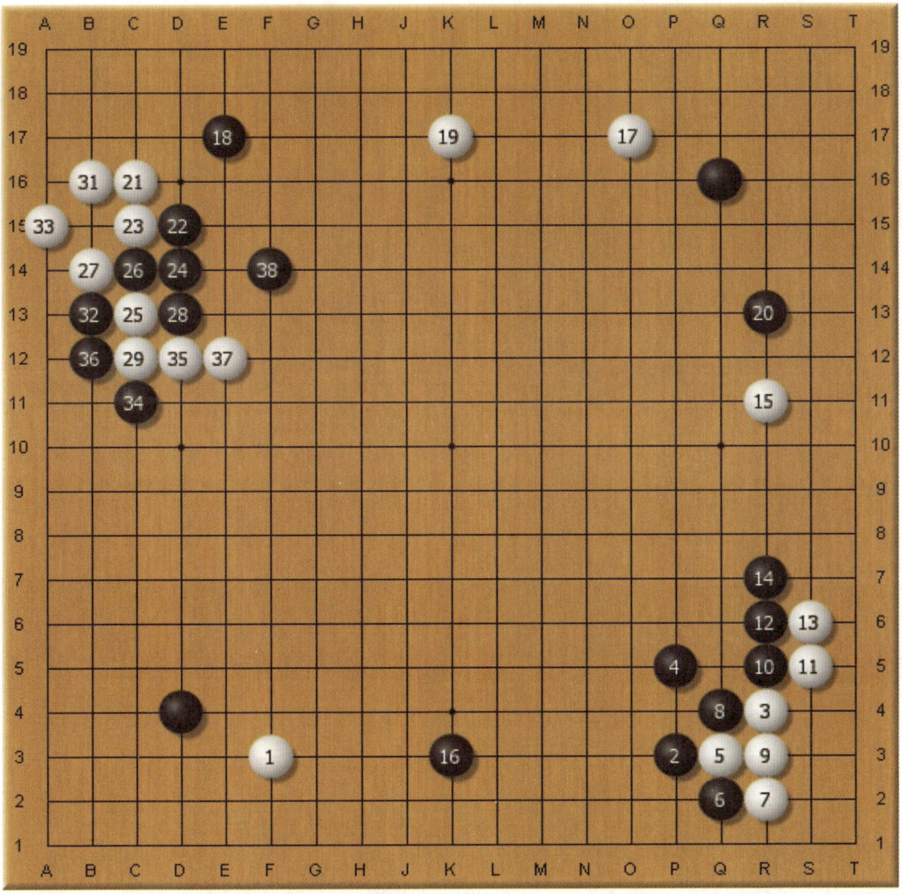

图3-64　《弈理指归续编》“空花角”第一、二式

方面，在清代的让子棋中，起手占三三，不再流行，但也不乏偶尔尝试者。另一方面，从明谱中开始出现的小目起手，在清代的让子棋中，成了一种仅次于目外的流行变化。如【图 3—66】。

小目，在我们惯常的印象里，似乎是围棋传入日本，日本棋手废弃了座子制度之后才开发出来的下法，其实不然，小目在黄龙士、梁魏今、程兰如、范西屏、施定庵、陈子仙等的授子谱中经常

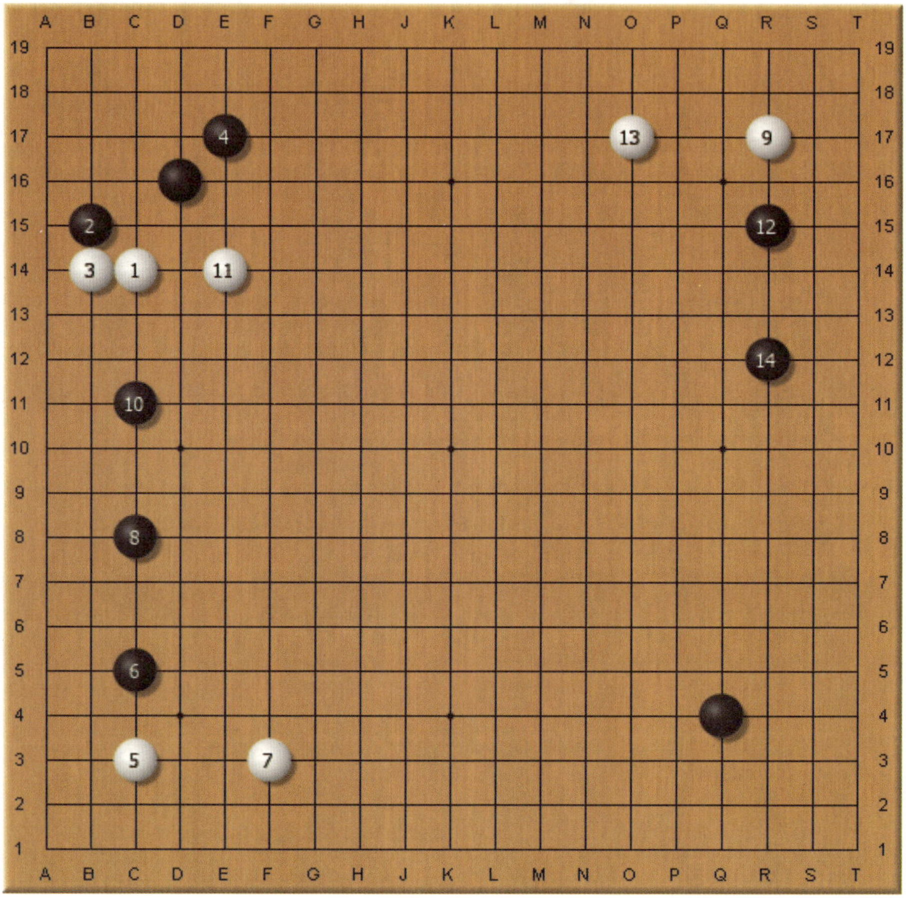

图3-65　《仙机武库》饶二子图之一

出现。让子棋可以说为棋手们提供了在座子制之外的一个可供自由发挥的空间，我们因此也才有幸看到三三、小目、目外之类的“百花齐放”。在棋手们的自由探索中，我们常常可看到一些充满现代意识的新手。只可惜的是，这些新手、新型，因为多出现在让子棋中，并没有引起那个时代的人们（包括今天的我们）的足够重视，它也无法从根本上动摇座子制、星定式的一统天下。

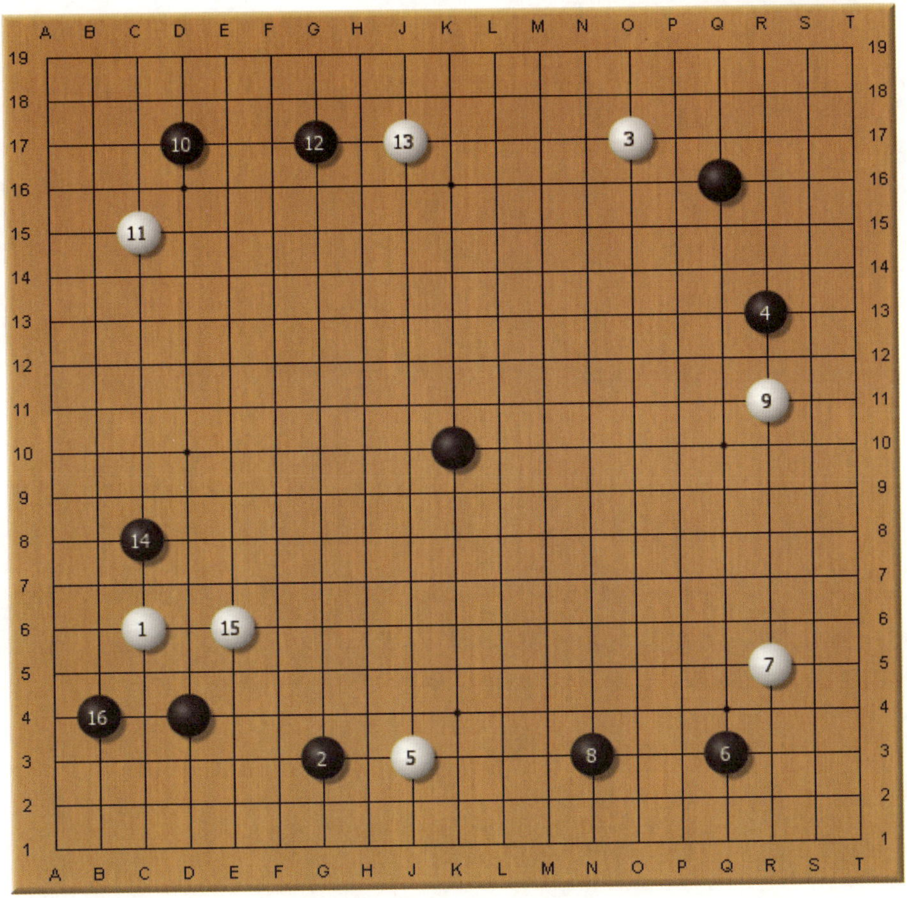

图3-66　范西屏（白）对李步青（受三子）

第三节　棋　法

如果说班固开启了中国棋论的“立象比德”的传统，但他更多是把围棋与玄妙之象联系在一起，体现的是“道”的话语。另外，汉以来，也存在着另一传统，这就是对弈之为“技”的探讨，总结棋法棋理，从而开启了中国古代棋论的另一套话语：关于“术”的话语。

一

棋本来就是一种战争游戏，“争”与“战”即为围棋之本质。东汉开始，不少人以兵法言棋，如班固虽把围棋比之“天地之象”“帝王之治”，但也把“弈”与“战国之事”联系在一起。桓谭（前23—50）在《新论·言体》中则直接把围棋与兵法联系起来，“世有围棋之戏，或言是兵法之类也”。

如果说桓谭只是以棋言兵，棋是附庸，那么东汉的另一经学家马融（79—166），则撰《围棋赋》，通篇以兵言棋。马融在《围棋赋》中，开宗明义："略观围棋兮法于用兵，三尺之局兮为战斗场。"以下以兵言棋，极尽铺排，其中涉及围棋的许多战略战术、着法名称。首先是布局，"先据四道兮保角依旁"，说明古人很早就认识到了边角的重要性。"缘边遮列兮往往相望"，则强调边路展开时需要相互照应，构成阵势。"离离马首兮连连雁行"，则涉及角上的一些定式性的走法，如小飞、大飞之类。而"踔度间置兮徘徊中央，违阁奋翼兮左右翱翔"分别涉及棋之侵消、盘渡、躲避、限制。徘徊中央，奋翼翱翔，生动地写出中腹战斗的雄阔气势。

值得注意的是，《围棋赋》不少地方都涉及为争取胜利，如何使计使诈。如"已下险口兮凿置清坑"，己方脱离险境后，立即给对方设置陷阱。自陷死地，设见权谲，诱敌先行，无令诈出，等等，都涉及战之权谋谲道。《孙子兵法·计篇》云："兵者，诡道也"。对棋之"诡道"的认可，正体现了棋论中"术"的话语的独特之处。

西晋时，出现了两篇《围棋赋》，作者分别为蔡洪和曹摅。两篇赋均承袭了东汉赋论以兵论棋的传统。南北朝时，中国围棋进入到一个黄金时代，在南朝的皇帝中，好棋者众，其中梁武帝就是一个代表人物。梁武帝还亲撰《围棋赋》，还有《棋法》一卷（已佚）。敦煌写本《棋经》附有梁武帝《棋评要略》，将中国围棋理论推向了一个新的高度。

梁武帝的《围棋赋》，就棋理的阐发角度而言，在蔡洪、曹摅《围棋赋》的基础上，进一步摆脱了围棋战术与史上战例的简单比附，而更注重对棋理本身的归纳、概括。如"用忿兵而不顾，亦凭河而必危。痴无成术而好斗，非智者之所为"。强调背水为阵，不合兵法，非常危险。韩信的置之死地而后生，乃非常规战法，智者不可常为。还有，下棋是敌我双方的争斗，此消彼长，所以要发挥每一手棋的作用，使“敌谋断而计屈，欲侵地而无方。不失行而致寇，不助彼而为强。不让他以增地，不失子而云亡”。下棋还要善于应变，不可拘泥死板，墨守成规：“或龙化而超绝，或神变而独悟。勿胶柱以调瑟，专守株而待兔。”下棋还要分清大小，不可为无关大局的“少棋”而陷入苦战，招致“败亡”，能做到“城有所不攻，地有所不争”，那肯定就是高棋了。

总的来说，汉代以来的“围棋赋”，作为围棋文学，多以兵言棋，又具有浓厚的文学色彩。相对来说，对棋理的阐发则难免受到限制。而梁武帝的《围棋赋》，最能体现“艺术和技术”的完美结合。就“艺术”论，中国古代棋论有不断的“艺术化”的趋势，而“技术”的阐发，则在南北朝时期的一部奇书敦煌《棋经》中得到完美体现。

二

敦煌《棋经》【图 3—67】是中国古代围棋的经典文献，它将中国围棋技术理论推向高峰。但它被抄录在佛经经卷的背面，面世不久即被封存，直到 20 世纪纪初才被重新发现。成恩元先生考证，《棋经》系北周写本，它是现存我国最早的一部棋经。

《棋经》正文共分七篇。第一篇篇名不详，从残存的文字看，主要是阐述弈棋的基本要领和法则。首先值得注意的是，作者明确指出：“古人云：‘不以实心为善，还须巧诈为能。’或意在东南，或诈行西北。似晋君之伐虢，更有所规；若诸葛之行丘（兵），多能好诈。”真正突出了下棋与用兵在本质上的相通之处。

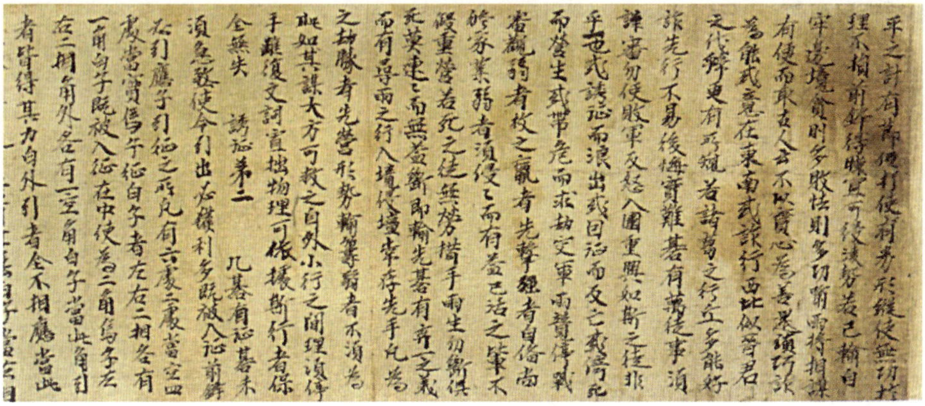

图3-67　敦煌《棋经》手抄本

第二篇《诱征篇》，专论征子之法。值得注意的是，该篇重心不在讲如何征子和引征，而是诱征。诱征乃围棋中的高级战术。

第三篇《势用篇》，综论各种“势”的运用，即一些具体的死活和对杀图形。包括一些具体的死活棋型：“直四曲四，便是活棋。花六聚五，恒为死亡。”值得注意的是，即使是死棋，对杀中也有一个“气”的问题。作者明确提出：“内怀花六，外煞十一行之棋；果之聚五，取七行之子。”也就是说，“花六”可以杀掉外有十一口气的棋，“聚五”可以杀外有七口气的棋。“角傍曲四，局竟乃亡。”这成了围棋中的一条著名法则。

第四篇《像名篇》。像名乃是古人对棋局及一些特定的棋形，赋予一形象的名称。

第五篇《释图势篇》，论述图与势的关系和复图打谱的重要性。

第六篇《棋制篇》，叙述弈棋的规则和计算输赢的方法。

第七篇《部帙篇》，作者自述“姓（性）好手谈”，阐述将棋势分为四部的标准和内容。

《部帙篇》后还专列了《棋病法》《棋法》。《棋病法》提出棋有“三恶”“二不祥”。“三恶”即：第一，傍畔萦角，第二，应手鹿鹿，第三，断绝不续。“二不祥”：一谓下子无理，任急速，二谓救死形势不足。《棋经》作者还特别强调了树立全局观的重要性：

> 兵书云：“全军第一。”棋之大体，本拟全局，审知得局，然后可奇兵异讨，虏掠敌人。局势未分，以救五三死子，复局倾败，有何疑也。

敦煌《棋经》正文七篇及所附的《棋病法》《棋法》将围棋之“法”推向了中国古代围棋思想的一个高峰。“法”者，法则、法式也。它与形而上之“道”相对，构成了一套形而下的“术”的话语。这套“术”的话语与兵家话语有关，更切近棋的本身。棋尽管不过是“戏中之雅玩”，但“妙理无穷”，由棋法、棋术而棋理，使由“术”与“数”构成的“法”日益走向精细化、条理化。

三

中国棋论的另一个高峰，就是宋代的《棋经十三篇》。

《棋经十三篇》成书于北宋仁宗皇祐年间（1049—1053），据李毓珍先生考证，《棋经十三篇》作者张靖，《棋经十三篇》在内容上模拟《孙子兵法》，分为十三篇：《棋局篇第一》《得算篇第二》《权舆篇第三》《合战篇第四》《虚实篇第五》《自知篇第六》《审局篇第七》《度情篇第八》《斜正篇第九》《洞微篇第十》《名数篇第十一》《品格篇第十二》《杂说篇第十三》。其内容归纳起来，大致可分为以下几个方面：

其一，推本棋局、棋子的形制，列举棋的名目、棋品。

其二，强调对局的态度和弈者所应具备的棋艺修养和棋德。

其三，《棋经十三篇》最重要的部分还是对围棋的实战经验的总结，它论述了一系列的对弈中的战略战术和基本要领，且非常精辟。如《权舆篇第三》论布置："权舆者，弈棋布置，务守纲格。先于四隅分定势子，然后拆二斜飞，下势子一等。立二可以拆三，立三可以拆四，与势子相望，可以拆五。近不必比，远不必乖。"《审局篇第七》从布局"夫弈棋布势，务相接连。自始至终，着着求先"，说到中盘战斗与收束："临局交争，雌雄未决，毫厘不可以差焉。局势已赢，专精求生。局势已弱，锐意侵绰。"还有"棋有不走之走，不下之下"，则是一种更高级的战术了。

《棋经十三篇》中的许多语句，已成了类似于棋的格言、警句。如《合战篇第四》："高者在腹，下者在边，中者占角"；"宁输数子，勿失一先"；"两生勿断，皆活勿连"；"阔不可太疏，密不可太促"；"与其恋子以求生，不若弃之而取势，与其无事而强行，不若因之而自补"；"彼众我寡，先谋其生。我众彼寡，务张其势"；"善胜敌者不争，善阵者不战，善战者不败，善败者不乱"；"夫棋始以正合，终以奇胜"。《杂说篇第十三》："大眼可赢小眼，斜行不如正行"；"两关对直则先觑，前途有碍则勿征"；"角盘曲四，局终乃亡"；"直四扳六，皆是活棋，花聚透点，多无生路"；"四隅十字，不可先纽，势子在心，勿打角图"。这些口诀，就像武林中的武功心法，牢记在心，功力即会大长。

《棋经十三篇》作为我国流传至今最完整、最系统的围棋理论著作，它是对上千年围棋理论与实战经验的总结，它不光是棋法、兵法，更成了一种哲学。

四

了解中国古人的围棋观念，既要看他们怎么说的，也要看他们是怎么下的。棋局本身，往往已经体现了古人对棋之认识。

第一，中国古棋有一个共性，就是对中腹的重视。

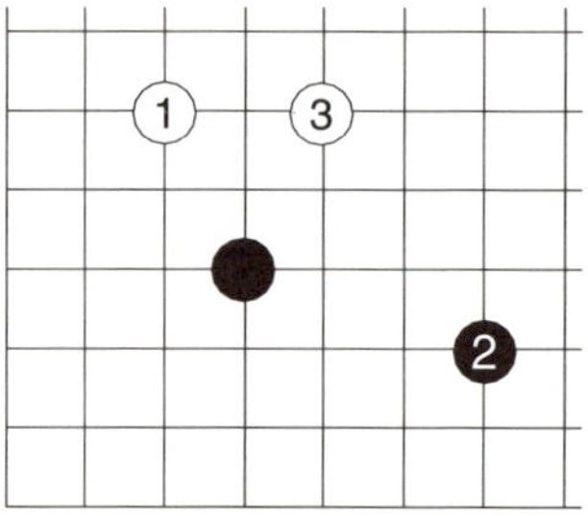

图3-68

在中国古代棋论中，有不少涉及对角、边、腹的价值的认识。敦煌《棋经》中的《棋法篇》谈道：“初下半已前，争取形势。腹内须强，不得傍畔萦角，规觅小利，致失大势。”《棋病法》还将“傍畔萦角”列为“三恶”之一。宋《棋经十三篇·合战篇第四》也谓：“博弈之道，贵乎谨严。高者在腹，下者在边，中者占角，此棋家之常然。”对中腹的重视，也体现在实战棋局中。《孙策诏吕范弈棋局面》起手，如【图3—68】：

白1挂角，黑2大飞，白3既不进角，也不分边，往空中一跳，充分显示了古人对中腹的重视。白3也成了一直到宋代的流行下法。

而《烂柯图》中“镇神头”的下法，也体现的是这一围棋观念。如【图3—69】：

“镇神头”系以飞罩抑制对方出头的手法。这一下法与另一棋势“倒垂莲式”，有近似之处，都是尽量控制中腹，

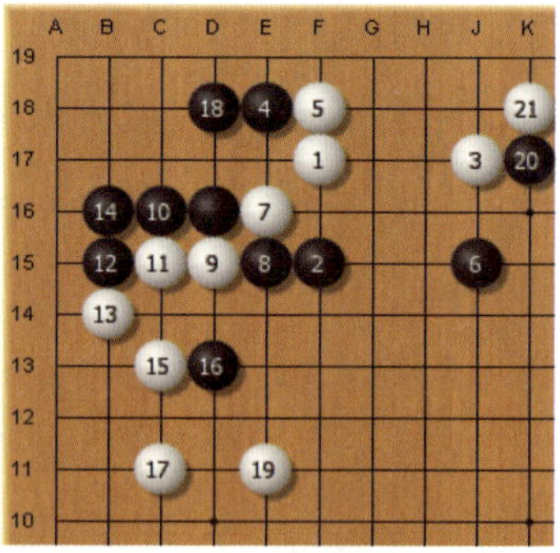

图3-69 《烂柯图》“镇神头”

抑制对手出头。

第二，好战的棋风。

安永一先生在《中国的围棋》中，在评述三国到宋代围棋的“中国流”时，多次说到“力斗”的风格。如评《烂柯图》：“中国一流的力斗型，展开了贯穿全局的激战，呈现给我们的是壮美的、波澜万丈的画卷，让人感到那种令人无法喘息的迫力。”

这种“力斗”的棋风，成了中国古代围棋的一大特点。唐宋时代的围棋，常常没有什么布局，往往是从一个局部开始，一个战斗引发另一个战斗，绵延全局。产生这种“斗力”棋风的原因，首先，可能与中国古棋的围棋规则有关。比如座子制，黑白双方各在对角星位上放两个座子，形成天然的“对角星布局”，这种布局直到今天也被视为战斗型布局，容易引发激烈的战斗。比如“还棋头”，每多一块棋，终局计算胜负时就要多贴还对方一个子，导致在战术上，中国古棋对切断与联络的重视，有断则断，战斗自然也从断处始。

其实，中国古代围棋理论，对什么时候该断、什么时候不该断说得很明白。敦煌《棋经》中就有“两生勿断，俱死莫连，连而无益，断即输先”之说。《棋经十三篇·合战篇第四》也说：“两生勿断，皆活勿连”。但在实战中仍然出现“两生”亦断，除了断本身有两目的价值，更重要的就是，棋从断处生，往往成了对弈者的一种思维习惯。

其次，如前所述，中国古棋对中腹的重视，“入腹争正面”，不屑“傍畔萦角”“规觅小利”，也往往容易使棋局导向不是各自在边角分割地盘，皆大欢喜，而是争先出头，将棋引向中腹，引发

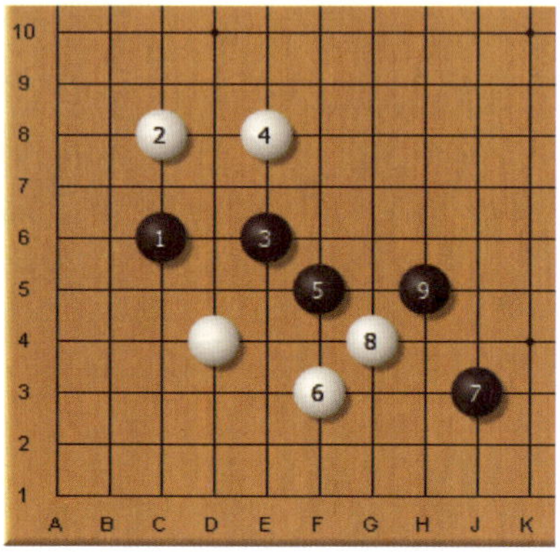

图3-70 《万寿图》

激战。为了争中腹大势，出头与封盖，往往会成为双方战斗的焦点。如《万寿图》【图 3—70】郭范饶李百祥黑先一局：

全局的第一个战斗，双方在完成黑 1 到白 6 的“定式”之后，黑 7 拦，黑 9 罩，激战由此开始。安永一先生评价，“黑 9 罩，过分强硬，味道极坏”，而问题出在黑 7。欲将白棋连边带腹，完全封进去，当然要引发另一方的竭力抵抗了。

第三，布局及其理论。

清代以前的围棋，基本上没有什么布局，一上来就开始战斗。尽管在“起手”的理论上有不少精辟之论。如《棋经十三篇·权舆篇第三》论“权舆”：“权舆者，弈棋布置，务守纲格。先于四隅分定势子，然后拆二斜飞，下势一等。立二可以拆三，立三可以拆四。与势子相望，可以拆五。近不必比，远不必乖。”并引《诗经·大雅·荡》“靡不有初，鲜克有终”，来说明布局的重要性。刘仲甫《棋诀》首先也是讲“布置”：

> 盖布置，棋之先务，如兵之先阵而待敌也。意在疏密得中，形势不屈。远近足以相援，先后可以相符。若入他境，或于六三、三六下子，及九三、十三之着。思不执一，进退合宜。诀曰："远不可太疏，疏则易断；近不可太促，促则势羸。"正谓此也。善棋者不困在此，使困在彼；壮在己，势羸在人。此乃为格。

这些跟棋局起手的"权舆"、布置有关的思想，固然精辟，但仅仅是指导性的思想，缺少具体棋例的说明，初学入门者自难领悟其奥"义"。而明谱将起手式的各种变化罗列在一起，没有棋理上的辨析，也难以使人知其"所以然"。清代的一些棋谱，首先对起手式中的一些常见的棋势，其特点、优劣一一作了辨析。以布局理论而言，施定庵在《弈理指归》及《弈理指归图》中首次将前人笼而统之的"起手式"分成了"起手"与"布局"两个部分，并第一次提出了"布局"的概念。"起手"专指第一手的走法和第二着的应手，并由此一一作了"辨正"，他谈道："起手三六最佳，侵角多方攻逼机紧，关腹则机神远运，拆边则静以待动。""三六"即最常见的面对星位的小飞挂角，这是"起手"的首选。

在布局上，则提倡从容布置，用紧不如用松。所以面对"六三起手"，施定庵最为推崇的是"应手九三，两分为正。进退有地，使敌不能拆三张边，且能分势相持而角亦有神照也。"为此《弈理指归图》专列了一标准的"布局图"，如【图 3—71】：

这一图，成了一个标准程式，在不同棋手的对局中反复出现，衍生出各种"变化图"来。布局宜松，双方得以从容不迫地布阵，

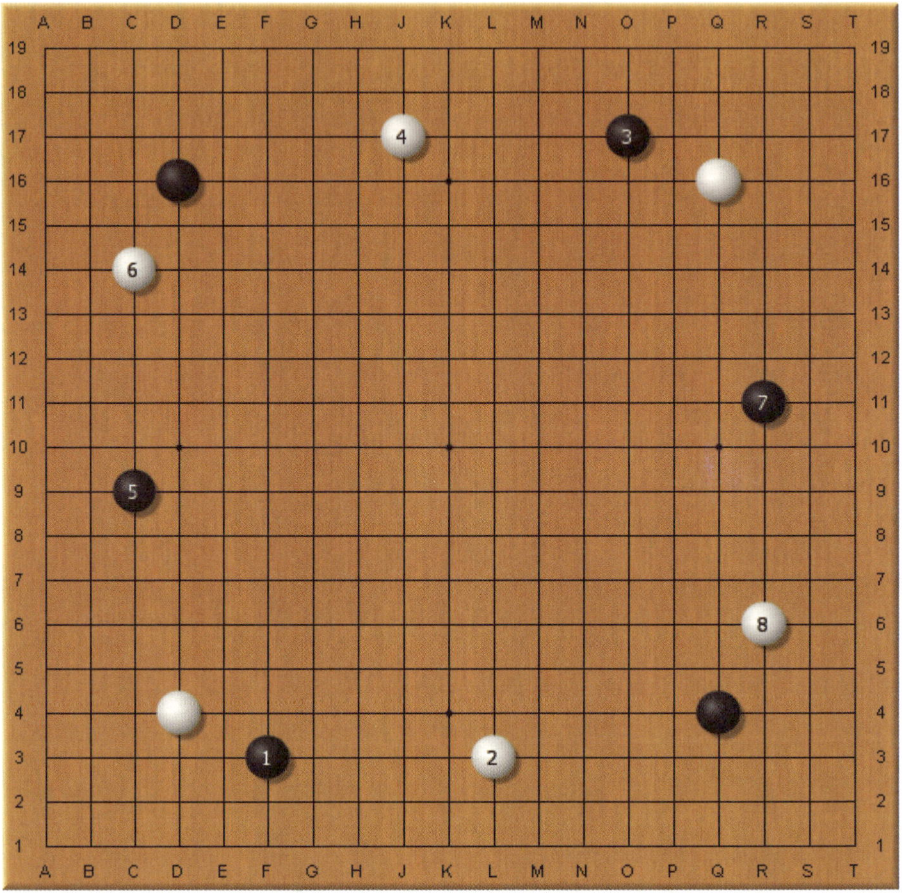

图3-71 《弈理指归图》布局图

从而有了名副其实的“布局”。

不过，施、范的用“松”，仅仅限于布局。一进入中盘，古代棋手好战的本性马上就显露出来。如“当湖十局”第一局【图3—72】：

黑8飞黑10扳，其实在五路退一手完全可行。至于黑18大飞罩，则更让人惊叹对局者的胆量与豪迈了。这一局黑左边幅员广

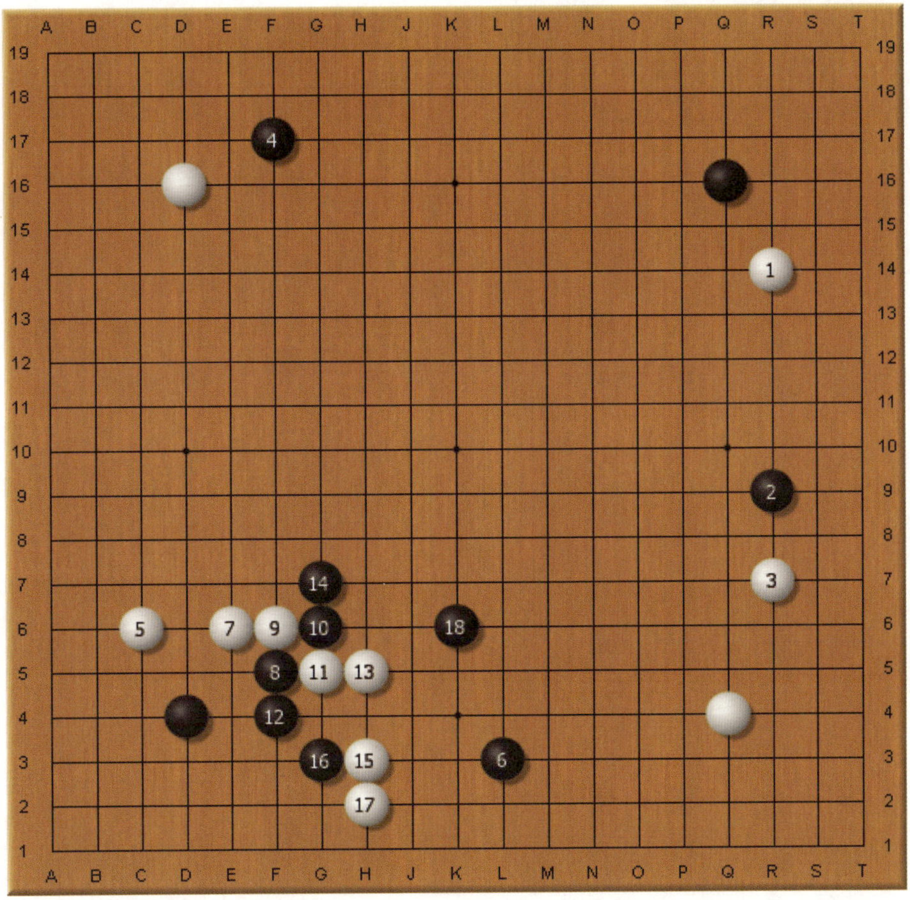

图3-72　“当湖十局”第一局

阔，黑10扳还情有可原，像“当湖十局”第四局，如【图3—73】：

白31已经拆二在那里等着，白35退已经很充分，白棋还要扳上去，只能说是因为“定式”所导致的思维惯性。从本质上说，中国古棋都是“战斗”的棋，而不是“守地”的棋。施、范所提倡的布局中从容布阵，舒缓而行之，最终目的还是“战”。

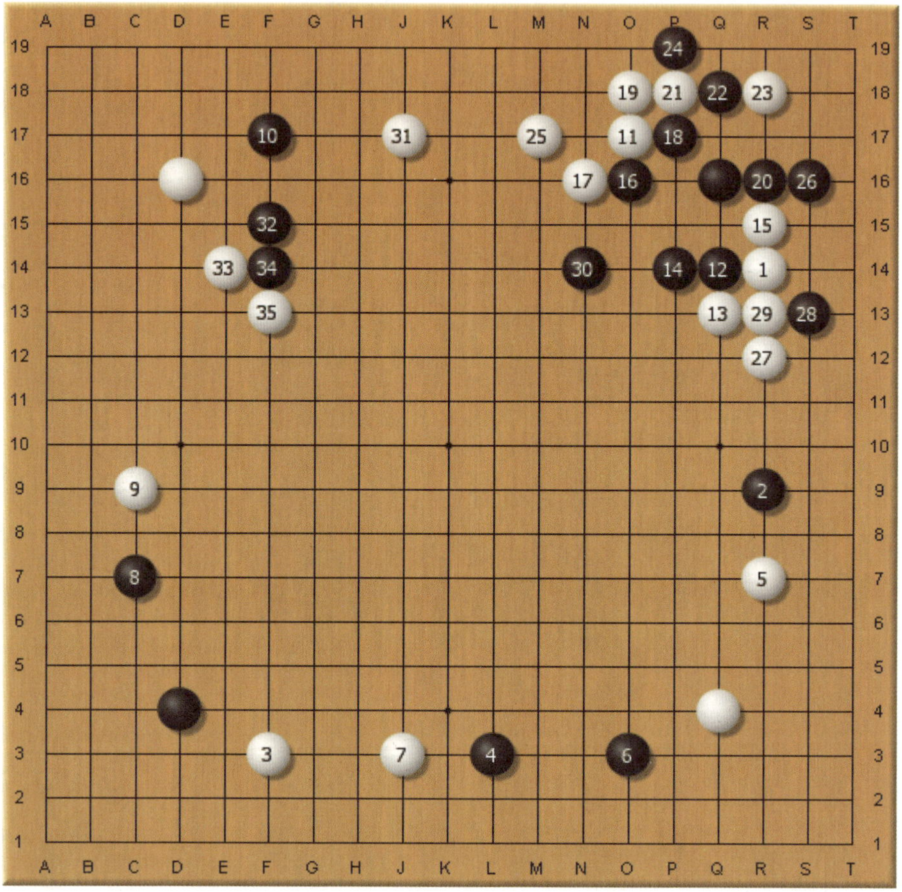

图3-73　“当湖十局”第四局

第四章　棋之艺

围棋还是一门艺术。

孔子之“游于艺”，已经为博弈之“戏”成为“艺”奠定了基础。魏晋士人不仅把围棋看作“戏”，同时还把它纳入“艺”的范畴，手谈、坐隐、忘忧、烂柯，围棋成为精神之“艺”。到唐代，琴棋书画并称“四艺”，棋正式成为“四艺”之一。

艺术，从本质上说，都是人的一种精神的游戏。艺术是非功利的，以自由、快乐、和谐与美为指归。围棋作为一种竞技，首先追求的是胜负。但它作为一门艺术，又常常是符合美的规律的。于是便有了所谓“好形”“坏形”之别。而中国古代诗歌、绘画，对棋人棋事棋情棋趣的书写、呈现，本身便构成了动人的艺术。

第一节　弈之为艺

当孔子将“博弈”并举，认为它们胜于“饱食终日，无所用心”（《论语·阳货》）。“饱食终日，无所用心”，说明当时社会已开始出现有闲阶层，他们有一定的闲暇时间从事求“温饱”之外的事情。这为博弈活动的开展提供了基础，孔子发表此言论的目的在于对人们的闲暇生活提出引导。

在这里，博弈都是一种“戏”。有一种观点认为，艺术源于游戏。艺术，从本质上说，都是人的一种精神的游戏。人在满足了基本的物质需求之后，便会生出种种精神的需要，于是有了游戏。当游戏与审美联系在一起，它便成了艺术。

一

东汉李尤（44—126）有《围棋铭》曰：

诗人幽忆，感物则思。

志之空闲，玩弄游意。
局为宪矩，棋法阴阳，
道为经纬，方错列张。

这可以说是“诗”与“棋”的第一次平等对话。诗人一方面“感物则思”，一方面在“志之空闲”之时，“玩弄游意”。“玩”有戏狎之意。“弈”大约便属于这样一种“游艺”。“棋法阴阳，道为经纬”，既可通于天地人世之“义理”，又可为纯粹“游心”“游戏”之事。在俗与仙、死与生之间，游于艺，游于世，游于心，游于仙，围棋之类的“玩物”，似为世俗中的人提供了一种精神超越之径。这也预示了“弈”之为“艺”的一次重要转型的开始。

魏晋时，围棋观念的一大变化就是确立了围棋作为“戏”的独立存在的价值，并将它纳入“艺”的范畴。围棋，被称为“手谈”“坐隐”“忘忧”“烂柯”，在某种程度上，也成了魏晋士人精神存在的一种方式。

“坐隐”之说，源于东晋王坦之。《世说新语·巧艺篇》云：“王中郎以围棋是坐隐。”王坦之因官居北中郎将，世称王中郎。他对围棋情有独钟。据《世说新语》载，他在守丧时，有客来访，竟置礼教于不顾，而与客对弈。这一方面表现出魏晋士人的不羁风范，另一方面也显示了王坦之对围棋的痴迷程度。

“忘忧”之说，出自东晋的另一名流祖纳。祖纳之弟即是历史上有名的闻鸡起舞、击楫中流的壮士祖逖。祖逖素有大志，无奈时运不济，在北伐中因孤立无援而失败。祖纳对弟弟的失败十分痛心，终日弈棋。朋友王隐劝他珍惜光阴，祖纳答曰：“聊用忘忧耳。”王隐进一步劝曰：“故君子疾没世而无闻。《易》称自强不息，况国史明乎得失之迹，何必博弈而后忘忧哉！”纳喟然叹曰：“非不悦子之道，力不足也。”

称围棋为“烂柯”，则出自中国人家喻户晓的王质观棋烂柯的传说。这个传说首见于南朝梁代任昉的《述异记》：

> 信安郡石室山，晋时樵者王质，伐木入山，见二童子下棋，与质一物，如枣核，食之不觉饥，以所持斧置坐而观。局未终，童子指谓之曰：“汝斧烂柯矣！”质归故里，已及百岁，无复当时之人。

称围棋为“手谈”，始于晋代。《世说新语·巧艺篇》云：“支公以围棋为手谈。”支公者，东晋一高僧也，名遁，字道林。据称少时聪颖好佛，25岁出家，善结交名流，清谈玄义，别出心裁，称围棋为“手谈”，乃以“手谈”代“清谈”也【图4—1】。

图4-1　棋茶一味

关于围棋的这些别称，大都出自魏晋时期，这就不是偶然的巧合了。它代表了魏晋士人的围棋观，同时也折射出了这个时代的人们的人生观与审美观。在对纲常名教的厌弃中，山水、围棋之乐，吸引了一大批文人士子。“坐隐”“忘忧”，在尘俗的世间，也能体味到精神归隐之趣，何乐而不为？“手谈”使围棋在清谈家那里，有了独特的功用。而“烂柯”，则更使人超越尘世，体会到一份仙界之乐了。围棋，作为人的一种精神游戏的艺术，以自由、快乐、和谐与美为指归，正好契合了士大夫的精神需求。而围棋，也就更多地具有了精神的、审美的意义。

于是，围棋就不再仅仅是“戏”，同时也成了一种“艺”。儒家历来重视六艺，其他艺能则被轻视。魏晋士人则把围棋之类玩物也纳入“艺”的范畴。曹魏文士邯郸淳著《艺经》，首立围棋一目，刘义庆《世说新语》将围棋归入“巧艺”，蔡洪《围棋赋》称赞围棋“握众巧之至权”，沈约更称围棋可“与和乐等妙，上艺齐工”，这为唐代将围棋正式与琴、书、画并称为“四艺”奠定了基础。

南北朝时，形成了中国围棋史上的第一个高峰时代。好弈的宋明帝首设“围棋州邑”，作为职掌围棋事务的专门机构。齐梁时，又确立了皇家品棋制度。齐武帝萧赜、梁武帝萧衍时，曾举行过三次大规模的品棋活动。南朝钟嵘有《诗品》，谢赫有《画品》，庾肩吾有《书品》，围棋则有《棋品》。当一种艺术需要由专门的机构或人来品定等次，说明它已经发展到了相当规模，并且已被纳入正统的知识体制中。沈约《棋品·序》谓：

弈之时义，大矣哉！体希微之趣，含奇正之情；静则合道，动必合变。若夫入神造极之灵，经武纬文之德，故可与和乐等妙，上艺齐工。

在中国古代，“艺”有“技艺”与“道艺”之分。“道艺”指儒家六艺：礼、乐、射、御、书、数，甚至就指六经。“技艺”则是各类“术”“技”，如医、卜、相术、博弈等，执此业者则为“技艺之徒”。韦曜说围棋“考之于道艺，则非孙氏之门也”，沈约则说它“可与和乐等妙，上艺齐工”。“上艺”，大约就是韦曜所钟情的“道艺”。沈约不仅肯定了围棋是“艺”，同时还强调此“艺”非彼“艺”，固然有拔高之嫌，但也表明，围棋从此正式拥有了“艺”的身份。

三

魏晋时，围棋开始被纳入“艺”的范畴。而到唐代，棋则正式成了琴棋书画“四艺”之一。最早将琴棋书画并称的是唐代张彦远的《法书要录》，该书卷三评介唐初僧人辩才的艺术才能时说：“辩才博学工文，琴、棋、书、画，皆得其妙。”

《隋书·经籍志》将围棋及其他棋类书籍列在子部“兵家”类。《旧唐书·经籍志》则将博弈文献纳入“子部”“杂艺术”类，并只载博经弈谱。《新唐书·艺文志》在“子部·杂艺术”类中除收投壶、博、弈、象戏谱外，首次收入画谱。《宋史·艺文志》中，“艺术”的范围大大扩充，包括“射、弹棋、画、墨图、樗蒲、文房、酒令、投壶、饮戏、围棋、双陆、叶子格、漆经、彩选格、马经、驼经”等。

宋代实行重文政策，士人治国，帝王中亦不乏“多才多艺”之人，文艺的地位大为提高。在《宋史》里，“文”与“艺”（琴棋书画之艺）正式合流，“方技传”则重新恢复其“方技”“术数”的本来面目。在“文苑”传中，有诗文名家，也有以琴棋书画闻名之士。《宋史》大规模地将操琴棋书画之艺的人纳入“文苑”，让“艺”堂而皇之地进入文学领域，承认“艺”与“文”一样，是一种精神性的行为，包含着审美意义，与“文”具有同等重要的地位，这可以说标志着“艺”的观念的重要变化。

唐宋有了职业“艺人”，文人士大夫好棋者众多，但他们仅仅是把棋当作雅戏，骨子里是瞧不起以“艺”为职业的“技艺之徒”的。与此同时，文人们以棋为一种爱好，就像他们好在绢、纸上随意挥洒、笔走龙蛇一样，棋也成了一种雅尚，一种赏心乐事。各种棋社棋会，便成为他们遣闲情、悦心意之地。欧阳修《醉翁亭记》中写“宴酣之乐，非丝非竹，射者中，弈者胜，觥筹交错，起坐而喧哗者，众宾欢也”的热闹场景。南宋诗人楼钥的不少诗作都是以棋社棋会为题材，有一首《次适斋韵十首·棋会》：

归来乡曲大家闲，同社何欣取友端。
无事衔杯何不可，有时会面亦良难。
少曾环坐坐常满，赖有主盟盟未寒。
琴弈相寻诗间作，笑谈终日有余欢。

这是一次难得的聚会，大家一起下棋、弹琴、饮酒、赋诗、闲谈，其乐融融。宋代文人之“艺”发展的一个重要趋势就是游戏化，“艺术”成为一种雅玩。诗、文、琴、棋、书、画、茶、古董、园林，皆成为玩的对象。欧阳修以“学书为乐”，米芾以书画为“戏墨”，“要之皆一戏，不当问工拙。意足我自足，放笔一戏空”（米芾《书史》）。苏轼亦认为书画的最大作用就是“悦人”与“自娱”。苏轼还第一次提出了“士人画”的概念。于是，棋有文人棋和棋士棋，画有文人画与画师画，两者在品位上便分出了高下。只是书、画孰好孰坏，由文人说了算。棋枰对弈，却是立马就要分出高下来的。文人往往技不如人，索性看淡胜负。围棋的游戏化、艺术化，对竞技性围棋的鄙视，标志了士人围棋观念的确立，它也影响到其后中国围棋特别是文人士大夫之棋的走向。

四

明清围棋极一时之盛，过百龄、黄龙士、徐星友、梁魏今、程兰如、范西屏、施定庵等皆为一代大家。但这些棋坛大家却不以“弈人”自居。施定庵在《〈弈理指归续编〉叙》中曾说：“余非弈人也，以弈之理足以针昏砭惰，由艺而几于道，故平生嗜好在焉。”

在中国古代，当某种“艺术”一旦成为职业，操此职业者成为“技艺之徒”，地位便急剧下降。他艺如此，棋亦然。棋史上曾有一传说，南宋棋待诏沈之才一日在宫中与人对弈，宋高宗观棋。见沈之棋有危急，谕曰：“切需仔细。”之才对曰：“念兹在兹。”上怒：“技艺之徒，乃敢对朕引经耶？”命内侍省打竹篦逐出。棋待诏乃国手，实际上却不过是充当帝王享乐的工具。“技艺之徒”，竟敢引经据典，那就叫不知天高地厚了。

棋待诏尚且如此，普通棋手的地位就可想而知了。正因为如此，中国古代的各种棋人传，一方面渲染他们的棋技，另一方面总会突出棋之外的节操。裘毓麟《清代轶闻》中《过百龄传》，述明末清初国手过百龄生平事迹。结尾称：“以相国之招而不去，以金吾之祸而不避，至知国家之倾覆而急归，为公卿门下客者，垂四十年，而未尝有干请。若百龄者，仅谓之弈人乎哉！”

对传记主人的描绘，当然不能不涉及棋艺，但更重要的是讲叙其人品修养。弈人终是技艺之徒，过百龄则有了儒士、名士、隐士的风范。这也体现了中国文化骨子里还是有一种重道轻艺的传统。而艺人的儒士化、侠士化、名士化，便成了提升艺人地位的必经之途。

弈士而为儒士、侠士、名士，我们也就理解了施定庵的自况，何以身为“弈人”，却偏偏要说“余非弈人也”。

而文人士大夫们，本非“弈人”，更乐于以“吾不能弈”相标榜了。唐代文人往往以自己不能弈为羞，清代是围棋最繁盛、最普及的一个时代，许多文人士大夫反而以不能弈、不善弈为荣。但不善弈又好弈，观棋就成了一种最好的方式。就像钱谦益《棋谱新局·序》称：“余不能棋而好观棋，尤好观国手之棋。”然后便写作了许多观棋诗。为了“观”得名正言顺，还总结了观棋的理论。李渔《闲情偶记》曰：

> 弈棋尽可消遣，似难藉以行乐；弹琴实堪养性，未易执此求欢。以琴必正襟危坐而弹，棋必整槊横戈以待。百骸尽放之时，何必再期整肃；万念俱忘之际，岂宜复较输赢。常有贵禄荣名，付之一掷，而与人围棋赌胜，不肯以一着相饶者，是与让千乘之国而争箪食豆羹者何异哉！故喜弹不若喜听，善弈不如善观。人胜而我为之喜，人败而我不必为之忧，则是常居胜

地也。……或观听之余，不无技痒，何妨偶一为之，但不寝食其中而莫之或出，则为善弹善弈者也。

围棋，成为一种人生的艺术。清代文人张潮作《棋论》，谓翰墨棋酒，乃人生必需，“春雨宜读书，夏雨宜弈棋，秋雨宜检藏，冬雨宜饮酒。……春听鸟声，夏听蝉声，秋听虫声，冬听雪声。白昼听棋声，月下听箫声，山中听松声，水际听欸乃声，方不虚此生耳。”围棋艺术化，人生审美化，正是中国围棋也是中国文化的动人之处【图 4—2】。

但是，当中国围棋被日益艺术化、玄妙化，成为一种“雅玩”时，它作为竞技的一面被大大弱化了。当一种以争胜负为目的的竞技游戏被完全艺术化、伦理化，从竞技角度来说，它的衰落又是必然的。

20 世纪，中国整个的知识系统，在西学东渐的背景下，也逐

图4-2　景德镇余晨洲瓷板画《惠风和畅》（局部）

渐完成了由“中”入“西”的整体性切换，文学、艺术、哲学之类，也就都是西方意义上的了。当西方逐渐建构了一套现代艺术体系，而在西方意义上的艺术“家族”中，中国传统的一些艺术，也就被置于“艺术”的视野之外，比如书法、围棋。不过书法最终还是为现代“艺术”体系所接纳，而围棋，因为其竞技性，终于流落到体育中，而丧失了“艺术”的身份。中国围棋由此开始了由“艺术”向“竞技”的现代转型。当代中国围棋的复兴之路，也是从对竞技围棋的重视开始的。到新世纪，当中国的竞技围棋达到一个高峰，人们开始重新审视围棋，它不光是竞技，也是一种艺术、一种文化。

第二节　围棋之美

围棋之为“艺”，常常是符合美的规律的。首先，从形式上说，棋盘棋子，一方一圆，“围奁象天，方局法地”（萧衍《围棋赋》），天地方圆之间，便有了一种对立和谐之美。而棋子，一黑一白，在下棋的过程中，相互拥抱，本身便犹如一幅极美的图画。中国的书法、绘画，都是白纸黑墨，黑白两色，乃是对大千世界的丰富色彩的浓缩、抽象。中国绘画从写实的角度说，可能不如讲究色彩的配置的西方油画那样逼真，从欣赏效果说，也不如浓墨重彩的油画那样富于视觉的冲击力。但它在简单、抽象中自有让人品之不尽的韵味。围棋亦然，它同样体现了中国艺术的审美精神。

其次，在棋局进行的过程中，黑白棋子都在按照棋的固有规律，在自然的流程中行进着。棋如流水，能够招招走在好点上，构成好形，便有了艺术之美。

一

围棋的生成，就是一个“气”字。

棋以气生，气尽棋亡。这是围棋规则中最重要的一条。

生命同样如此。树活一张皮，人活一口气。人、动物、植物，都有赖于“气”而生存，气成了生命之源。中国古人在探讨宇宙与生命的起源时，常常归之为“气”，所谓万物之生，皆禀元气。

“气”也就成了中国哲学中的一个重要概念。八卦卦象均与“气”有关，“—”为阳爻，象征“阳气”，“--”为阴爻，象征“阴气”。八卦卦象的变化就是“气”的流转的结果，天地万物有赖于“气”而存在。人的生死，不过是“气”的聚散而已，《庄子·知北游》说：“人之生，气之聚也，聚则为生，散则为死。”

其实，“气”既是物质，又是精神。所以中国古代文论中有“文以气为主”之说，这“气”既是文之气，又是创作者的精神之气。而书画讲究“气韵生动”，这“气韵”，看不见，摸不着，但面对一幅精妙的字或灵动的画，你又分明可以感受到那份葱茏淋漓的生气、元气。

围棋的生成，同样就是一个“气”字。棋子对生存空间的争夺就是对生命之气的争夺。在围棋中，空点与气点总是有机联系在一起的。围棋的棋形，即棋子在棋枰上的配置，往往与气态有关。优美而富有弹性的棋形，气态流畅、舒展，富于生命活力；反之，所谓愚形、凝形，则棋子凝聚一团，相互撞气，给人以呆滞、死气沉沉之感。所以，行棋一般应沿其气态舒展、宽阔的一面发展，中国古人谓“入腹争正面”“棋子沿边活也输”“凡跳无恶手”，即是从不同角度阐述了这一道理。

好形往往子与子配合严谨，协调一致，子力发挥充分、气态舒展。比如坚实的厚形【图4—3】：

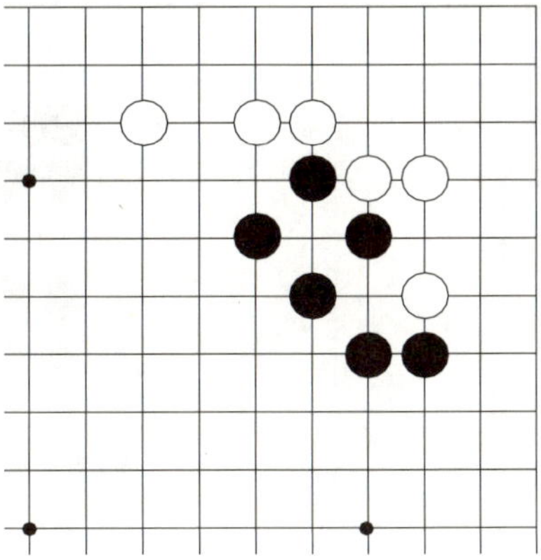

图4-3

比如三线四线配合，子力发挥充分的协调形【图 4—4】：

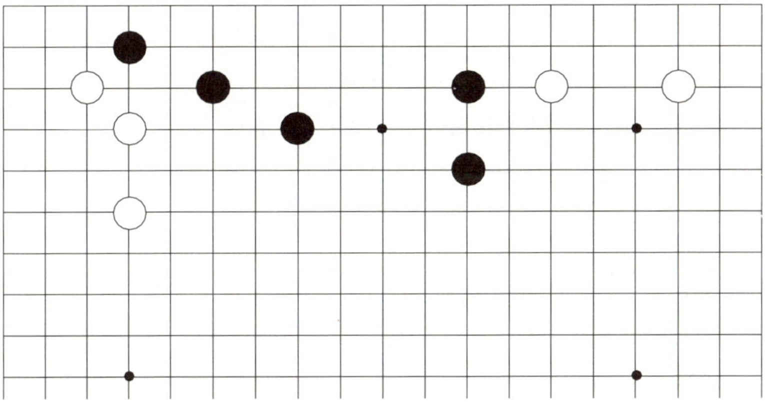

图4-4

还有的则是轻灵的好形，令对手无从下手【图 4—5】。

同样，有些“形”则可能是不美的。被称为“坏形”。比如棋子团在一起，子效不能充分发挥的愚形。常见愚形有“弯三角”“丁四”“方四”“刀把五”“葡萄六”等【图 4—6】。

中国古人以围棋为“星阵”，棋盘上有九个“星位”，正中之“星位”即为天元。散落着棋子的棋盘对应于满天星斗，故有“星

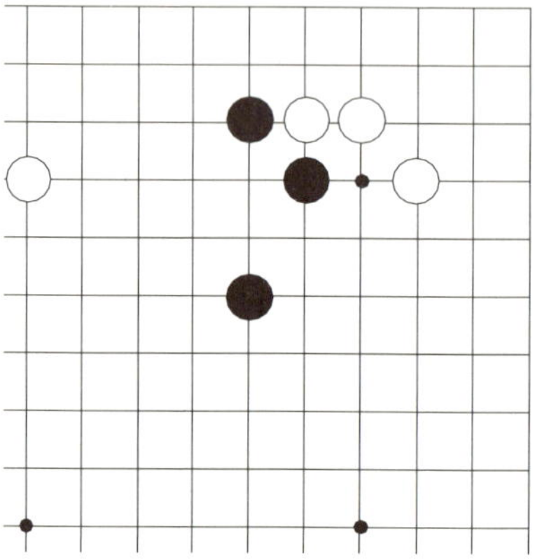

图4-5

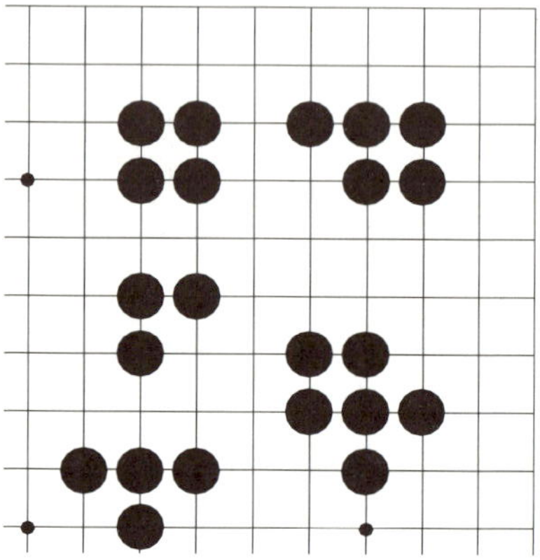

图4-6

罗棋布”之说。另一种猜测，认为围棋最初模仿的是植物之间的争斗。棋子一旦落到棋盘上就不再移动，如同大地上的植物。棋子的存活、成长、搏斗如同植物一样生根、蔓延、缠绕，剥夺对方根据地，便是“搜根”。棋局争斗的焦点便是争夺生存空间，争夺空气和养分。一旦被剥夺了生存空间和养分，棋子就会像植物一样枯萎，所谓“气尽棋亡”。所以，“气”便成为围棋游戏规则中的核心概念。常言道，一块棋有两眼即活，这“眼”便被称作“气眼”。古代画论中有画龙点睛之说，《世说新语》谓顾恺之画画，“四体妍蚩，本无关于妙处。传神写照，正在阿堵中”。文论中也有“文眼”“诗眼”之说。一般都把这“眼”理解为“眼睛”，它成为一篇文章、一首诗的核心、焦点。而从文气、文势的角度说，这“眼”又何尝不是围棋中的“气眼”。

古代棋评，对棋的好坏优劣的评价，基本上都是着眼于“气”的舒展与否。以徐星友的《兼山堂弈谱》为例。徐星友择选同时代的62局棋，加以评点。对不好的棋，评语多为“生机窒塞”“粘滞”“窒塞不通”“枯窘”“枯滞”“地位局促”“生气索然”

“见小偏滞”“胶滞”“窘缩”“黑亦局促，不能舒展”等。相反，好棋都是气态舒展之棋，所谓“气完力厚”“通畅浑成”“气势浑成”“气势雄壮”“气局舒展”“神气舒展”“局势雄畅”“生机勃然”“大势浑成”“又畅又逸”“着法灵劲”“意象灵动”，等等，这正构成了棋之佳境。

好棋不仅本身气态舒展、生动，棋子与棋子之间也相互呼应，彼此贯通，一气呵成。正像文有文脉，文脉贯穿，则作品生气贯注，文脉不畅，便缺乏活力。

棋以“气”为本，更讲究气脉的通畅，因为如果气息不畅，连生存本身都会成问题，更不论境界了。而围棋中所谓“杀气”“紧气”“长气”“延气”，都是围绕“气”来施展一系列战术手段。如果每一手棋能不断地占据好位，且前后照应，一气清通，即为棋之佳境。徐星友的《兼山堂弈谱》第四局评汪汉年（白）与盛大有（黑）之局，谓黑“弥缝补凑，应接为劳，源头不清，皆属无聊之境，绝无活泼之机也”。反之，生动之棋则“可以侵断，可以存眼，情节相生，方不枯滞”。正可谓左右逢源也。第五十九局评周东侯与黄龙士（黑）之局时谓：

> 此局白以局面不纯，嗣后转战，虽竭力营谋图变，以劲敌当前，无救于败。黑一气清通，生枝生叶，不事别求，其枯滞无聊境界使敌不得不受；黑则脱然高蹈，不染一尘，虽乘白衅而入，亦臻上乘灵妙之境，非一知半解具体者所能仿佛也。

一气清通，生枝生叶，而臻上乘灵妙之境，这正构成了围棋的一种境界。

二

中国古人不仅以审美的眼光看围棋，在古代棋谱中，棋“势”的创造、命名中，也常常会将实用与美有机地融合起来。以《忘忧清乐集》《玄玄棋经》为例。《忘忧清乐集》是宋代留存下来的中国最早的棋谱，分四个部分：文字、全局棋谱、边角着法、棋势图。下卷选了37个棋势，相当于现在的死活题。这些死活题不少都非常精妙，不过这些死活题并非实战常形，不少应该都是创作出来的。除了应用价值，这些“图形”，也往往体现了某种文化观念与审美精神。元代棋谱《玄玄棋经》分礼、乐、射、御、书、数六卷。礼卷为文字，乐卷、射卷为边角定式，御、书、数卷为棋势，包括378型，是《忘忧清乐集》的10倍多。它们既具有很高的实用价值，也不乏美学的意趣。

图4-7 《高祖困荥阳势》

第一，命名之美。《忘忧清乐集》中的每一个“棋势”都有一个固定的名字，这些“名”的背后，便往往具有了种种历史文化的内涵。如《高祖困荥阳势》【图4—7】、《高祖解荥阳势》【图4—8】。

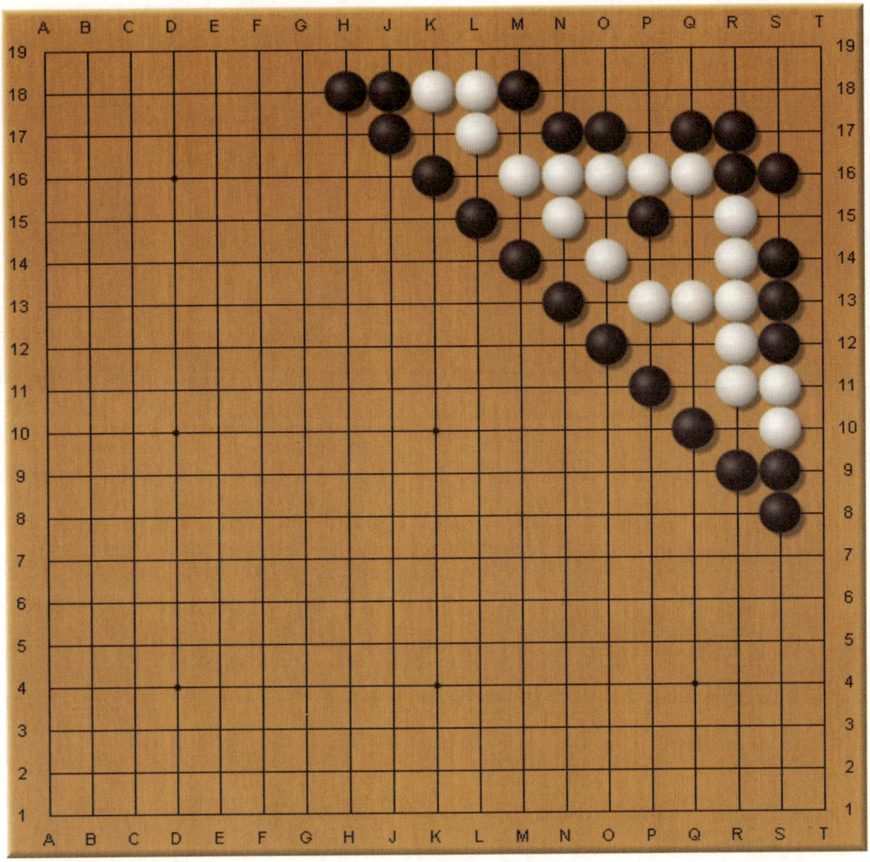

图4-8 《高祖解荥阳势》

这里的故事发生在公元前 205 年楚汉争雄之时，刘邦兵败彭城，退守荥阳，又被项羽包围。汉军大将纪信献计于刘邦，由其假扮刘邦出城，引开楚军，刘邦趁机从另一城门逃走。荥阳之战历时一年多，这之后，汉军逐渐从防守转入相持，再到进攻。公元前 202 年，刘邦在垓下打败项羽，结束楚汉之争，建立汉朝。而荥阳是为转折点。《高祖困荥阳势》《高祖解荥阳势》皆为如何在重重包围中找出活路，非常形象。

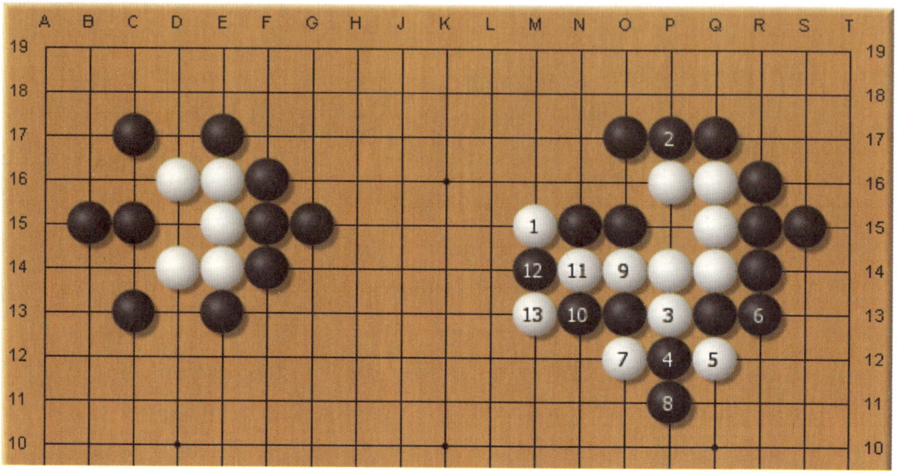

图4-9 《龟势》

《玄玄棋经》也沿用了这一做法。这样做的好处之一便是形象性强。如《龟势》【图 4—9】:

一看此型，便会产生龟的联想。而此题的“解”也颇为有趣，白 1 绝妙的一顶，仿佛在龟尾上刺了一针，蛰伏的龟开始动起来，一步一步，龟势逐渐充满了动感。此型被称为“龟势”，很是确切。

一些死活棋势，因其命名，使棋之“形”与中国历史文化有了许多的关联。如《刘阮入桃源》【图 4—10】:

在白阵里孤零零的两个黑子，让我们想起刘晨、阮肇在采药的途中，寻寻觅觅，陷入白衣飘飘的仙女们的温柔陷阱中，至于怎么重新找到回家的路，那就只能让棋迷读者为他们想想办法了。

而像商山四皓的典故，中国古代既有许多画以此为题材，《忘忧清乐集》死活棋势中也有《四皓出洞势》《四皓归洞势》。《玄玄棋经》与此相关的“命名”更有五个之多。有的源自《忘忧清乐集》，如《四皓下山》即《四皓出洞势》，《四皓还山》即《四皓归

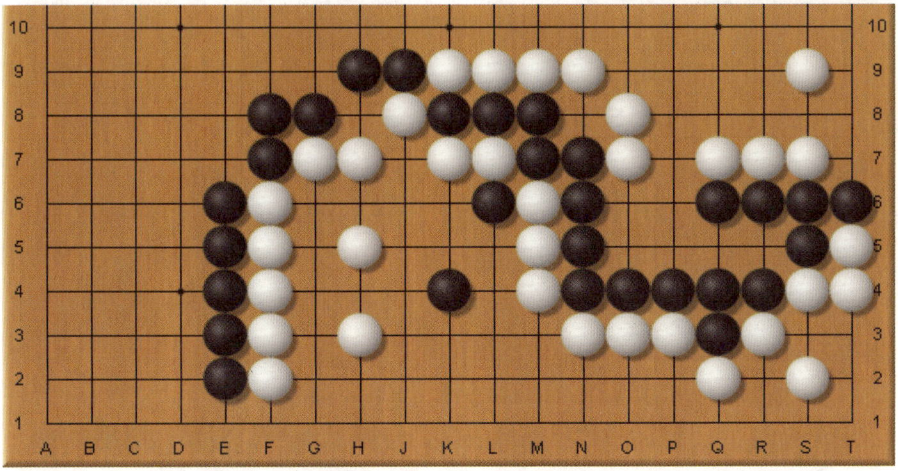

图4-10　《刘阮入桃源》

洞势》。有的则是新型，如《商山逸老》《四老出山》《四皓翁势》。四皓并不一定会下围棋，但在历史传说的过程中，不断地被演绎、图解，只能说中国传统士人中那种根深蒂固的亦仕亦隐的情怀，实在是太普遍、太有强大的诱惑力了。

第二，一些棋势，其创作本身，就体现了一种特定的思想文化和美学观念。如宋太宗，他不仅下棋，还自制棋势，据说最著名的有三个：《对面千里势》《独飞天鹅势》《海底取明珠》。《海底取明珠》今已不传。《对面千里势》【图4—11】和《独飞天鹅势》【图4—12】，《忘忧清乐集》有载。

从“形”上看，两个棋势的特点都是方正、对称。这令人联想起中国古代的皇家建筑、宫苑，如北京故宫，以中轴线为核心，向两边展开，体现一种皇权中心意识。北宋开封的皇城，史上记载虽只有五里（一说七里），也是这样的格局。叶梦得《石林燕语》曾载，宋太祖重建开封皇宫时，下令：“凡诸门与殿须相望，无得辄

图4-11 《对面千里势》

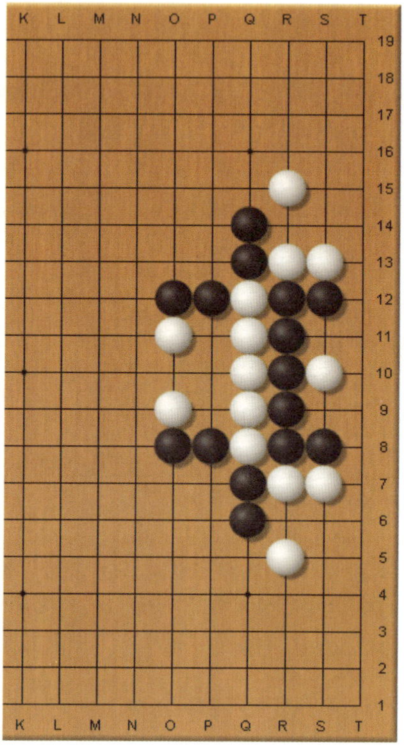

图4-12 《独飞天鹅势》

差，故垂拱、福宁、柔仪、清居四殿正重，而左右掖以升龙、银台等诸门皆然，惟大庆殿与端门少差尔。宫成，太祖坐福宁寝殿，令辟门前后，召近臣入观。谕曰：‘我心端直如此，有少偏曲处，汝曹必见之矣。’”宫城的方正，还与心之“端直”，少“偏曲”联系在一起，除了皇家的威仪，更被赋予了一种心性、人格的意义。建筑如此，棋亦然。王禹偁说太宗所制棋势，“天机秘密通鬼神”，当有夸大之嫌，但其中确实充满“妙味”，这“妙味”既在棋之内（这两道死活题颇为精妙，颇具技术含量），而这些棋形本身，就体现了一种端正、对称之美。

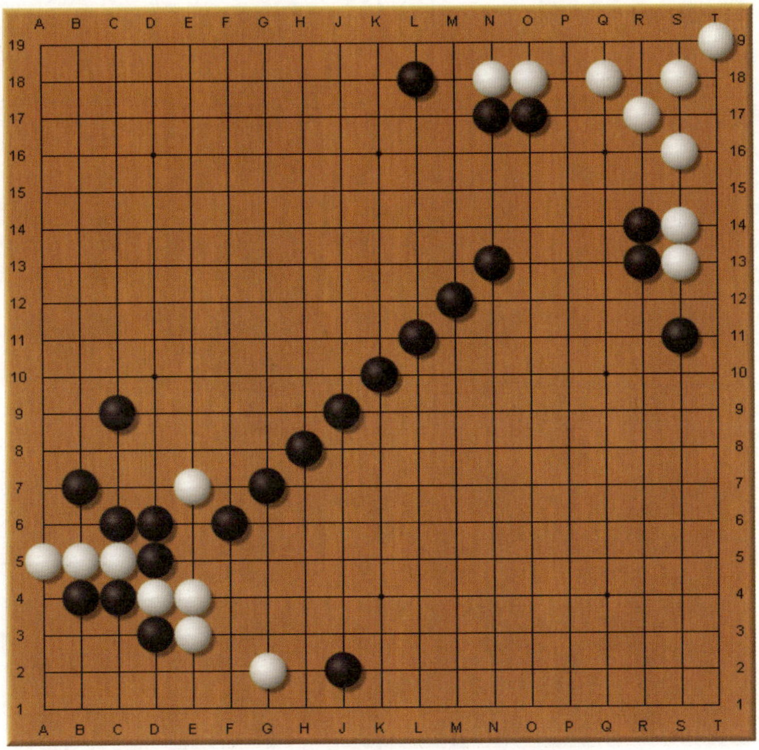

图4-13　《千层宝阁势（一）》

第三，一些棋势，人为的痕迹很重，实战中不可能出现。但正是这“人为”的创作，更能体现围棋所能带来的审美之趣。如《千层宝阁势》，如【图 4—13、4—14】:

这一棋势与《玄玄棋经》中的“唐明皇游月宫”，有异曲同工之妙。并且，起手形成征子的变化，两势都一样。只是“千层宝阁势”，起始的棋型，更为简洁，更具对称之美。它由正征（直征）而反征（反拨），形成一个有趣的回字形图案。

这些棋势，并无多少实际价值，而更像是一种“玩”。宋代文人常常把“艺术”当作一种雅玩。这也影响到人们对棋之艺的态

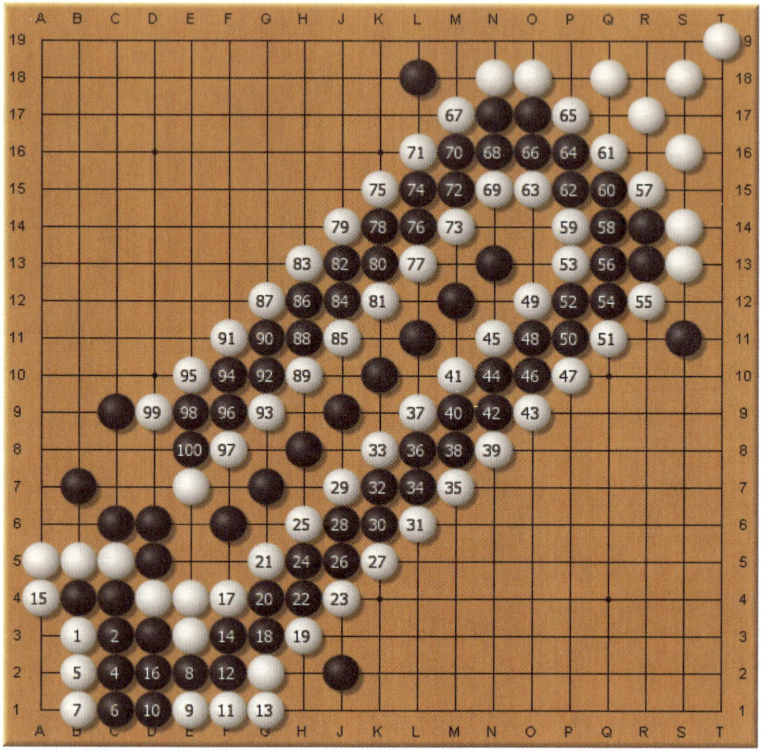

图4-14 《千层宝阁势（二）》

度。这些棋势的创造，在某种意义上也带有“雅玩”的色彩。于是，棋在胜负之外，也就更多了一些审美的意趣。

“命名”即赋予事物以一个名称，而意义的生成，往往也是从命名开始的。生动形象的“命名”，使死活棋势变成了独特的“这一个”，有了个性。但问题也来了，死活棋势，《忘忧清乐集》只有 37 型，《玄玄棋经》则有 378 型，是原来的 10 倍以上。被赋予的“名称”与“个性”，多了便难免牵强，或落入俗套。并且随意性很大，不便于分类。明代一些棋谱延续了这种命名方式。从明后期到清代，则逐渐被废除。面对“起手”和“残局”棋势的种种命名，当没有找到新的方式取而代之，便只能用数字来标识了。

从《忘忧清乐集》《玄玄棋经》中对棋势的命名与分类中可以看出，中国传统思维，长于形象思维，富于诗性，所以，本用于争胜负的棋，通过“命名”，也就具有了诗的、审美的色彩。我们经常把中国传统思维称作诗性思维，而把西方式思维称作科学、理性、逻辑思维。中国传统思维是直观的、模糊的，而西方思维长于分析、综合，长于知识的定义、归类（我们现在所谓的知识分类，如逻辑学、伦理学、数学、物理学、哲学、诗学之类的划分，都来自古希腊），中国式的知识，则更多地具有一种“混融”的色彩（正像在经、史、子、集的知识分类系统中，“子”部包罗万象，“经”与“子”亦界限不清），这也影响到《玄玄棋经》之类的中国围棋古谱对“棋势”的分类。当然，对这些问题的讨论，则不光涉及围棋之技，它同时也具有思想史、美学史的意义。

第三节 审美之境

在中国古代不少文、艺之士，不光好棋，也经常以棋为吟咏、描绘的对象，由此留下了不少以围棋为题材的诗歌、绘画作品。这些作品，既包含了围棋史的许多信息，为我们了解中国古代围棋，提供了一个独特的视角。同时，它们也往往体现了中国文人士子的生存方式与审美趣味。

一

无论是诗，还是画，中国古代文人士子对棋的吟咏、描绘，首先涉及表现的内容，也就是题材的选择。诗言志、诗缘情，诗写棋人棋事棋情棋趣，当然可以有广泛的内容和多重的视角，画相对来说有更集中的描写对象。选择什么样的人与事、情与境入诗入画，便可能涉及作者和社会普遍的文化观念、人生哲学、审美情趣诸多方面。比如，中国历代围棋画作中，最常见的题材有商山四皓、竹林七贤、观棋烂柯、东山报捷、十八学士、香山九老等。诗歌也多有与此相关的吟咏，像商山四皓，他们本是秦末汉初的东园公、夏黄公、绮里季、角里先生四个隐士，据说他们隐居在商山，须发皆白，所以被称为“商山四皓”。刘邦登基后，对能歌善舞又会下棋的戚夫人宠爱有加。刘邦见太子刘盈天生懦弱，才华平庸，有意废刘盈而立赵王如意。吕后听从张良的计谋，请来四皓环侍左右。刘邦见此，只好作罢。四人在辅助太子刘盈登上皇位后，谢绝高官厚禄，又回到商山，继续当起隐士。

虽然没有证据表明四皓会下围棋。但在故事的演变中，四皓又与围棋结下不解之缘。《梨轩曼衍》中说：“围棋初非人间之事，其始出于巴邛之橘，周穆王之墓，继出于石室，又见于商山，仙家养性乐道之具也。”也就是说，围棋乃是仙人修身养性的工具。在人们的想象中，人间的隐士们，在过隐居生活时，围棋就成了他们的一大乐事。

于是，四个老人的围棋故事，成了一个流传广泛的传说。明代画家张路的《商山四皓图》【图 4—15】，画面中四个老人围着棋

图4-15　明张路《商山四皓图》

盘，边上有一旁观者，给人感觉，就像在下联棋。清代画家黄慎的《商山四皓图》，画面中巨石边，古松下，四人围棋一局，这大约就是中国人想象中的神仙生活吧！

图4-16　清苏六朋《东山报捷图》

其实，中国文人永远是在仕与隐、入世与出世之间游走，所以像谢安，归则隐，出则建功立业，在淝水之战中一边下棋，一边以十万之众，大破前秦的八十万大军，这种大敌当前的从容、娴雅，正是中国古人所崇尚的一种大将风度。也是画家、诗人们乐于表现的题材。清代画家苏六朋的《东山报捷图》【图4—16】，画面中远处的山道上，有信使骑着快马来报捷，谢安却在树荫下的石桌上，从容地下棋，正是这种风度的典型体现。

明代还有尤求的《围棋报捷图》，明代的工艺品黑漆描金长方盒上也有《围棋报捷图》。表现这一题材的诗歌也很多，如唐代温庭筠的《谢公墅歌》，元代王恽的《谢太傅弈棋图》、郑元祐的《谢太傅像》，明代袁凯的《棋墅》，清代袁枚的《谢太傅祠》等。

而像烂柯故事，在各地广泛传播，中国文人也深为喜爱这一想象的故事，纷纷进行艺术加工，在诗歌、绘画等领域出现了一批以“烂柯”为题材的艺术作品，成了独特的“烂柯艺术”。

在绘画领域，以“烂柯”为题材的绘画作品，宋代有郑思肖的

图4-17 明徐渭《烂柯图》

《烂柯图》，明代张以宁的《烂柯山图》，徐渭的《烂柯图》，清代丁光鹏的《烂柯仙迹图》等。还有各种书籍中的插图、版画。其中最有名的是明代徐渭画的《烂柯图》【图 4—17】。画面中两个老人在那里下棋，童子在旁观，衬以泼墨山石、浓荫，形成一幅优雅写意的画面。画面左边还题了一首诗：

闲看数著烂樵柯，涧草山花一刹那。
百五年来棋一局，仙家岁月也无多。

在各种工艺品和实用器具中，也有许多以烂柯为题材的装饰画，如粉彩笔筒、各式各样的瓷瓶、花瓶，它们组成了丰富多彩的烂柯艺术，深入到寻常百姓的生活中。

而以烂柯为题材的诗歌则更是层出无穷。最早有唐代诗人孟郊的《烂柯石》：

仙界一日内，人间千载穷。

双棋未遍局，万物皆为空。
樵客返归路，斧柯烂从风。
唯余石桥在，独自凌丹虹。

两个神仙在那里下棋，一局未终，万物却已发生变化。当上山砍柴的王质要回家时，发现斧柄早已烂了。只剩下那座石桥，独自凌驾于飞霞虹彩中。这正所谓青山依旧，人事已非。

快乐的时光永远是短暂的，人仙阻隔，全诗处处以神仙世界与现实世界对应，仙界围棋与世间万物，石桥与斧柯，构成了两种不同的存在。一种是永恒的、常在的，一种是易逝的、易朽的。烂柯传说体现了中国人的一种超现实想象，但这仅仅是一个“梦”而已。事实上两个世界是无法通约的。“山”中一局棋，从“山”外来的斧头却在遵循它固有的生命节律老化、烂掉。宇宙永恒，人生短暂，这构成了人生的一份永远的“痛”。全诗在表达对理想世界的向往时，也对现实的无常有着深深的叹惋。从中我们不仅可以体味到诗人孟郊的复杂心态，而且这也是中国文人心态的一种普遍反映。

其后，不少诗人从各种不同角度写烂柯传说。如唐代刘言史的《玉京词》：

绝景寥寥日更迟，人间甲子不同时。
未知樵客终何得，归后无家是看棋。

明代诗人张以宁的《衢州咏烂柯山效宋体》：

人说仙家日月迟，仙家日月转堪悲。

谁将百岁人间事，只换山中一局棋。

在“观棋烂柯”中，充满了种种的玄机，只看你能不能悟得。南宋诗人郑思肖《烂柯图》谓：

日出樵柴日落归，几年黑白梦纷飞。
看来直待斧柯烂，始悟老仙棋外机。

元代的刘因有一首《清平乐·围棋》曰：

棋声清美，盘薄青松底。门外行人遥指似，好个烂柯仙子。输赢都付欣然，兴阑依旧高眠。山鸟山花相语，翁心不在棋边。

大约，这便是人们常说的如神仙一般的日子了，人与仙，正是在此时有了沟通。仙人世界是个幸福快乐的世界，在世人的想象中，围棋这一充满魅力的游戏，自然也就成了“仙家养性乐道之具”。围棋在给人提供充分的精神愉悦的同时，也就超越了凡俗的现实关系，营造出别一洞天，于是有了“烂柯”之类的传说。人一方面要依托于现实，另一方面又感到现实关系的种种束缚与桎梏，有着种种的痛苦和烦恼。围棋作为精神的游戏的艺术，便为人们提供了一个由凡俗走向人生自由之境的途径。

二

中国古代与围棋相关的绘画，唐五代多是人物画，如新疆唐代墓葬中出土的《弈棋仕女图》、五代周文矩的《明皇会棋图》《重屏会棋图》。到宋代，山水画开始多了起来，如赵伯驹的《荷亭销夏图》、辽代墓中出土的绢画《山弈侯约图》。到明清，涉及围棋的山水画更是成了其中最重要的一种画种，如明代杜琼的《友松图》、沈周的《白云脱山图》、文徵明的《东园图》、唐寅的《楸枰一局图》、钱谷的《竹亭对棋图》、陈洪绶的《松溪对弈图》，清代则有王时敏的《杜甫诗意图》、戴本孝、傅山的《山亭对弈图》、王云的《深山会棋图》《深堂琴棋图》、颜峄的《江楼对弈图》、郑岱的《松下对弈图》、袁江的《水阁对弈图》《竹苞松茂图》、罗聘的《流泉弈棋图》等。

图4-18　清颜峄《江楼对弈图》

之所以把这些画称为涉及围棋的山水画，是因为从构图的角度说，这些画，以棋立意，但山水往往占了画面的主体。正像清代颜峄的《江楼对弈图》【图 4—18】，占据画面主体的是山、水、楼阁，楼阁里隐隐约约可见有人在那里下棋。但人很小，小得需要去仔细寻找。即使像前面提到的围棋故事画，如黄慎的《商山四皓图》、苏六朋的《东山报捷图》，其实山水也是画的主体。就棋而言，其实棋局本身是很难表现的。而下棋的人，中国画往往并不注重对人物表情、神态的细致描绘。这样一来，棋的表现可能大同小异，给人留下深刻印象的是弈棋之“境”。

就山水画而言，除了作为基本元素的“山”与“水”，还涉及山中所生长的“物”，也即花草树木。山水画当然要有山水，但更不能缺少松、竹、梅之类的点染、衬托。文人士子喜在竹下、松下品茶、弈棋。竹造幽境，“茶香透竹丛”（王维），“尝茶近竹幽”（贾岛），且竹生山中，又有清香，“心与竹俱空，问是非何处着脚？念同山共静，知忧喜无由上眉”（《菜根谭》）。“竹下围棋”，便成了一大雅事。竹林七贤成为古往今来许多画家乐于表现的题材，除了七贤、围棋，恐怕还有一个重要的角色就是“竹”吧。而像明代仇英的《竹苑玩古图》、钱穀的《竹亭对弈图》**【图4—19】**，袁江的《竹苞松茂图》，画题中均带一“竹”字，可以想见“竹”在其中的重要性。

图4-19《竹亭对弈图》（辽宁省博物馆藏）

竹之外，古代文人还喜在松下煮茶下棋。“松下围棋，松子每随棋子落；柳边垂钓，柳丝常伴钓丝悬”，苏轼于松风流水中，整日看棋，不以为厌，盖因不光有棋之乐，更有山水之乐也。松

图4-20 清郑岱《松下对弈图》

性寒且幽，松冠如盖，松下阴阴，最显幽深之境。松色冷翠寒碧，松风凉意袭人，于此间品茶弈棋，更添一段幽兴。明代杜琼的《友松图》、陈洪绶的《松溪对弈图》，清代郑岱的《松下对弈图》【图4—20】，正是这种意境的表达。而一些不以松命名的画，无论是“山弈侯约”“荷亭销夏”，还是“杏园雅集”（明谢环）、“楸枰一局”“流泉弈棋”等等，松都是其中不可或缺之物。有松有竹，再配以石局、流水，便构成了别有意趣的弈境。

林泉高致，正是中国山水画（包括围棋画）的普遍追求。与此相应，中国古代围棋诗歌，也特别重视弈之地与弈之境。陆游有诗云：“诗思长桥蹇驴上，棋声流水古松间。”中国文人士子弈棋，普遍重视环境的清幽雅致，经常是“棋”翁之意不在棋，而在乎山水之间。

清代文人顾陈垿有一首《偕王树先观察渡钱塘舟中对弈》诗：

问渡携棋局，忘言到夕曛。
星辰两手握，吴越一江分。

小壶劫中隐，馀音橹外闻。
机心浑不用，仍可狎鸥群。

天上群星璀璨，皓月生辉；江中碧波荡漾，扁舟一叶；舟中枯棋一枰，弈友一对。棋艺如何已无关紧要，仅仅是这种掂子如摘星，对坐如吴越，棋争如壶隐，棋声伴橹声的雅趣就足以令人忘却机心，其乐陶陶。而这种境界正是文士们心向神往的生活和追求！

能在棋中体味壶中之隐，橹外余音，那便是近道了。正是在这一刻，僧与俗、方外与槛内之间，也就有了沟通。袁枚作《飞泉亭观霞裳与澄波上人对弈》：

棋局临飞瀑，棋声与瀑分。
下山千尺雪，背水两家军。
风里叶如斗，窗前鸟不闻。
浑疑仙子戏，橘叟与桐君。

千尺雪练，背水棋阵，棋声、瀑声、风声、鸟声，交织在一起，使人超越尘俗，如入仙境。中国人所想象的神仙世界，也大抵不过如此【图4—21】。

图4-21 清罗聘《流泉弈棋图》（北京故宫博物院藏）

三

围棋很多时候是男性的，

当女性介入围棋，围棋也就更多了些别样风景与情趣。。

其实，自汉代以来，围棋史上也留下许多与女性有关的传说，如汉代的戚夫人侍高帝竹下围棋，南朝娄逞女扮男装棋行天下，唐朝杨贵妃与唐明皇下围棋，还有种种仙女弈棋的传说。但除了新疆唐代墓葬中出土的《弈棋仕女图》，宋以前的围棋画中，很少有女性的踪迹。直到明代，才有仇英的《汉宫春晓图》、姜隐的《芭蕉美人图》，以女性围棋入画。而到清代，表现女子围棋的绘画突然成了一个热门题材，如丁光鹏的《乞巧图》、焦秉贞的《桐荫对弈图》、禹之鼎的《闲敲棋子图》、佚名的《群芳雅娱图》、陈枚的《仕女弈棋图》、喻兰的《仕女自弈图》、胡锡珪的《桐窗弈棋图》、佚名的《仕女候弈图》等，还有各类工艺品中的“仕女弈棋图”。一时间，围棋变得无限妖娆。

图4-22　清佚名《仕女候弈图》

在清代的佚名画《仕女候弈图》【图 4—22】中，一仕女坐在方桌旁，高髻、柳眉、高鼻、小嘴、鹅蛋脸，桌上，一把纸扇，一支插花瓶，一只棋盒，半方棋枰，配以墙上的“清音”两个大字，在“静”中，配以屋外几个顽童的嬉戏，静中寓动，一幅绝妙的围棋美女图跃然纸上。也就是说，男性的围棋画，意在山水，而表现女性的围棋画，女性本身便成了审美欣赏的对象。借用前面的那句套语，就是画翁之意不在棋，而在娇女美色也。

围棋被当作“木野狐”，所谓“百岁之狐为妖妇，千岁之狐为美女”，也许，围棋与女性，本身就有更多的相通之处。并且，当女性介入围棋，也就为围棋增添了更多的“风情”。古典诗词中，就有不少充满情趣的闺阁围棋场面。宋代刘铉作《少年游·戏友人与女客对弈》：

石榴花下薄罗衣，睡起却寻棋。未省高低，被伊春笋，拈白了琉璃。

钏脱钗斜浑不省，意重子声迟。对面痴心，只愁收局，肠断欲输时。

清代黄景仁也有一首《虞美人·弈》：

昨夜博簺今宵弈，曲院云屏隔。月明犹界粉窗梅，只此春宵一局不须催。

金枰碎玉敲还寂，觅个中心劫。心知负了晕红腮，忽地笑拈双子倩郎猜。

小院银屏，梅影扶疏，月华如水，春宵一刻却弈棋。娇羞女子，看看将败，顾左右而言他，拈子倩郎猜。清景佳人，情趣盎然。

关于女性的围棋诗、画，它们的背景往往是房内或庭院，而不像与男性相关的围棋画，具有深、广的山水空间。这当然与那个时代女性的生存空间有关。当女性的活动空间更多地被局限于闺阁之内，她们的棋，也就只能是闺阁之棋了。而作为背景的空间之

“物”，也不再是泉、石、松、竹，被代之以芭蕉、桐荫、粉梅、插花等等，围棋也就更多地具有了一种柔性之美。

围棋画的女性化，不仅带来了审美趣味的变化，同时也使中国古代绘画包括围棋日益走向生活化，充满了更多的世俗色彩。清代喻兰的《仕女清娱图·自弈》【图 4—23】，一女子在桌边自己与自己下棋，边上一孩童趴在鸟笼上安然睡去，一股浓浓的生活气息扑面而来。以围棋为题材的艺术作品所表现的审美之境，也就更多了份日常生活的意趣。

图4-23 清喻兰《仕女清娱图·自弈》（北京故宫博物院藏）

第五章　棋之道

围棋是戏，是技，是艺，也是道。中国文化传统，一切知识都要放在“道”的面前以检验其存在的合法性，从而证明自我的价值。哪怕俗如“棋戏”，也要上升到“道”的层面，才能名正言顺地存在。立象比德，技进乎道，当然，这“道”，既是儒家的仁德之“道”，也是道家的自然之“道”。同时，棋禅一味，“棋与禅通可悟人”，棋中自有妙悟，棋与佛禅之“道”也就有了不解之缘。

第一节 立象比德

棋是争竞之物，本来与儒家的仁礼之道相冲突。所以历史上贬斥博弈之论不绝于耳。但士大夫好玩棋者众，为了玩得名正言顺，自然要竭力为围棋张目，立象比德，围棋日益被淡化争竞的一面，而与仁德之道有了通连。其实，褒也罢，贬也罢，儒家对待围棋，本质上体现的都是一种功利的围棋观。

一

曹守訸在《儒家学说与中国古代体育性格的形成》（《体育文史》1993 年第 5 期）一文中认为，与古希腊体育比较，中国古代体育有着独特的性格特征，体现为：一是目的作用上的伦理教化的价值取向；二是原则要求上的尊卑有别的等级观念；三是项目手段上的崇文尚柔的运动形态。这些性格的形成都与儒家学说有着内在联系。

围棋也深受这一“体育性格”的影响。

儒家学说的核心，一为仁，一为礼。围棋要过的，首先也是这两关。

孔子以围棋为“游艺”，为“饱食终日”之后的“玩物”。儒家的另一代表人物孟子则把“博弈好饮酒，不顾父母之养”（《离娄下》）列为五不孝之一。对伦理教化功能的强调，决定了围棋作为一种“玩物”，无益于功名，地位自然不高。

儒家对围棋的态度是双重的，一方面贬抑围棋，另一方面鉴于游戏乃人的需要，完全禁绝是不可能的，因而又对各类游玩宴乐之物网开一面，棋戏自然也在其中。

下棋总是与不务正业联系在一起，让儒士们一边为棋所惑，一边又心不安理不得。怎样解决这一矛盾？最好的办法莫过于将围棋与圣贤之道，与人的“成德成仁”联系在一起，使下棋这一“游戏”之事具有不同凡俗的意义。

西晋葛洪的《西京杂记》中有一则关于西汉围棋的记载：“杜陵杜夫子善弈棋，为天下第一。人或讥其费日。夫子曰：‘精其理者，足以大裨圣教’。”“大裨圣教”，可看作儒家围棋观的一大转折，开启了经由班固《弈旨》而被发扬光大了的从正面肯定围棋之功用的传统。

当然，全方位为围棋辩护的是东汉的班固。班固《弈旨》论棋：

局必方正，象地则也。道必正直，神明德也。棋有白黑，阴阳分也。骈罗列布，效天文也。四象既成，行之在人，盖王政也。成败臧否，为仁由己，危之正也。

接着，班固用孔氏之门，唐虞之朝，庖羲罔罟之制，夏后治水，曹刿深入虎穴勇劫齐桓公，齐将田单坚守即墨用火牛计击退燕军，苏秦、张仪合纵连横，周文王之据天下，秦缪（穆）公之败，来喻围棋，由此得出结论：

> 上有天地之象，次有帝王之治，中有五霸之权，下有战国之事。览其得失，古今略备。

班固将围棋与天文、阴阳、王政、仁德联系在一起，开启了“立象比德”的论棋传统。笔者在《弈境——围棋与中国文艺精神》【图5—1】中曾谈道：

图5－1 《弈境——围棋与中国文艺精神》书影

> 中国传统文学艺术，无论是诗、文、琴、书、画，还是各类棋戏，都与“易象”有关。“象”之具体化即为“形”。各类文学艺术，都涉及到造形，只不过运用的媒介不同而已。“象”的抽象化、玄妙化即为“道”。当需要提升各类艺、文之地位时，各种文论、艺论无一例外地都是将艺术之“形”与天地之“象”联系在一起，使艺、文通于大象，通于道，从而构成了一种“玄象思维”。

中国传统艺术思维与《周易》象数思维可谓息息相通。东汉蔡邕《琴操》论“琴”：

> 昔伏羲氏作琴，所以御邪僻，防心淫，以修身理性，反其天真也。琴长三尺六寸六分，像三百六十日也。广六寸，像六合也。……前广后狭，像尊卑也。上圆下方，法天地也。五弦宫也，像五行也。大弦者，君也，宽和而温。小弦者，臣也，清廉而不乱。文王、武王加二弦，合君臣恩也。宫为君，商为臣，角为民，徵为事，羽为物。

这与班固论棋，其思维模式可谓一脉相承。方正棋盘，乃大地之象。棋盘“正直”之线道，通神明之德，黑白棋子，象征阴阳，棋子散落在盘上，构成天文之象。这体现了中国传统的一种思维方式，即以“大道”提升“小道”，把游戏政治化、伦理化、玄妙化。当围棋之象与天地之道联系在一起，它也就成为一种玄之又玄的东西了。后世论棋，基本上沿袭的是班固的思路。作为游戏的围棋，与天地之象、神明之道有了沟通，也就有了不一般的意义。

当然，把围棋比作“天地之象”，毕竟过于玄虚。在天、地、人之间，还得有一个连接的中介。“天地之象”对棋而言，其实没有实际的效用。关键在于，“四象既成，行之在人”，可为王政。“成败臧否，为仁由己”，在“天地之象”与“仁德”“王道”之间，一下子就有了沟通。班固也由此建构了一套完整的儒家棋论话语，为围棋取得了合法的地位。

元代皇帝元文宗曾试探性地问翰林侍读虞集：“昔卿家虞愿尝与宋明帝言：弈非人主之所好。其信然耶？”虞集回答说：

> 自古圣人制器，精义入神，各以致用，非有无益之习也。故孔子以弈为“为之犹贤乎已”，孟子以“弈之为数”为“不专心致志则不得”。且夫经营措置之方，攻守审决之道，犹国家政令出入之机，军师行伍之法。举而习之，亦居安虑危之戒也。

帝纳其言，命虞集“铭其弈之器”，集一挥而就：“圆周天，方画地。握时机，发神智。动制胜，胜保德。勇有功，仁无敌。”所谓“周天画地，制胜保德”是也。

当围棋与“制胜保德”联系在一起，围棋也就有了冠冕堂皇的身份，由江湖入庙堂，在被“招安”的同时，也享受了一份“尊荣”。以立言立德立功自励的儒生们玩起来也就名正言顺、心安理得了。既享受了快乐，又悟了王政仁德之道，两全其美，何乐而不为！

儒家的“仁”与“礼”，最终的目的是“和”，人与人、人与社会的和谐，从而形成了一种“贵和尚中”的思想。然而围棋却是一种“争”之道，所谓“害、诈、争、伪”之物。那么，怎样才能协调“争”与“中”、与“和”的关系，儒家常常把“争胜之物”纳入儒家的“仁”“礼”“和”体系，从而形成了儒家独特的棋论。

宋代潘慎修曾作《棋说》，谓“棋之道在于恬默，而取舍为急。仁则能全，义则能守，礼则能变，智则能兼，信则能克。君子知斯五也，庶几可以言棋矣”（元代托克托《宋史·潘慎修传》）。这样一来，争胜负之物竟与“仁义礼智”之道有了沟通。

宋代宋白作《弈棋序》：

……弈之事，下无益于学植，上无裨于化源，然观其指归，可以喻大也，故圣人存之。观夫散木一枰，小则小矣，于以见兴亡之基。枯棋三百，微则微矣，于以知成败之数。是故弈人之说有数条焉：曰品，曰势，曰行，曰局。品者，优劣之谓也；势者，强弱之谓也；行者，奇正之谓也；局者，胜负之谓也。品之道，简易而得之者为上，战争而得之者为中，孤危而得之者为下。势之道，宽裕而陈之者为上，谨固而陈之者为中，悬绝而陈之者为下。行之道，安徐而应之者为上，疾速而应之者为中，躁暴而应之者为下。局之道，舒缓而胜之者为上，变通而胜之者为中，劫杀而胜之者为下。……彼简易而得之，宽裕而陈之，安徐而应之，舒缓而胜之，有若尧之禅舜，舜之禅禹乎？彼战争而得之，谨固而陈之，疾速而应之，变通而胜之，有若汤之放桀、武王之伐纣乎？彼孤危而得之，悬绝而陈之，躁暴而应之，劫杀而胜之，有若秦之并六国，项羽之霸楚乎？是故得尧舜之策者为首，得汤武之诀者为心，得秦项之计者为趾焉。抑从时有如设教，布子有如任人，量敌有如驭众，得地有如守国。其设教也在宽猛分，其任人也在善恶明，其驭众也在赏罚中，其守国也在德政均。至于怠志而骄心，泄机而忘败，非止围棋，将规家国焉。故曰：弈之事，下无益于学植，上无裨于化源，然观其指归，可以喻大者也，故圣人存之。

这篇棋论，典型地体现了儒家的思想。一方面以棋道喻王道，棋之“小道”，也就被赋予了“大道”的意义；另一方面，在棋的战略战术上，也多是以儒家之“道”来诠释围棋。棋道也就成了儒家的治世之道。

但围棋以围地取胜，想要围更多的“地”，就难免有争执，有争执就会有杀戮，怎么办？清代汪缙的《弈喻》云：

> 国工争道，赢止半子，止二三子者，良工也，非国工也。赢二三子不止，非良工矣。赢多者，争多也。争多技下是何也？争多，嗜杀人者也。争少，不嗜杀人者也。天道好生而恶杀者也。嗜杀，不嗜杀，项、刘之所以成败也。项、刘者，黑白之势也。

儒家对围棋的态度，是矛盾的。归根结底，这种矛盾体现了儒家思想体系与围棋胜负之道固有的抵牾。以儒道释棋道，固然有一定的意义，但“过犹不及”，一定要将棋道处处解为儒道，则难免牵强附会了。当然，在儒家思想占统治地位的社会，要使围棋之类的技艺、游戏之道获得名正言顺的存在的权利，有时牵强附会一点也就在所难免了。

二

孟子的《孟子·告子上》中有一次提到弈时谓：“今夫弈之为数，小数也。不专心致志，则不得也。”这里，孟子提出了他最重要的围棋观，即弈为“小数”说。

如果说“立象比德”，将围棋与天地之象、仁德之道联系在一起，体现的是一种玄象思维。那么孟子称围棋为“小数”，其实更接近棋的本来面目。围棋本质上是“数”、是“算”，体现的是数理思维。而当作为“小数”的棋被赋予形上之“数”的意义，围棋也就被纳入到了中国传统的思维体系中。

我们先来看看中国文化传统中的“数”。数的本意是“算”，《汉书·律历志》中谓：“数者，一，十，百，千，万也，所以算数事物，顺性命之理也。”但中国传统的“数”，远非“算数事物”的“算”可以概括。“数”同时乃是“顺性命之理”，这就为“数”之义理的演绎提供了一个巨大的空间，也为“数”走上形而上之维提供了一条路径。

而在《易经》中，这种“数”的意义被发挥到极致。“易学”以象、数、理为核心。其中象、数是基础。《易经》作为一部卜筮之书，有卜法与筮法之分。“象”即卜法中烧灼龟甲、兽骨后出现的兆文。而“数”与筮法有关，乃指揲蓍运算的过程（动词之数）和结果（名词之数）。“易”之符号有卦象和爻数之分。卦象就是卦爻符号，由阳爻（—）与阴爻（--）的不同组合组成六十四卦。而经文中的“数”即爻数，由表爻性的数（九和六）和表爻位的数（初、二、三、四、五、上）两部分组成。

“易数”主要包括天、地之数、大衍之数、策数三类。“数”乃天数、地数，与天道与人事的变化相通。《易传》中谓“参伍以变，错综其数，通其变，遂成天地之文；极其数，遂定天下之象”。《易传》对“数”的阐释，使《易经》中的数逐渐由筮法范畴衍生为哲学范畴，具有了思想的意义。特别是宋代的象数学派，通过象数建构了一套思维模式。邵雍谓“象也者，尽物之形也；数也者，尽物之体也”（《皇极经世书·观物内篇上》）。南宋蔡沈在《洪范皇极》中对“数”进一步做了新的解释：

数为礼之序。

数者，彝伦之序也。

数者，尽天下之理也。

数者，圣人所以教天下后世者也。

数不仅可尽物之体，在这里还具有了伦常教化的意义。

我们回过头来看孟子的弈为“小数”说。既有小数，在孟子心目中，当然应有“大数”。“大数”应是《周易》中的天数、地数、大衍之数。小数则首先应是“算数”，其次即为“术数”。以“算”论，围棋其实就是关于“数”的计算、推衍的一种游戏。以胜负论，最终的胜负决定于双方存活的子数和所围的地的多少（所谓目数，古人称之为“路”）。以过程论，从起手开始，其实各种招式都是围绕“路数”的争夺，双方不断地斤斤计较，锱铢必较，为此最需要精确的计算。以思维论，每一招棋的落点，都是建立在对子效的分析的基础之上的，围棋思维最接近数理逻辑思维，由分析、推理而归纳、综合。围棋的复杂性，就是体现在变化的无穷无尽上。棋盘的演变过程，有一个逐渐由简单到复杂的轨迹。棋盘越大，变化就越多，棋势越复杂，斗智的趣味性也更浓。关于围棋的变化，北宋沈括《梦溪笔谈》曾做过有趣的计算，结论是，围棋的变化接近于无穷大，“非世间名数可能言之”。

唐朝冯贽在《云仙杂记》中感叹：“人能尽数天星，则遍知棋势。”正因为围棋变化的复杂，“算”便成为决定胜负的一个重要因素。《棋经十三篇》在《棋局篇》之后，将《得算篇》列为第二，强调“战未合而算胜者，得算多也。算不胜者，得算少也。战已合而不知胜负者，无算也”。

在具体的行棋过程中，古代棋论在技术的层面上，多含围棋所特有的“数理”。如敦煌《棋经·势用篇》讲棋的死形与活形：“直四曲四，便是活棋。花六聚五，恒为死亡。内怀花六，外煞十一行之棋；果之聚五，取七行之子。非生非死非劫持，此名两劫之棋，行不离手。角傍曲四，局竟乃亡。两幺相连，虽幺不死。”《棋经十三篇·权舆篇》论棋的纲格、布置说：“权舆者，弈棋布置，务守纲格。先于四隅分定势子，然后拆二斜飞，下势子一等。立二可以拆三，立三可以拆四，与势子相望，可以拆五。近不必比，远不必乖。”棋之形，都是建立在“数”的推理之上。这构成了棋论中关于“术”的话语。

但中国思想文化重“道”轻“术”的特点，决定了建立在“数”基础上的“术”的被抑制。就像宋代张耒在《明道杂志》中说沈括：

> 沈存中……甚好弈棋，终不能高。尝著书论棋法，谓连书万字五十二，而尽棋局之变。然余见世之工棋者，岂尽能用算知此数？至有不分菽麦，临局便用智特妙。而括欲以算数学之，可见其迂矣。

这段话典型地体现了对“算数”的轻视。棋局过于复杂，算固然不能穷尽其变化，但唯其如此，更需要努力通过“算”去探究其复杂性。张耒提供的却完全是另一条路径。“不分菽麦”，也就是摈弃分析，走综合、模糊之路，“临局用智”，即随机应变，更多地依赖于感觉、直觉。由此，沈括欲依靠“算数”提高棋艺，反而被视之为“迂”。这典型地体现了一种中国式的思维传统：重综合轻分析，重玄象轻数理。

由此，面对孟子的围棋“小数”说，如果顺着沈括的“算数”之路，本来可以建构一整套棋的技术理论体系的。但后人对“小数”说的阐发，却基本上走的是另一条路径，这就是竭力将“小数”往“大数”乃至“大道”靠拢，以此来提高棋的地位。

一类是承认弈乃小数，但强调其意义不止于此。如《万汇仙机棋谱跋》称：“乃知弈之有谱，如武之有经，虽称小数，于世局非无补焉。”谱即棋谱，通过研谱以穷棋之“数”与“理”，本是谱之应有之意。但作者更强调的是棋局通世局，通过研谱可以补“世局”。

还有则走《周易》的象数义理之路，南朝沈约在《棋品·序》中说：“虽复理生于数，研求之所不能涉，义出于几，爻象未之或尽。”宋代《棋经十三篇·棋局篇第一》说得更为明确：

> 夫万物之数，从一而起。局之路，三百六十有一。一者，生数之主，据其极而运四方也。三百六十，以象周天之数。分而为四隅，以象四时。隅各九十路，以象其日。外周七十二路，以象其候。枯棋三百六十，白黑相半，以法阴阳。

林应龙在《书适情录后》中谓：“夫弈之为数，参三统两四时而能弥纶天地之道也，及其拟诸战斗而精义无闻焉。”林应龙以易解棋，连棋盘也成了推卦演易的工具【图 5—2】：

文人士子也罢，棋手也罢，都是竭力将围棋与“大衍之数”、与天地之象联系起来，如此，棋也就不仅仅是棋了，王尚哲在《汪盐使坐隐订谱全集序》中承认围棋乃“数”与“技”，又非“数”

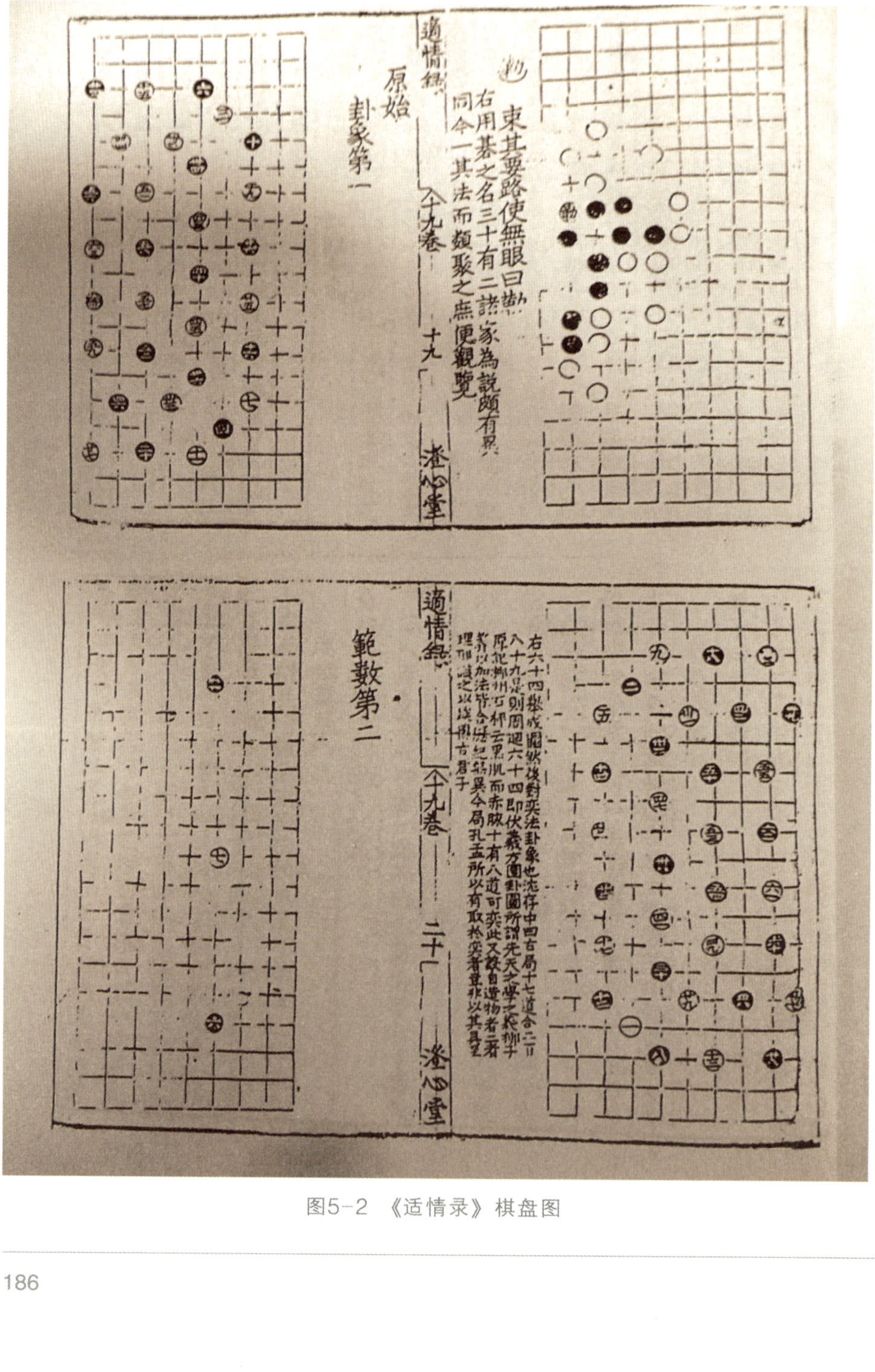

图5-2 《适情录》棋盘图

“技”，“故精于数不拘于数，妙于技不囿于技”，作为“小数”“小道”的围棋，最终也就被纳入中国传统的思想体系中，完成了其蜕变、超越之路。

代钦在《儒家思想与中国传统数学》中说道：

> 古希腊哲学的理性精神对古希腊数学产生了极大的影响，反之，古希腊数学也对古希腊以降的哲学、科学都产生过深刻影响。相比之下，中国传统数学思维虽然受到过中国传统思维的影响，但它并没有反过来对中国古代哲学产生过明显的影响，除天文历法计算以外，也没有对中国的其他科学的发展产生过大的影响。其原因是多方面的、复杂的。但有一点是肯定的，中国哲学的整体性、实用理性和经典思维制约了中国传统数学的发展。中国传统思维，一方面推动了以实用性和计算性为特征的中国传统数学的蓬勃发展；另一方面，也限制了其向演绎方向发展。在中国古代数学中偶尔出现的分析性的理性精神受到来自传统思维的冷落或排斥，根深蒂固的传统思维根本就不接受分析性理性精神。如墨家的以逻辑方法为指导的几何学、刘徽的证明思想和批判精神没有能够成为传统，或者说没有能够打破传统。（代钦：《儒家思想与中国传统数学》，北京：商务印务馆，2003年，第47页）

围棋亦然，作为“小数”的围棋，本来可以走出一条属于自己的独特的道路的。虽然它深受中国传统思维的影响，最终被吸纳，但并没有反过来对中国传统思维与思想有所影响。笔者在博士论文《围棋与中国文艺精神》中，将围棋思维归结为玄象思维与数理思维。玄象思维是中国艺术思维中共通的思维，数理思维则更多地体现了棋类思维之独特性。但围棋思想史的演变结果，共通性的一面不断被强化，“异”的一面却日益被遮蔽。这就像墨家的名理、逻辑的命运。它决定了一部中国围棋思想史，可以为中国传统思想提供一个新例证，但却很少能够给思想史带来“异”的冲击与新的活力。孟子将围棋当作“小数”，体现的是原始儒家对围棋的态度。但后世为围棋“正名”，拔高围棋，使之由“数”而成为玄妙之道，是围棋之幸还是不幸，则很难说清楚了。

第二节　技进乎道

围棋本为技，在技的层面，中国古代围棋也曾达到很高的水平，中国古代棋论也对围棋之“技”做过很好的阐发。但总的来说，中国文化“重道轻技”的传统，更强调的是“技”如何进乎“道”。中国古代的棋手，也往往不满足于仅仅做一个“弈人”，而有着更高的追求。如果说在儒家那里，“艺以载道”，“道”更多的还属于“德”的层面，道家则更注重把“道”看成是“艺”的本体、内容，“艺”是“道”的感性显现，最高的艺术境界便是道的境界，因而，弈之技亦可进乎道，技、艺达到一定境界便是“道”。

一

《庄子》中有一则庖丁解牛的故事：

庖丁为文惠君解牛，手之所触，肩之所倚，足之所履，膝之所踦，砉然向然，奏刀騞然，莫不中音；合于桑林之舞，乃中经首之会。文惠君曰："嘻，善哉，技盖至此乎？"庖丁释刀对曰："臣之所好者道也，进乎技矣。始臣之解牛之时，所见无非牛者。三年之后，未尝见全牛也。方今之时，臣以神遇而不以目视。官知止而神欲行。依乎天理……动刀甚微，謋然已解，如土委地。提刀而立，为之四顾，为之踌躇满志。善刀而藏之。"文惠君曰："善哉！吾闻庖丁之言，得养生焉。"

第一步，庖丁开始解牛时，所见无非牛，人与物还处在对立状态；第二步，未尝见全牛，人与物的对立开始消解；第三步，以神遇而不以目视，官知止而神欲行，手、目等各种感官与心、神的距离也消失了，精神获得完全的自由与解放；第四步，依乎天理，天理即道，以人合天，得其大道。于是，解牛这种技术性行为成了一种无所系缚的精神游戏，它超越了作为技术的效用，而进入到艺术的境界，此即"技进乎道"乎。

在老子那里，"道"为世界万物之本原，所谓"道生一，一生二，二生三，三生万物"（《老子·第四十二章》）；也是世界万物发展变化的总规律或法则，所谓"道者，万物之奥"（《老子·第六十二章》）。庄子发挥老子"天下之物生于有，有生于无"的思想，从宇宙生成论方面发展了老子的"道"。庄子认为"道"为万物之宗：

夫道，有情有信，无为无形；可传而不可受，可得而不可见；自本自根，未有天地，自古以固存。神鬼神帝，生天生地；在太极之先而不为高，在六极之下而不为深，先天地生而不为久，长于上古而不为老。（《庄子·大宗师》）

庄子所说的“道”，虽然生出天地万物且不可名状，但又“有情有信”“可得”“可传”，道不可见但又游于天地万物中。万物皆有“道”在其中。“通于天地者，德也；行于万物者，道也；上治人者，事也；能有所艺者，技也。”反过来，“技兼于事，事兼于义，义兼于德，德兼于道，道兼于天。”“艺”“技”与“道”便有了相通。“道”虽然是本，以“技”体“道”，“技”进乎“道”，“道”便成了“技”的最高境界。

就围棋而言，它不过是一种“艺”，这种“艺”又有“技”与“道”两个层面。就“技”而言，它是用来争胜负的，为了取胜，它有一套具体的走法、战术。而当棋到了一定的境界，它又与艺术境界、道的境界相通，所谓技进乎道，棋又不仅仅是胜负之物了。

施定庵在《弈理指归》中谈到弈者的几个等级：

> 毋论战守取舍，成竹在胸，举念触机，会心自远。仁者见仁，知者见知。受八九子者，即可得其步骤；而细玩熟思，渐至六七以上，则得形；四五以上，得意；二三以上，渐至会神；一先以上，入室而无难矣。此彻上彻下之至理也。

得其步骤——得形——得意——会神，既代表弈者“品”的差异，又是棋艺由浅入精、技进乎道的过程。“得其步骤”“得形”大致相当于弈中之“数”“象”。而“弈之为数，争先后别小大已耳”。它们构成了弈之“法”。这“法”又通于“理”。“得意”即得“理”，法根于理。德丰在《弈萃·叙》中谓：“弈理自近代以来，高手迭出，光景常新，要皆有万变而不离其宗者，亦惟理法而已。法必根于理，理可触类旁通，法亦变化层出。神而明之，存乎其人。”

“法”乃棋之“术”，它构成围棋的基本战略战术。下棋需遵循这些基本的法则，但又不可拘泥于此。胡陶轩在《摘星谱·序》中谓：“棋之有谱，犹文之有法，诗之有律也。离乎法律不可言文诗，泥乎法律尤不可言文诗。棋之于谱亦然。”

弈之精髓在于变。法是死的，应变之活机，又得依靠心之“思”。汪缙《弈喻》称：

> 弈之子分黑白，阴阳之象也，而运之者，心也。善弈者，不泥象数而求心，不遗象数而求心者也。泥象数是以心为有外也；遗象数是以心为有内也。心无内外也，无内外者，弈之心也。

善弈者，既不“泥象数”，也不“遗象数”，那所谓“心无内外”，心不为外物所役，甚至不执着于“心”本身，为自我之“心”所迷，即为得意、会心，这已经近似于庄子所谓忘形、无己、无心之“心斋”“坐忘”。得此意即是“会神”，进入“道”的境界了。

《棋经十三篇》【图5—3】中的《品格篇》将围棋分为九品：入神、坐照、具体、通幽、用智、小巧、斗力、若愚、守拙。在中国古代棋论中，斗力之棋始终被看作低品。《玄玄棋经》将“斗力”称为“野战棋”。“用智”则为中中之棋，“智，知也。未至于神，未能灼见棋意，而其妙着，不能深知，故必用智深算，而入于妙”。“用智”上升一步可“通幽”，退一步即仅为“小巧”而已。小巧者，“虽不能大有布置，而纵横各有巧妙胜人，故曰小巧”。

在棋品中，“具体”“坐照”“入神”为高品。请看《玄玄棋经》和《石室仙机》对其的解释（前面未注明者为《玄玄棋经》注）：

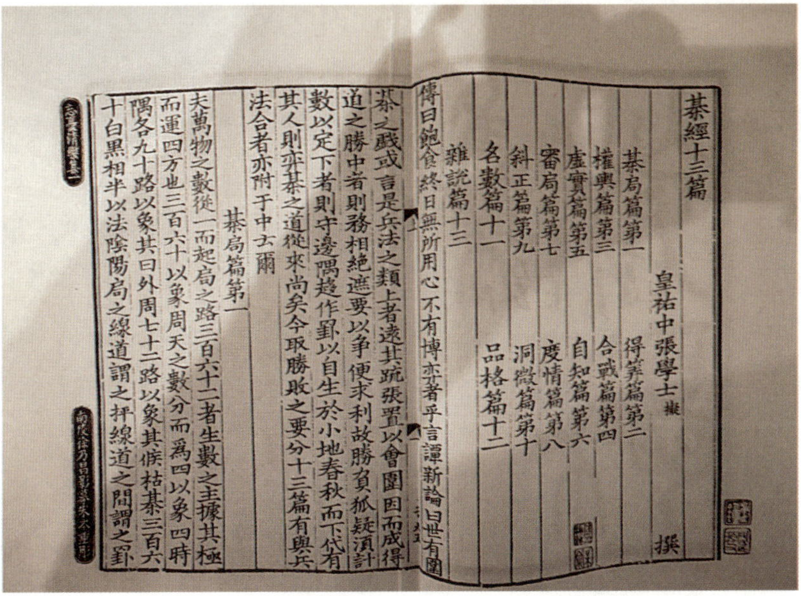
碁經十三篇
皇祐中張學士 撰
碁局篇第一　得筭篇第二
權輿篇第三　合戰篇第四
虛實篇第五　自知篇第六
審局篇第七　度情篇第八
斜正篇第九　洞微篇第十
名數篇十一　品格篇十二
雜說篇十三
傳曰飽食終日無所用心不有博弈者乎言譚新論曰世有圍
碁之戲或言是兵法之類上者遠其疏張置以會圍因而成得
道之勝中者則務相絶遮要以爭便求利故勝負狐疑須計
數以定下者則守邊隅趨作罫以自生於小地春秋而下代有
其人則弈碁之道從來尚矣今取勝敗之要分十三篇有與兵
法合者亦附于中云爾
碁局篇第一
夫萬物之數從一而起局之路三百六十一一者生數之主據其極
而運四方也三百六十以象周天之數分而爲四以象四時
隅各九十路以象其日外周七十二路以象其候枯碁三百六
十白黑相半以法陰陽局之線道謂之枰線道之間謂之罫

图5-3　《忘忧清乐集》之《棋经十三篇》

一曰入神：神游局内，妙而不可知，故曰入神。《石室仙机》曰：变化不测，而能先知，精义入神，不战而屈人之棋，无与之敌者，厥品上上。

二曰坐照：不劳神思，而万意灼然在目，故曰坐照。《石室仙机》曰：入神饶半先，则不勉而中，不思而得，坐照者，至虚善应，亚近入神，厥品上中。

三曰具体：人各有长，未免一偏。能兼众人之长，故曰具体。如遇战则战胜，取势则势高，攻则攻，守则守是也。《石室仙机》曰：入神者饶一先。临局之际，造形则悟，具入神之体而微者也。厥品上下。

“不劳神思，而万意灼然在目”，便是高棋了。而“入神”之棋

“神游局内”，“精义入神，不战而屈人之棋”，则为上上之棋。

袁福征《坐隐先生订谱题辞》谓：“艺安能累人，凡艺极精者，神也。况翰墨之为艺乎。先生之局戏，盖化艺而为道矣。”苏之轼《弈薮》亦称：“夫精而诣之，技进于道，浅而泄之，道流于技。”显然都是强调“艺”到一定境界，所谓“精义入神”，即可通于道。“入神”是通达万物之变、之理的一种境界。

老子则多以“玄”“妙”来说明“道”。“道可道，非常道。名可名，非常名。……玄之又玄，众妙之门”。中国古代也多以“玄”“妙”“神”与棋相提并论。虞集为《玄玄棋经》作序，解释书名的由来，“盖其学之通玄，可以拟诸老子众妙之门，扬雄大易之准。且其为数，出没变化，深不可测。往往皆神仙豪杰玩好巧力之所为，故其妙悟，传之者鲜”。棋能通玄、入神，即进乎道矣。

二

棋之境界，归根结底有赖于人生之境界。郭子章为《坐隐弈谱》作的序中曰：

> 且会心处不在远，竹韵松涛，皆其音律；鸟鸣泉响，皆其吟咏；江霞林月，皆其文章。昌朝以弈悟法，而寓意于坐隐者，讵可以伎俩小之哉？盖隐无不显，微无不彰，会天地之精，通万物之变，效人心之灵，则艺亦道也，器亦神也。

“会天地之精，通万物之变，效人心之灵”，这是一种棋的境界，一种人生境界，也是一种审美的境界。人与天一，艺与道合，在审美理想中实现自身价值与大宇宙生命之美及形而上本体之道的回归。庄子在《知北游》中谓："天地有大美而不言，四时有明法而不议，万物有成理而不说。圣人者，原天地之美而达万物之理，是故至人无为，大圣不作，观于天地之谓也。"通过对天地万物的体察，便可体悟天地之"大美"。

当然，要达到这一境界，关键是如何使"人心之灵"通达"天地之道"。这其中，如何使心灵处于"虚""静"的状态，便是其关键。沈约《棋品·序》谓"静则合道，动则合变"。施定庵在《弈理指归》中题诗曰："镇静中权推正面，自然不成屈人师。不向静中参妙悟，纵然颖悟也虚浮。"明代汪廷讷自号"坐隐先生"，在其《坐隐奕谱》【图5—4】自序中云：

图5-4 《坐隐奕谱》书影

余性不偕俗……以故深惟二氏之学，释则修性，玄则修命……闲中有谈者，即相与弈棋，以洗其尘嚣，祛其世味，惟知弈之可盘桓也，遂号坐隐先生。盖坐隐虽中郎故事，而余命号之意，则不徒习晋人风流，实有与玄通者。夫玄门全一守真，尊生至要，托弈为坐隐者，不过淘汰俗念，温养性灵，为止静之功夫，藏机炼神之活法也。且以坐子之意，释之乎一土二人。二人者，非二人对弈之谓乎？即本身不动，而婴儿出神之义也。土者，非既静之谓乎？即蓬莱方壶与天地共不朽之义也。以一隐言之，入定一隐，隐为养阴，出定一隐，隐为养阳，对弈为动，动为纯阳，端坐为静，静为纯阴。一阴一阳，相禅于弈中，正全一守真之大道也，岂世之所谓黑白伎俩乎？至此万念俱灰，百伎尽释，空空若鄙夫耳，顿觉诸刻之无与于性真也……

这正是坐隐先生的“融道技而一之”之法，关键在于全一守真之止静功夫。如果说儒家的理想人格为“圣贤”，道家的理想人格则为“隐士”。儒家“圣贤”之道着重自我人格之建构，道家则取的是消解自我之道。如果说欲望在儒道两家都被视为蒙蔽心性之物，为“止静”，儒家强调的是“制欲”，道家则为“忘欲”。不为世俗欲念所累，则须忘形、忘知、忘己，这就是庄子的“心斋”“坐忘”。

离形去知，空诸万物，物我两忘，此即为“虚”。“虚”始能入“静”。心如明镜，览照万物，心与物通，人与天和，正是人生之大解悟，艺术之真精神。而“虚则静，静则动，动则得”，“动”则使天地万物有了勃勃的生机。弈之动，亦正寓于“静”之中。胡鼎在为《摘星谱》所作的序中曰：

弈之为数，小数也，而天地之奇，古今之变，莫不该焉。……若夫思运于一枰之上，神游乎六合之外，指与棋忘，而心与机化。昭文之鼓琴也，师旷之枝策也，惠子之据梧也，亦若是而已矣。吾师耽于弈也，万感俱消，与道大适，理有即弈而寓者焉；用志不分，乃凝于神，弈有因谱而精者焉。

“指与棋忘而心与机化”，正所谓“与道大适”。同于天地自然之造化，棋艺也就进入了一个自由的境界，所谓“外师造化，中得心源”。

汪缙《弈喻》中的季智对其父曰“愿学天技”。“天技”者，弈也。其父听季智的一番“天技”论，喟然而叹曰：“有是哉！而之所学者，技也；由而之所志而学之，进乎技矣，与造物游矣。”“与造物游”，即同于自然造化。范西屏的《桃花泉弈谱》中说“盖天地人心，以息相吹，随时生长，造物与我，有不自知其然而然者矣”。此即谓“道法自然”也。

施定庵在《弈理指归》序中曾谈到自己“棋悟”的一段经历。一次施定庵与梁魏今同游岘山，梁指着山下蜿蜒曲折的泉水，对施说：“子之弈工矣，盍会心于此乎？行乎当行，止乎当止，任其自然而与物无竞，乃弈之道也。子锐意深求，则过犹不及，故三载仍未脱一先耳。”定庵由此得悟“化机流行，无所迹象，百工造极，咸出自然。则棋之止于中正，犹琴之止于淡雅也”。棋艺大进，终成一代国手。

弈棋应如行云流水，行于当行，止于当止，这正是棋艺的“自然”境界。“神乎其技，妙极自然”，（邓元鏸《黄龙士棋谱序》），即所谓“天授”之技，自然而后能归于平淡也。徐敦祺为《弈萃》所作的《叙》曰：“盖弈之义理无穷，千百变而至万万变，生生死死，怪怪奇奇，然变化固多，而登峰造极终究归诸平淡，不外规矩准绳。”徐星友《兼山堂弈谱》中评黄龙士的棋：“寄纤秾于淡泊之中，寓神俊于形骸之外，所谓形人而我无形，庶几空诸所有，故能无所不有也。”这可以说包含了评棋者自己的审美趣味。翁嵩年为《兼山堂弈谱》作的序中论徐星友其人其艺：

> 盖如此则得，如彼则失，如此则胜，如彼则负，察之毫厘，权其铢两，一归于冲和恬淡。浑沦融洽。用虚不如用实也，用巧不如用拙也；其弃也，乃所以为取也；其退也，乃所以为进也；制于有形，不若制于无形；臻于有用之用，未若臻于无用之用。斯言何其隽永而可味也。此所谓神之至、变之尽也。

论徐星友其人，“道气亲人，迥出尘俗”，俨然一“坐隐”之名士。而其棋艺，以拙胜巧，以退为进，以无形制有形，以无用为大用，所谓神之至、变之尽，正是“道”的境界。老子的哲学，被称为守雌守柔守弱的哲学。顺乎自然，无为不争，恬淡寡欲，“道常无为而无不为”（《老子·第三十七章》），“夫唯不争，故天下莫能与之争”（《老子·第二十二章》），“不争而善胜”（《老子·第七十三章》），“兵者不祥之器，非君子之器，不得已而用之，恬淡为上”（《老子·第三十一章》）。

而围棋的境界，无论是徐星友推崇的“冲和恬淡”，还是施定庵的“任其自然，而与物无竞”，都是以“平淡”为高境界，所谓“流水不争先”，正是道家淡泊无争、以静制动、不战屈人之“道”的体现。

中国围棋理论，推崇平淡自然、不战屈人，但在实战中又屡屡都是“斗力之棋”，这种理论与实践的脱节，便成为一个有趣的现象。

笔者曾在博士论文《弈境：围棋与中国文艺精神》中谈到这一现象：

> 于是，作为实战记录的棋谱（就像文学之文本）与作为棋

艺理论总结的棋论，又形成了两套旨趣相异的话语。中国文学及琴、书、画等艺术的创作实践，与对创作实践进行理论总结的中国文论、艺论，在总的价值取向和审美趣味上是一致的，而偏偏棋战与棋论，呈现出一种反差。中国古棋最激动人心就是在激烈的搏杀中所体现那种冲突之美、力量之美，而中国棋论所推崇的境界却是中和、平淡、自然。这种双重话语的矛盾背后，隐含着某种文化冲突与价值取向上的歧异。

从价值取向上的角度说，“中和、平淡、自然”，其实是整个中国思想与艺术所追求的境界，具体到棋，平淡、自然，不战而屈人之兵，也就成了中国围棋在理论上所追求的目标。但落实到具体的棋局，围棋作为一种竞技游戏，本质其实首先是“战”，加上中国古棋所特有的“座子制”“还棋头”之类的规则，使棋之“战”更加顺理成章了。中国古代围棋理论，多向中国传统的“道”的话语靠拢，而具体到实战，则更接近棋之“战”的本质了。这就像儒家论棋，棋之“战”自然不“仁”非“礼”，但儒士们为替围棋张目，偏要把它跟“仁”“义”“礼”“智”牵扯到一起，“名”与“实”的不一致也就是必然的了。

第三节 棋禅一味

南宋诗人徐照有诗曰："诗因圆解堪呈佛，棋与禅通可悟人。"(《赠从善上人》) 中国古代僧人中好棋者众，中国古代文人士大夫也多喜跟佛道中人来往，一边下棋，一边谈玄论道。棋往往也就成了悟道的一种方式，所谓棋禅一味是也。

一

佛教在汉代传入中国，很快就入乡随俗，安家落户。佛教在中国的传播过程，就是一个不断中国化的过程。而围棋，就是在这一过程中，与佛教结下缘分。最早的棋僧支遁，就是一个玄言佛理皆通、亦僧人亦名士的典型。

《世说新语》中谓"王中郎以围棋为坐隐，支公以围棋为手谈"。支公（314—366）即支遁，25 岁出家，亦好诗、好山水、好棋，俨然一名士。他融玄言佛理于山水、于棋中。以围棋为"手谈"，乃是以手谈代清谈，自有妙不可言之处【图 5—5】。

图5-5 瓷雕《棋与禅通可悟人》

自魏晋以来，围棋与释道结下不解之缘，到唐宋时，文人士大夫礼佛参禅，或方外之人谈棋论道，更成了一种风气。两者之间的交流也越来越频繁，佛门中出现了不少著名的棋僧、诗僧，如儇师、浩初师、贯休、子兰、齐己等。文人中喜与僧交游，读点佛经，写点掺杂浓厚的出世思想和释道气的棋诗的，就更不计其数了。

唐代段成式的《酉阳杂俎》中有一个关于释一行的故事，云：一行公本不解弈，因会燕公宅，观王积薪一局，遂与之敌。笑谓燕公曰："此但争先耳。若念贫道四句乘除语，则人人为国手。"一行念四句乘除语即可为国手，不过是好事者的杜撰。像儇师、贯休、子兰、齐己等，倒真正是释道、诗道、棋道兼通。他们作的棋诗，对棋也颇有心得。如贯休的《棋》：

棋信无声乐，偏宜境寂寥。
着高图暗合，势王气弥骄。

人事掀天尽，光阴动地销。
因知韦氏论，不独为吴朝。

贯休（832—912），作为释门中人，又工书画，好围棋。“琴弹溪月侧，棋次砌云残”（《闻赤松舒道士下世》），琴棋风月，与“禅月大师”“得来和尚”的称号颇为相称。而《棋》一诗强调棋枰上，于寂寥的环境中有无声之乐，与佛门清静颇有相通之处；但也因弈棋争机斗智，费时伤神，人事如天翻而尽废，光阴如地覆而流逝，令人想起韦曜《博弈论》，其实包含通论至理。看得出，贯休对围棋是矛盾的，这也许体现了整个佛教对围棋的双重态度。

唐代诗人张乔有一首《赠棋僧侣》：

机谋时未有，多向弈棋销。
已与山僧敌，无令海客饶。
静驱云阵起，疏点雁行遥。
夜雨如相忆，松窗更见招。

出家人置身尘外，未有尘世机谋诈变之心，因为那些东西都已经消磨在围棋的争斗中了。这颇能说明围棋的“净化”功能，不仅俗世中人可从中获得“宣泄”，方外之人更可以此修身养性，“自从苦学空门法，销尽平生种种心”（白居易《闲吟》）。张乔与棋僧可谓颇多心息相通处。所以最好两句，清夜对雨，生相思之意，渴望友人相邀，松窗对弈，写出了与棋友、道友的深厚情谊【图 5—6】。

刘禹锡有一首《海阳湖别浩初师》，前有小引，谓“潇湘间，

图5-6　瓷雕《对弈》

无土山，无浊水，民乘是气，往往清慧而文。长沙人浩初生，现因地而清矣，故去荤洗虑”，潇湘山水也就赋予了其清气与灵性。“与泉石为笃，故携之以嬉。及言旋，复引与共载于湖上，弈于树石间”。这才有了那令人神往的诗境与弈境：

近郭看殊境，独游常鲜欢。
逢君驻锱锡，观貌称林峦。
湖满景方霁，野香春未阑。
受泉移席近，闻石辍棋看。
风止松犹韵，花繁露未干。
桥形出树曲，岩影落池寒。
别路千嶂里，诗情暮云端。
他年买山处，似此得廛官。

这首诗与引子道出了方外之人何以与士大夫如此相得。载舟湖上，弈于树石间，亦僧亦名士。僧人往往喜欢到棋中去参悟佛理。明末清初的禅僧，有“醉禅师”之称的丈雪，有一首《佚老关中作》：

人生好似一枰棋，局局赢来何足奇？
输我几分犹自可，让他两着不为迟。
休将胜负争闲气，毋倚神机战相持。
埋伏不如休意马，心王常湛即摩尼。

心王者，阿赖耶识，即心之主宰也。摩尼为梵语译音，为珠、宝、如意，乃清、静之象征。这首诗因棋说法，还以法解棋，棋理与佛理融通，正是佛门之棋的特点。而反过来，无论文人，还是达官，似乎也都喜欢从棋中去感悟一些哲思佛理。“悠然笑向山僧说，又得浮生一局棋”（陆游《夏日北榭赋诗弈棋欣然有作》），“茶炉烟起知高兴，棋子声疏识苦心”（陆游《山行过僧庵不入》），棋，也就有了别样的意趣。

二

中国禅宗产生于南北朝时，在唐代发展为佛教中的一个独立的支派。禅宗讲究不立文字，拈花微笑，于会心处即自有妙悟。围棋被称为“坐隐”“手谈”，同样是不用言语，但会心处，却有妙谛。这一点，使棋与禅，似先天地就有了缘分。禅宗认为，禅无处不在，随处可参，担水砍柴，无非妙道，行住坐卧，皆是道场。围棋中自然也包含着禅意，“十九条平路，言平又崄巇。”（裴说《棋》）棋理如禅理，参透了十九路，也就参透了禅。

唐代僧人子兰赋诗一首《观棋》：

拂局尽消时，能因长路迟。
点头初得计，格手待无疑。
寂默亲遗景，凝神入过思。
共藏多少意，不语两相知。

唐代出现了不少的诗僧、棋僧，他们往往诗道、棋道、佛道兼通。佛门多清静，一天到晚念经礼佛，未免太过单调，棋枰则成了最好的打发光阴之物。“拂局尽消时，能因长路迟”，时光也就在不知不觉之中打发了。之后写下棋的过程。但着眼点不在棋局本身，而在下棋之人的心态、动作、表情。在棋局按照自己预定的计划展开，一切都在算计之内时，不免频频点头。待到局势逐渐明朗，两手相抵，以活动关节，似已胜券在握。其喜悦之态、得意之情跃然纸上。

“寂默亲遗景，凝神入过思”，这两句由动入静，“亲”指接近，“遗景”即遗留的光景，在寂然无声中棋局已慢慢进入尾声，有一方却还在聚精会神、冥思苦想。可谓静中有动，棋盘上的天翻地覆，其实都蕴藏在了无声的算计之中。

最后尾联作结，“共藏多少意，不语两相知”，可谓写出了围棋艺术之精髓，也是全诗的诗眼。在下棋的过程中，双方殚精竭虑，你来我往，但这其中有许多东西，又是不能用言语来表达的。作为“对话”的双方，都只能用心去体会对手每一招棋所发出的无声的信息，会心处，悠然一笑，“此中有真意，欲辨已忘言”。

围棋被称为“手谈”，也就是说，这是一种不用言语的特殊的对话方式。下棋的过程，就是一个双方对话的过程，每一招棋，都是向对手发出的无声的话语，对手在“倾听”你的“话语”的过程中，要不断地做出回应：同意或者反对。双方棋力相近，就会有一种心息相通的愉悦。反之，则不是对话，而是独白了。

人生大约也是这样。人生里面有许多东西，是只可意会，而不可言传的。人类时时面临着一种困境：一方面要用语言为万物命名，言说存在，使世界由混沌之初的朦胧走向逻辑的明晰；另一方面，这个世界又总有一些东西，处在语言意识之外。不少西方哲人便时时陷于思、言、意的困惑之中，在将语言当作“存在的家”的同时，又痛感话语无法传递本质，表现总伴随着扭曲。相对而言，中国人在处理言与意的关系上则灵活得多。禅宗的拈花示众、不立文字，道家的大象无形，大道希声，通过静观而悟道，得道而忘

图5-7　瓷雕《共藏多少意》

言，中国文论中的“不着一字，尽得风流”，“意在言外”，正构成了一条中国式的即相离相之路。

围棋之道正体现了中国文化与文艺的独得之秘。立言，立象，尽意，体道，构成了一条不断超越之路。“共藏多少意，不语两相知”，正是棋盘上不用言语、心息相通的一种境界。纹枰对坐，以手代口，无声之中，亦自有拈花微笑之妙。这是棋的境界，也是一种人生之境界。子兰这里说的是棋，又何尝不是在谈禅论道。全诗的妙处也就在这里。处处说的是棋，无一处涉及“道”，而“道”意已自现。禅宗谓担水砍柴，无非妙道，行住坐卧，皆是道场。作诗也罢，做人也罢，下棋也罢，修道也罢，能达此境界，也就当得一个“悟”字了。

唐宋时禅风大盛，士大夫以谈禅为时尚，以棋参禅，以禅解诗、解棋，成为时尚。宋代文人吴可有一首《学诗》：

> 学诗浑似学参禅，竹榻蒲团不计年。
> 直待自家都了得，等闲拈出便超然。

诗如此，棋亦然。苏东坡作为北宋文人士大夫中的领袖人物，工诗文，善书画，亦好谈禅论道，与禅僧们来往密切。据《春渚纪闻》卷一记载，有一个禅师曾告诉苏轼，他的前身是一个禅家名人五祖戒和尚。这自然不足为信，但苏轼经常与禅僧们大抖机锋，却是不假。《续传灯录》卷二十《东林照觉常聪禅师法嗣》记苏轼逸事：

> 抵荆南，闻玉泉浩禅师机锋不可触，公拟仰之，即微服求

见。泉问：尊官高姓？公曰：姓枰，乃枰天下长老底枰。泉喝道：且道这一喝重多少？公无对，于是尊礼之。

尽管每次与禅师抖机锋，苏轼总是输了一着，但他也从中长了不少见识。苏轼《东坡志林》载：“南岳李岩老，好睡。众人食饱下棋，岩老辄就枕，阅数局，乃一展转云：‘君几局矣？’东坡曰：‘岩老常用四脚棋盘，只着一色黑子。昔与边韶敌手，今被陈抟饶先。着时自有输赢，着了并无一物。’”末二句自是讲棋，但亦是谈禅，将它与王安石《棋》诗中的“战罢两奁分白黑，一枰何处有亏成”对照起来看，二人所言又何尝不是禅偈？

明代冯元仲写有一篇《弈难》，更是通篇都在抖机锋，姑摘几“难”：

难曰：“从前十九路，云何而有所住然？”“余其返之太素。且道黑白未分时，一着落在什么处？”

难曰：“方四聚五、花六持七，云何肇于一然？”“余其太虚为室。着时自有输赢，着了并无一物。”

……

难曰：“子胡不深其垒，伏蒿矢，出不出，止不止然？”“余幸逃于东奔西靡。胜固欣然，败亦可喜。”

难曰：“子胡不设诈坑，屈人兵然？”“余不操奇赢与世争。唯其无所争，故能入于不死不生。”

说棋乎？说禅乎？似棋非棋，似禅非禅，也许，这正是作者想要达到的效果。禅宗把佛理从高高的天上拉到人间，在此生此世中，只要见性，即可成佛，让人觉得多了一份随意与亲近。但另一方面，他又时时在设公案，抖机锋，让人云里雾里，似悟非悟。当文人士大夫也赶时髦，以禅喻棋，围棋也就日益变得玄之又玄了。

禅宗可以说是佛教中国化的产物，适应了中国人的需要，典型地代表了中国文化对佛教的改造。佛教是重来世、重苦修的宗教，禅宗却把人生的解脱放在了现世，并且无须苦修，我心是佛，我心清静，依心行动，适意自然。宋代无门慧开禅师《颂》诗云："春有百花秋有月，夏有凉风冬有雪。若无闲事心头挂，便是人间好时节"。从禁欲到适意，围棋自然成了高僧们既享乐人世，又能从中参禅悟道的最好工具。弈棋台上，松风流水中，棋子每随松子落，柳丝常伴钓丝悬，自有一种幽深清远的林下风流。禅宗追求一种自然、适意、清静、淡泊的人生，而在审美情趣上，则趋向于清、幽、寒、静，它影响到中国士大夫的人生哲学、艺术情趣，也影响到围棋的境界与意趣。

唐代诗人白居易有一首《池上（其一）》：

山僧对棋坐，局上竹荫清。
映竹无人见，时闻落子声。

唐代的许多诗人都会下棋，白居易（772—846）就是其中的代表之一。在他44岁被贬江州司马前，他并不会下围棋。但一旦学会围棋后，他就深深地迷上了。"晚酒一两杯，夜棋三数局"（《郭虚州相访》），"兴发饮数杯，闷来棋一局"（《孟夏思渭村旧居寄舍弟》），"送春唯有酒，销日不过棋"（《官舍闲题》），"花下放狂冲黑饮，灯前起坐彻明棋"（《独树浦雨夜寄李六郎中》），

“唯共嵩阳刘处士，围棋赌酒到天明”（《刘十九同宿》）。这些诗都生动地表现了诗人对棋的痴迷。

这里当然有官场失意、以棋消忧的原因。白居易对围棋的痴迷与吟咏，也源于围棋本身的魅力。《池上（其一）》写山中寺院僧侣对弈的场景。二僧对棋而坐，竹林摇曳，在棋枰上投下斑斑驳驳的影子。阳光映照着竹林，却看不到人影，只有落子的声音不时传来……生动地再现了一幅竹林围棋、幽静闲雅、禅趣盎然的画面。

欧阳修有一首《新开棋轩呈元珍表臣》：

竹树日已滋，轩窗渐幽兴。
人闲与世远，鸟语知境静。
春光霭欲布，山色寒尚映。
独收万虑心，于此一枰竟。

中国文人，不管官做得大小，顺与不顺，似乎都有一种归隐的心态。特别是面对不如意的现实，不满而又无可奈何时，便大多只能退而结网，唯酒棋山水是务，以此应对人生的一切烦恼与是非，求得现实中的自我保存，也获得精神的解脱。于是，一卷书，一杯酒，一局棋，一盏茶，便成了他们生存方式的一种标识。欧阳修迷棋，新辟了一处下棋的地方。竹树在一天一天地长着，棋轩里便渐渐有了幽微之致。当然，这一切关键还在于人闲，要“闲”先得心静。陶渊明《饮酒》诗谓：“结庐在人境，而无车马喧。问君何能尔，心远地自偏”，只要“心远”，哪怕是在闹市，居住之地也会变得僻静。所以“人闲”便可远离尘世，就像鸟鸣树间，反衬得环境的清幽，所谓“蝉噪林欲静，鸟鸣山更幽”。这时已是春天，云气缭绕，寒意犹存，山色空蒙，似有还无。面对此情此景，诗人弈兴大发，招友人对弈，将万般机心尽付于棋枰之中。

欧阳修在《醉翁亭记》中谓：“醉翁之意不在酒，在乎山水之间也。山水之乐，得之心而寓之酒也。”这首写棋诗，同样是棋翁之意不在棋！诗人并不着力描写下棋的过程及棋本身的乐趣，而是表现“弈”的环境——新开棋轩的诱人：竹树环绕，推窗见幽，春光霭霭，山色清寒，无车马之喧哗，有鸟语之悦耳，怎不令人收万虑之心，得人生之佳趣。情景合一，心棋合一，真尘俗之妙境也。

于是，全诗最后两句便成了诗眼。前面一直在做铺垫，营造一个令人神往的境界，最后再点出主旨。琴令人寂，棋令人闲，人以围棋为“坐隐”，小小棋枰，演绎世态人生。人的一切的欲望、争竞，都付于棋中，也在棋上获得了升华。

欧阳修写棋，棋中之真趣，需要读者慢慢去体会。对作者来说，不写棋而处处见棋，空白处皆是画，无招之招，正是高手的境界。对读者来说，拈棋微笑，即为会心。

想起一个故事。胡仔《苕溪渔隐丛话》中说，浮山有一高僧法远，欧阳修听说法远高逸，便去造访。起初并没发现法远有何特异之处。后来欧阳修与客人下棋，法远旁观。欧阳修收拾棋局，请法远说法。高僧以棋说禅：

> 若论此事，如两家着棋相似。何谓也？敌手知音，当机不让。若是缀五饶三，又通一路，始得有一般底。只解闭门作活，不能夺角冲关，硬节与虎口齐张，局破后徒劳绰斡。所以道：肥边易得，瘦腹难求。思行则往往失粘，心粗则时时头撞。休

夸国手，漫说神仙，赢局输筹即不问，且道黑白未分时，一着落在什么处？良久曰：从来十九路，迷悟几多人！

结果欧阳修大服，喜叹不已。从容对同僚说：“修初疑禅语为虚诞，今日见此老机缘，所得所造，非悟明心地，安能有此妙旨哉！”

“从来十九路，迷悟几多人”。置身于欧阳修的棋轩，在竹树、山色、春光、鸟语中，得一日之闲，疏疏落落地摆下几颗棋子，人生仿佛也就有了几分禅意。

第六章　棋之旅

围棋产生于中国，在其发展过程中，逐渐向周边国家和地区传播，其后又流传到世界各地。围棋的传播大致可分为两条路径：一路是向西，经丝绸之路，传到少数民族地区及中亚、南亚各国，后来，围棋传至更远的欧美国家；一路是向东，经由朝鲜半岛，再传到日本。围棋这一古老的东方智慧的产物，在不同国家、不同文化背景的人眼里，也就被赋予了不同的内涵，具有了不同的意义。

第一节　围棋西游

在中国历史上，围棋向西方传播的过程，大约可分为三个阶段。在中古时期，围棋随着丝绸之路上中国文化的对外输出而传到国外，主要是传入了中亚、南亚一带的国家。后来，随着来华传教士所带来的中西交流，围棋逐渐被欧洲国家的人们所认识。经历了相当长的时间，直到近代，在西方围棋爱好者的推动下，围棋在西方得以流行。

一

在中国历史上，西方是一个很广泛的概念。汉代以来的史书，往往把我国疆域以西的地区统称为西域。汉代西域有狭义和广义之分。狭义的西域，指今新疆天山南麓；广义的西域则包括天山南北及葱岭以西中亚细亚、印度、高加索、黑海以北一带地方，是当时中国对西方的统称。自汉武帝派张骞出使西域以后，丝绸之路逐渐被打开。从此，丝绸之路成了连接东西方的桥梁，东西方的经济文化主要经由丝绸之路进行传播。

围棋从什么时候开始沿丝绸之路向西传播的，并无确切的文献记载。但值得注意的是，魏晋南北朝时期的汉译佛经中，就有不少关于“博弈”的记载。有人根据佛经中的这些记载推断，围棋在公元前即已传入印度，因为《维摩诘经》《阿含经》等都成书于公元前 2—前 1 世纪，也即我国的先秦至西汉时期。这是令人难以想象的，因为在先秦、西汉时期，我国的围棋还基本上局限于黄河中下游一带，不可能远涉千山万水来到印度。因此，汉译佛经中的“博弈”，应该是出自翻译与读者接受方面的考虑，把印度一些类似的游戏用中国人所熟悉的“博弈”“弹棋”之类的概念加以表述。并且，在这些汉译佛经中，“博弈”并用，主要指“博”。很多佛经宣传博弈的种种危害，把博弈与酒色之害相提并论，禁止僧众参加“棋局博弈”的游戏。佛经中指斥商人博弈伤财，其意义也明显偏重于“博”。

到了唐朝，大唐帝国威震海内的强盛国力和博大兼容的恢宏气度，使中外经济、文化交流的深度与广度达到前所未有的程度。随着唐代丝绸、陶瓷等的西传，围棋也逐渐走出国界，在丝绸之路上留下种种印迹。唐朝时，在丝绸之路上围棋最盛行的是以敦煌为中心的地区，坐落在今敦煌城西南 75 公里处的唐代寿昌城就是一个著名的围棋棋子制作中心。这些棋子精巧美观，除满足本地需求外，大多为上贡之物。著名的北周写本《棋经》也是发现于敦煌莫高窟藏经洞中。五代时（907—960）开凿的安西榆林窟中，有一幅下围棋图【图 6—1】，这是五代时期的一幅反映社会现实生活的图画，真实地记录了当时敦煌地区群众下围棋时的场面。

敦煌莫高窟 454 窟（宋代）也有下围棋图，是隋、唐时代围棋

图6-1　安西榆林窟中的《下围棋图》

在“丝绸之路”上广泛流行的证据。而 1972 年在新疆吐鲁番阿斯塔那墓出土的绢画“围棋仕女图”，画中是唐朝贵妇下棋的情景，更充分说明了唐代丝绸之路上的围棋盛况。

丝绸之路不只是经济贸易之路，也是文化交流之路。历史上，丝绸之路由帕米尔高原南部穿过，到达印度。古代羌人和其他外来民族，聚居在青藏高原上，7 世纪前期，松赞干布统一吐蕃各部落，迁都拉萨。641 年，文成公主入藏，中西交通又有了一条新通道——中印藏道，这成为中、印双方人民往返的主要途径。709 年，金城公主又远嫁吐蕃。两位公主在出嫁吐蕃的同时，也给青藏高原地区带来了灿烂的唐朝文化，包括汉地佛教、各类卜算医学书籍、工艺技术论著。也许，围棋也正是在这个时候传入西藏，后又流传到尼泊尔、不丹等地，继而传播得越来越远。

唐以后，9—13 世纪，在今巴尔喀什湖以东以南的地区及河中地区（伊犁河流域至锡尔、阿姆河之间的地区和今新疆西部地区），出现了喀喇汗政权。喀喇汗政权是回鹘人建立的，11 世纪喀喇汗杰出文学家优素甫·哈斯·哈吉甫（1018 或 1019—?）在《福乐智慧》第三十三章《贤明论应派什么人做使节》中曾对当时的文化娱乐做过一段生动的记述，其中说使节除了懂各种文书，博览群书，语言精通，通晓占星医术之外，还要“围棋、象棋的棋艺要精，能击败对手，大获全胜”。这里提到的围棋，应是从中原地区传到西域各地的。

虽然，汉译佛经中的“博弈”之类，不能援作围棋传入印度的证据。但是，中古时期围棋的确已随丝绸之路传入西域，并出现了像鸠摩罗什这样的弈僧。丝绸之路打通了中国和西方的关口，让经济文化得以传播和交流，围棋正是沿着这条“文化交流之路”逐渐传入亚欧各国的。

二

在中国历史上，有一批人对中西文化的交流起了很大的推动作用，这就是西方的来华传教士。尽管传教士的目的是在中国宣扬他们的宗教信仰，但与此同时，他们也将西方的文学、地理、天文、数学等知识带入中国，又将中华文化传入外国。作为“四艺”之一的围棋，自然也作为中华文化的代表性元素之一随传教士的介绍被欧洲国家所认识。

从目前可考的文字记录来看，最早把围棋介绍到欧洲的人，是意大利传教士利玛窦。利玛窦（Matteo Ricci，1552—1610）作为意大利耶稣会传教士，1583 年 9 月来到中国，成为中国和西方交流史上的重要人物。利玛窦将在中国的见闻写成了日记，在他去世后，另一位传教士金尼阁将这些日记从意大利语翻译成拉丁文，并于1615年在德国奥格斯堡出版，命名为《基督教远征中国史》(*De Christiana Expeditione apud Sinas*)（在中国译作《利玛窦中国札记》)。当时欧洲正处于从文艺复兴向启蒙运动发展的时期，对东方的中华文化充满向往。这本书以作者在中国的亲身经历写成，因此引起了广泛关注。在此书的《关于服装和其他习惯以及奇风异俗》一章中，利玛窦就描绘了当时中国社会下围棋的风气：

> 最认真从事的是玩一种在三百多个格的棋盘上用两百枚黑白棋子下的棋。玩这种棋的目的是要控制多数的空格。每一方都争取把对方的棋子赶到棋盘的中间，这样可以把空格占过来，占据空格多的人就赢了这局棋。官员们都非常喜欢这种棋，常常一玩就是大半天。有时候玩一盘就要一个小时。精于此道的人总有很多的追随者，他肯定会非常出名，尽管这也许是他唯一的专长。事实上，有些人还请他们作指导，特别优待他们，为的是学会玩这种复杂游戏的精确知识。（《利玛窦中国札记》，中华书局1983年版，第86页）

从利玛窦的记录中可见，当时围棋在中国社会很流行，还有专业的棋手。在中国历史上，明朝是围棋发展的一个高峰。利玛窦在中国的时间，适逢万历年间，社会经济相对繁荣，棋风盛行。事实上，利玛窦在中国结交的朋友中，就有好弈的士大夫叶向高和李之藻。《利玛窦中国札记》在德国出版后，很快就被翻译成法语、西班牙语等版本，在欧洲广泛传播。尽管围棋由于与西方流行的国际象棋有着完全不同的形式和规则，再加上利玛窦的记载并不甚精

图6-2 莱布尼茨书中的下棋画

确，还有翻译中的文化差别和瑕疵，欧洲人对围棋感到难以理解甚至有误解的部分，但毕竟让西方人认识了围棋。17 世纪德国著名哲学家莱布尼茨，从传教士那里接触到中华文化，并在他的著作中提到过围棋，转述了一幅中国人下围棋的图画【图 6—2】。

17 世纪时，英国人托马斯·海德（Thomas Hyde，1636—1703）写了游戏史上的第一部划时代巨著《东方游戏》。此书是他对“盘上游戏”的研究成果，其中第一部分介绍国际象棋，第二部分介绍了六种中国游戏，包括中国象棋和围棋。托马斯·海德是牛津大学阿拉伯语教授和希伯来语教授，还兼任英国宫廷的东方语言翻译，被公认为当时欧洲第一流的东方学家和东方语言大师（当时的欧洲所谓东方语言其实只是西亚）。海德之所以能在书中介绍中国象棋和围棋，和一个叫沈福宗的中国人分不开。沈福宗大约生于1658年，1681年，他跟随来华传教的比利时耶稣会士柏应理去欧洲。他在欧洲的足迹经过法国、意大利、英国，成为历史上第一位有记录的访问英国的中国人，英国皇室至今还保留有他的画像。大约在1687年六七月间，沈福宗到牛津大学，与海德合作编辑博德利安图书馆的中文藏书目录。在此期间，二人进行了广泛的交流，显然海德问了中国的棋类游戏。《东方游戏》【图6—3】一书中关于围棋的介绍，尽管仍显粗略并且存在错误，但它第一次较为清楚完整地表述了围棋的基本概念和游戏规则，让欧洲人第一次比较清楚地知道了中国的这种游戏。尽管沈福宗其人在中国的历史资料中并未留下痕迹，但在欧洲却留下了很多有关他的活动的记录，在中西围棋交流史上写下重要的一笔。

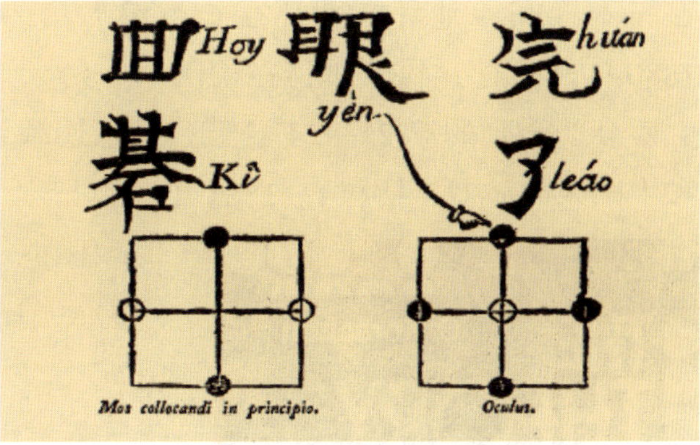

图6–3　《东方游戏》插图

三

一般认为，一直到19世纪，围棋才在欧洲出现一定范围内的流行。围棋的流行，与西方一些汉学家的努力分不开，翟理斯就是其中之一。赫伯特·艾伦·翟理斯（Herbert Allen Giles，1845—1935）是英国有名的汉学家。他在英国竞争激烈的外交官考试中胜出，作为英国驻华使馆的一名翻译生来到中国。翟理斯在中国生活了25年，回国后，他在剑桥大学教授汉学。在他编写的数本关于汉语和中国文化的书中，就较为详细地介绍了围棋。

真正使围棋在欧洲的一定范围内流行起来的当属德国人奥斯卡·科歇尔特（Oscar Korschelt，1853—1940），他是欧洲围棋史上最重要的人物之一。他于1875年到日本，一直住到1884年左右。在日本期间，他拜方圆社社长村濑秀甫为师，学会了围棋。从1880年9月起，科歇尔特在德国的一份大型杂志、“德国东亚研究协会”会刊的第21—24卷上，开始连载系列围棋文章《日本人和中国人的游戏：围棋》。1881年，单行本《日本人和中国人的游戏：围棋，国际象棋的竞争对手》（*Das Japanisch-Chinesische Spiel ‘Go’, Ein Konkurrent des Schach*）在日本横滨印刷发行。科歇尔特的这本著作后来被多次出版，并被译成多种语言出版。其英文版本《围棋的理论与实践》（*The Theory & Practice of Go*）是根据他的系列文章整理编译而成的【图6—4】。书中介绍了围棋的历史、下法与规则，并且附了对局图、死活和手筋题目以及收官技巧等，另外，他还对围棋与国际象棋进

图6-4　英文版《围棋的理论与实践》书影

行了比较，并介绍了村濑秀甫的布局理论。由此，这本著作基本上涵盖了围棋的各个方面，并吸引了众多关注的目光。

在科歇尔特之后，西方各国陆续出版了一些围棋书籍，然而，这些书籍介绍的全是日本围棋。直到 1927 年，意大利人贝谷利尼与中国人徐去疾合著了西方第一本介绍中国围棋的著作《围棋入门》。随着现代中西方交流的不断增加，在欧洲出版的围棋书籍越来越多，欧洲对这种古老的东方游戏有了越来越多的了解，也有越来越多的人开始学习围棋。同为“盘上游戏”的围棋也引起了欧洲国际象棋棋手们的注意。其中，伊曼纽尔·拉斯克博士（Emanuel-Lasker，1868—1941）就对围棋很感兴趣。身为国际象棋大师的他，蝉联国际象棋世界冠军 27 年，被誉为史上最强棋手，在他 1931 年出版的著作《各国棋类游戏》（*Brettspiele der Völker*）中，就设置了专门的章节介绍围棋。而另一位国际象棋棋手，爱德华·拉斯克（Edward Lasker，1885—1981），据称是伊曼纽尔·拉斯克的远亲。爱德华对围棋更加着迷。他出生于德国，1914 年移民美国。1934 年，他出版了著作《围棋与五子棋》（*Go and Go-Moku*），足见其对围棋的喜爱。爱德华·拉斯克在美国积极推行围棋，1935 年，他同卡尔·戴维斯·罗宾森（Karl Davis Robinson）以及李·哈特曼（Lee Hartman）一起创立了美国围棋协会（American Go Association），成为美国围棋发展的中坚力量。

在围棋逐渐被接受的过程中，西方第一位有相当实力的棋手当属菲利克思·杜包尔（Felix Dueball，1880—1970）。1930 年，在日本财阀大仓喜七郎的赞助下，年已五旬的杜包尔携夫人专程到日本棋院学棋一年，归国时被授予初段（当时没有业余段位）。菲利克思·杜包尔于 1964 年获第一次“大仓赏”，去世后被日本棋院追赠为“名誉六段”。而来自西方国家的第一个九段棋手则是 1963 年出生的美国人麦克·雷蒙（Michael Redmond）。他 11 岁学棋，1977 年赴日本，拜大枝雄介九段为师，在日本棋院学棋。2000 年升九段，是第一位欧美出身的围棋九段，也是世界上唯一非东亚裔的围棋九段。

围棋在欧洲广泛流行的标志是欧洲围棋大会的举行。二战后，欧洲各个国家纷纷建立了各自的围棋协会。从 1957 年开始，欧洲围棋大会每年在不同的国家举行，成为欧洲围棋的一次盛会。欧洲围棋大会是一个完全公益性的活动，它尽管设有正式的比赛，但更吸引人的是穿插在其中的各种娱乐性质的比赛。这些多样性的比赛让各种水平的棋手及围棋爱好者都能找到参与的乐趣，在交流中享受围棋，成为一场嘉年华式的活动。欧洲围棋大会由公益性组织欧洲围棋联盟承办，它能长久而不衰，也说明了围棋在欧洲富有茁壮的生命力【图 6—5】。

图6–5　第56届欧洲围棋大会（2012年德国波恩）赛场

与欧洲相比，美国的围棋起步相对较晚。但得益于全球化的迅速发展，围棋在美国的传播已不再像刚传播到欧洲时那般缓慢。1988 年 12 月 30 日至 1989 年 1 月 2 日，美国中华围棋会与洛杉矶棋友会联合举办了首届洛杉矶“中华杯”国际围棋邀请赛。而第 44 任美国总统奥巴马在访华时，向时任中国国家主席胡锦涛赠送了一副围棋。棋盘系以奥巴马出生地夏威夷特有的寇阿相思树（Koa）制成，制作这块棋盘的是美国业余高手、北卡罗来纳木匠大师弗兰克·萨兰泰尔（Frank Salantire）。围棋发展到今天，得益于世界业余围棋锦标赛的定期举办，加上第一届世界智力运动会的举行，把围棋进一步推向世界。在 21 世纪，围棋在欧美包括整个世界定能得到更广泛的传播。

第二节 围棋东传

中国古代围棋向外传播的另一条路线是向东，传至朝鲜半岛及日本，并且在此生根发芽。在地理上，朝鲜半岛与中国辽东半岛山水相连，日本则是隔海邻邦，因此，从古至今，在文化上存在着千丝万缕的联系。与在西方的传播不同，围棋传入朝鲜半岛及日本后，很快被接受，并且得以长足发展。尤其是日本，延续了几百年的四大家，以及近现代对围棋的改革，让日本围棋率先走上了职业化、制度化的道路，发展迅速。到了 20 世纪，韩国围棋也以惊人的速度崛起。直到今天，中、日、韩仍然是世界上围棋最兴盛的三个国家。

一

围棋向东传播，一个重要的途径就是朝鲜半岛。朝鲜不仅最早接受了中国围棋，也是中日文化包括围棋交流的重要纽带。据迄今所知资料，中朝两国最早的官方接触和交涉始于战国中期。而朝鲜的围棋活动，最早见于朝鲜史籍《朝鲜史略》。在公元前 57 年到公元 668 年这个时期，朝鲜半岛并存着三个国家，高句丽、百济、和新罗。相传高句丽的长寿王巨琏，打算攻占百济，于是他招募了一个僧人道琳，假装获罪，逃到百济。道琳善于下围棋，通过下棋，取得了百济盖卤王的信任。道琳就蛊惑百济王滥用民力，大修宫室、城郭、坟墓，弄得百济仓廪虚竭，人民穷困。于是高句丽王发兵，攻占了百济的首都，百济王兵败被杀。这件事发生在 475 年，相当于南朝刘宋末年。这则记载说明在 475 年前，围棋传入高句丽和百济已经有一段时间了，因此才可能得到两国统治者和僧侣的喜爱。

朝鲜围棋在中国的南北朝时期，已经颇为兴盛。唐代学者纂修的史籍中开始对朝鲜的围棋陆续有了记载。据《北史·百济传》《隋书·东夷传·百济》等史书记载，当时的百济国围棋风气最浓，“有僧尼，多寺塔，有鼓角、箜篌、筝、竽、篪、笛之乐，投壶、围棋、握槊、摴蒱、弄珠之戏”。而据记载，初唐时期，平壤城有个叫泉男生（634—679）的人，“琴棋两玩，雁行与鹤迥同倾”，是有姓名可考的唯一棋手。到了盛唐，在开元二十五年（737），唐玄宗派了精于儒家经典的鸿胪少卿邢璹为大使去新罗国，阐扬经典；并且特派了善棋人、率府兵曹杨季鹰为副手。宋代欧阳修等的《新唐书·新罗传》载，杨季鹰到了新罗国之后，无人能与他相抗，“国高弈皆出其下，于是厚遣使者金宝”。这大约是史书中记载的中朝善弈者之间最早的交锋了。大唐文化的繁荣昌盛，也促使新罗不断派遣留学生到唐都城长安来，840 年，学成归国的新罗学生就达百余人。这些学生学习中国的经籍、技术，也有因一技之长而被大唐朝廷特聘的。其中朴球就以客卿身份在长安任棋待诏多年。他归国时，张乔还写了一首《送棋待诏朴球归新罗》：

海东谁敌手，归去道应孤。
阙下传新势，船中覆旧图。
穷荒回日月，积水载寰区。
故国多年别，桑田复在无？

以留学生身份跻身于围棋国手之列，颇为难得。但在唐以后，中朝之间的围棋交往，反而慢慢减少了。

关于围棋是什么时代传入日本的，过去比较流行的说法是，围棋是通过留学唐朝的留学生吉备真备传入日本的。但根据各种史料记载，吉备真备是在唐玄宗时期来中国留学的，而在此之前，围棋早已在日本流行【图 6—6】。而我国史籍中，最早记录有关日本围

图6–6 ［日］《吉备公与唐人对弈图》

棋发展情况的，见于《隋书·东夷传·倭国》，说当时的日本“……无文字，唯刻木结绳。敬佛法，于百济求得佛经，始有文字。知卜筮，尤信巫觋。每至正月一日，必射戏饮酒，其余节略与华同。好棋博、握槊、樗蒱之戏”。这说明隋朝时，围棋在日本已经相当流行。那么，围棋传入日本的时间肯定在隋朝之前，最有可能是在南北朝时期。南北朝时，日本曾多次遣使来华，其中宋朝时八次、齐朝时一次，梁朝时一次。而南北朝正是我国围棋的重要发展时期之一，尤其是宋、齐、梁三朝，围棋发展异常兴盛，朝廷上下棋风如炽。围棋作为中国文化的一个方面，在此时传入日本，也是顺理成章的。

在空前繁盛的大唐时期，和新罗国一样，日本也派出了很多留学生留学长安。据日本史书记载，唐代日本前后任命的“遣唐使”共有 19 次之多。日本的“遣唐使”不同于一般单纯基于政治目的的遣使，而是有意识地前来观摩摄取中国的文化。在遣唐使随员中，也有一些日本知名棋手，如纪夏井、伴小胜雄等人。另据日本最古老的文学作品《万叶集》记载，遣唐使随员中也有棋师一名。这些棋手和棋师来到中国，目的是学习和研究中国的棋艺。每次随“遣唐使”来中国的，还有不少留学生，少则一二十人，多则二三十人，都在长安高等学府“国子监”肄业。这些日本留学生至少留住数年，长者达二三十年。他们的生活起居渐染唐风，回国后也就传播于日本。唐王朝的昌盛强大，在中国对外交流的历史上创造了辉煌的成就，在围棋史上也是如此。总之，围棋虽然肯定在隋唐以前就传入了朝鲜和日本，但在唐朝时期使节、留学生大规模的交流中，围棋交流才达到鼎盛时期。

唐以后，中国与朝鲜、日本的围棋交流热度逐渐冷却，甚至一度停滞。在漫长的历史岁月里，朝鲜半岛竟未留下多少围棋的印迹。与之相反的是，在日本，围棋则不断发展壮大。围棋传入日本后，与中国古时的流行趋势相似，首先是流行于上层社会。在日本平安时代（794—1192），围棋流行于贵族阶层中。贵族阶层崇尚优美、纤细的生活情趣，作为与琴、书、画并称为“四艺”的围棋，也自然成为贵族阶层的必备修养之一。这个时期，宫中也颇为流行围棋，除了天皇外，对弈的棋手多为知识阶层的僧侣和宫廷的女官。

图6-7　一世本因坊算砂像

日本围棋从古棋到近代围棋的变革是从战国时代（1467—1575）后期开始，经安土桃山时代（1576—1603），到江户时代（1603—1868）初期完成。在江户时代，德川家康创立了江户幕府后，设立了棋所，作为在寺社管理下的棋界管理机构，本因坊算砂被任命为首任“名人棋所”【图6—7】。德川家康还授予以算砂为首的七名棋士优厚的俸禄，从这七人中，产生了后世本因坊、井上、安井、林四大围棋门派。俸禄实行世袭制，这四家也就成了幕府公认的“官赐棋院”。宽永三年（1626），德川家康又确立了“御城棋”制度。江户时代，日本围棋进入繁荣时期，四大家竞争激烈，棋界名手辈出。围棋在社会上也获得广泛的传播，它不再是贵族阶级的专利，同时也渗透到商人、庶民各阶层中。

元禄时代（1688—1704），在本因坊道策的主持下，日本围棋确立了段位制，从初段到九段，同时也确定了不同段位间对弈的规格。段位制使棋手的棋力有了具体的评判标准，也使棋手间的比赛有章可循。九段即为“名人”。日本围棋史上，从1603年德川家康设立江户幕府，到1940年，共产生过十位“名人”。围棋门派的形成，“棋所”的设立，御城棋制、段位制等的确立，标志了围棋的职业化、制度化。棋手既有了基本的生活保障，又形成了一个平等竞争的氛围，从而使日本职业围棋获得快速的发展。

二

中国围棋发展到近代时，已呈衰微之势。在近代日本，围棋也经历了一个衰微的阶段。明治维新是日本近代化的开端。明治时代（1868—1912）是日本由封建社会进入到资本主义社会的转型时期。在这个时期，随着封建政权的坍塌，传统文化也受到强烈冲击。虽然日本最后形成的是西方资本主义与日本传统相融合的政体格局，但维新初期，政府改革的重点在与国计民生直接相关的事物上，像围棋这样的风雅之物，并不在其关心的范围内。四大家的俸禄被取消，围棋的发展受到重挫。

面对围棋的衰微，在逆境中，棋界的一批有志之士为弘扬棋道，重新组织了棋艺研究会。明治十二年（1879），村濑秀甫、中川龟三郎等发起、组织了新型的围棋社团“方圆社”。“方圆社”成员不少曾是坊门弟子，但他们公然与秀荣的本因坊家对抗，独自主办比赛，发行段位证书，出版杂志，指导业余棋手，从而形成坊社对峙的局面。

大正时代（1912—1925），围棋界继续酝酿着变革。一方面，新闻媒体开始介入围棋，横滨的《每日新闻》、东京的《日日新闻》《读卖新闻》都先后开辟了围棋栏目；稍后，《万朝报》《时事新报》《大阪·东京朝日》《大阪每日》《中外商业》《都新闻》等报，也开始选登棋谱，而且，围棋的专刊和单行本陆续刊行，给棋界带来一派生机。另一方面，在棋界，坊社对峙的局面又面临着改变。大正十一年（1922），雁金准一、铃木为次郎、高部道平、濑越宪作，脱离方圆社结成“裨圣会”。于是，在棋界形成了本因坊家的中央棋院、方圆社、裨圣会三足鼎立的局面。裨圣会首先在围棋规则上向传统挑战。它废止了等级森严的段位制，一切对局都采用分先方式，并且规定时间为对局双方各16小时，超时判负；还有，在对局暂停时，不限黑方或白方，只以时间为准。这一切变革，意味为围棋开始打破森严的等级制度，向平等、公正的现代竞争原则靠拢，在当时因循守旧的棋界具有划时代的意义。

1923年9月1日，关东地区发生大地震，三家院社均元气大伤。当时大仓财阀的主人大仓喜七郎提出，若本因坊、方圆社、裨圣会三家能捐弃前嫌，精诚合作，他将给予经济支持。在此背景下，1924年12月，团结各派力量的日本棋院宣告成立。这是围棋体制的又一次具有革命意义的变革。

日本近代围棋，是四大门派对立、合作、竞争、发展的过程。到20世纪，唯坊门一脉尚苦苦支撑，但亦出现后继乏人的状况，加上坊门历代弟子为继承权之争纠纷不断，鉴于此，1937年，最后一代本因坊秀哉做出一个划时代的决定，将本因坊的称号转让给日本棋院。本因坊门400年的历史宣告结束。本因坊的世袭制度让位给更具现代精神的公开、平等的竞争体制，可谓意义深远。在这种更公开平等的竞争下，20 世纪的日本围棋呈现出繁荣的局面，涌现出像赵治勋、武宫正树、小林光一、加藤正夫、林海峰、大竹英雄这些超一流棋手。日本一度超越中国和韩国，独执牛耳，称霸世界棋坛。

进入现当代，在围棋的历史长河中沉睡的朝鲜半岛，开始活跃起来。相较于中国和日本，韩国围棋的起步较晚。但是，韩国围棋崛起的速度惊人，很快就与中国、日本三足鼎立。在第一届“应氏杯”世界职业围棋锦标赛上，曹薰铉力挫群雄，夺得冠军。继他之后，刘昌赫、李昌镐、李世石等横空出世，各领风骚……一时间，世界棋坛“韩流”滚滚。

图6-8　韩国棋院赵南哲塑像

现代韩国围棋主要受日本影响。在韩国围棋史上影响最大的棋手，恐怕当属赵南哲【图 6—8】。赵南哲（1923—2006）被称为韩国现代围棋之父。曾赴日本学习围棋，拜著名棋手木谷实为师。返回韩国后，他于 1946 年创办了汉城棋院，自此韩国职业围棋正式出现。朝鲜战争爆发后应征入伍，棋院也毁于战火之中。1955 年，赵南哲组织了一个职业棋手代表团赴中国台湾，同当地围棋选手进行围棋对抗赛，并取得胜利，名声大噪。之后，韩国的职业棋战相继诞生，汉城棋院也于 1968 年重建，并改名为韩国棋院。赵南哲之后，如金寅、曹薰铉等著名棋手，也是在日本学棋而成。金寅曾入木谷实门下，而曹薰铉曾跟随濑越宪作学棋。韩国当时的一流棋手中，像徐奉洙这样没有受过日本影响的棋手少之又少。

20 世纪后期，韩国围棋风头强劲，围棋在韩国的普及程度甚至超过了中国和日本。在首尔，围棋人口已占到总人口的四分之一，电视台有专门的围棋频道，许多学校实施了正规的围棋教育，明知大学还设立了正式的围棋本科专业与硕士学位点。在这种浓郁的氛围下，围棋在韩国的发展保持着强劲的动力。可以说，围棋以中国为圆心开始传播，东西两径，发展至今，在东亚地区形成了以中国、日本和韩国为主发展的中心地带。

第三节　他者视域

在中国，围棋最初被当作小技，不为主流社会所认可。不过，随着文人雅士不断为围棋“正名”，围棋逐渐变成一种艺术，而成为上层阶级的风雅之事。中国传统文化历来推崇“道”“艺”，围棋也因此上升到“道”与“艺”的层面，甚至在很长一段时间里，围棋在“道”与“艺”层面上的意义超越了它作为“技”与“戏”的意义。而围棋在传到不同的国家后，在不同文化的视角下，又具有了新的意义。日本围棋文化体现出其精致唯美的传统审美观点与武士道精神的特点，而在西方国家，围棋更多地和中华民族的气质、战争理论和商业思维联系在一起。

一

受文化传统中重“艺”轻“技”观念的影响，中国围棋在很长一段时间里，首先被当作艺术，其次才是竞技。围棋主要在文人士子、官宦阶层中流行，形成一种风雅的传统。围棋传入日本后，这一传统也为日本所继承。围棋起初也是在日本的上层阶级中流行，被当作高雅的娱乐，会下棋乃是一定的身份、修养的象征。不过，日本在继承了中国围棋的风雅传统的同时，又强化了围棋竞技的一面，并且将棋盘上的胜负上升为一种精神、信仰之道，这就是武士道精神。

日本文化具有极大的混融性。源于西伯利亚的草原文化，印度的佛教文化，中国的儒家、道家、道教、禅宗、武术、游艺，都在这片岛上混合、交融，与日本本土文化一起，构成了独特的日本文化。这种文化的混融性，使日本文化充满诸多矛盾的同时，又能把许多看似对立的东西融合在一起，和谐相处。美国社会学家本尼迪克特在《菊与刀》一书中，用菊与刀，对日本民族精神做了准确的概括。在日本文化中，既有菊的优雅，又有刀的勇武，并且，这看似矛盾的两面，又能奇妙地统一在一起。就像在杀人的武士道中，竟也禅意盎然。围棋，同样典型地把日本文化的优雅与煞气糅合在了一起。

日本围棋的竞争制度，同它的文化一样，也是一种矛盾的和谐。日本是个有着严格的封建等级制度的社会，日本围棋也是在家族制、等级制度下发展起来的。但是，不同于中国在千年来都未形成完备的围棋竞争机制，日本围棋却在江户时代初期就建立了较为完备的竞争机制。也因此，日本围棋虽处在社会及家族的等级制下，却又有着相对的平等。即每个人都是凭自己的能力（而非门第）确立自己在棋界的地位，它为每个人提供了一个通过在棋盘上的竞技来证明自我的机会。即便是名人，也需要经过残酷的棋盘争战。在历代名人的争夺中，不少棋手以性命相赌，曾有赤星因彻与本因坊丈和对局，因彻因局势无望，有负师命，羞愧之下，加上心力交瘁，口吐鲜血。不久，年仅 26 岁就离了世。

这种棋盘上的惨烈搏斗，令我们想起日本的武士道精神。武士道成了日本民族文化中的一种特有精神，强调仁礼、忠勇、牺牲、信义、廉耻、名誉、尚武、克己等。同时，武士道又与禅结合，禅的无心之悟、勇猛精进、自持克己、超越生死，使武士道更趋内向化、精神化，杀人之刀也就具有了道德的、哲学的乃至宗教的意味。日本围棋在四大家族的激烈竞争中，也一直强调棋的胜负是与忠勇、信义、名誉紧紧联系在一起的。棋盘上的搏杀，有时包含的是明耻与复仇。武士道把复仇与族类的荣誉、个人的尊严联系起来，从而使雪耻之战具有了非同一般的意义。这种信念，在棋盘上唤起的精神力、意志力、战斗力，有时也是惊人的。川端康成的小说《名人》里这样写道："日本武道和艺道的精神是息息相通的，同宗教的教义也是息息相通的。围棋是最好的象征。"

武道的精髓在于刚毅果敢、坚韧不拔、永不屈服。《名人》写最后一代名人秀哉【图 6—9】的隐退棋。对手是经层层选拔脱颖而出的年轻一代的棋手代表大竹七段，这是两代人的交锋，也是传统与现代的对决。小说写秀哉名人又瘦又弱，体重仅八十来斤，腿肚子只剩下两根骨头，让人担心他是否能支撑起整个身体。但一坐到棋盘前，就成了武士，一股威猛之势扑面而来，眼睛放射出无敌无畏的光芒，矮小的身躯也变得高大起来。

图6-9　秀哉像

“不败的名人”不仅靠的是精湛的技艺，也得力于强大的精神力量。在下告别赛时，他已是疾病缠身，“话又说回来，65 岁的老名人是一位首屈一指的棋手，怎么竟能强忍着病痛的折磨，坚持到拼死盯住他的对手，基本上失去先手的作用呢？这不能不说是精湛的搏斗”。（《名人》，见川端康成《天授之子》，李正伦等译，漓江出版社，1988 年，第 274 页）名人的付出，已大大超过了他的肉体的承受力，那是另一种力量在支撑着他。川端借名人的口，打开了他心灵的窗户：

> 噢……问题是我会不会病倒……到今天为止，基本上没有病倒，反而坚持过来了，连我自己也觉得不可思议。我倒不是考虑什么特别深奥的问题，也没有什么称得上信仰的信仰，光凭棋手的责任是坚持不了，啊，可能是某种精神力量……（同上，第222页）

作为棋手，在名人看来，为了完成一件杰出的艺术作品，不让其半途而废，哪怕“就是死在棋盘旁，也是出于棋手的本愿”。从这个角度说，名人的所作所为，典型地体现了日本的武士道精神。

如果说，日本棋道与武士道相通的地方，主要体现在围棋的竞技精神方面，围棋作为一种艺术，其“道”则体现了日本的传统审美观念。日本的文化传统，带着一种精致唯美和艺术化的倾向，就像花道、茶道等。日本插花本源于佛教在佛前供花的仪式，后来，插花成了一种艺术，所谓花道。花道既表现着大自然之美，又于静寂恬淡中蕴含着禅味。而茶道，饮茶风气本源于中国，但传到日本后，日本人又把它改造为以饮茶为手段修身养性、交友会客的一种独特的礼仪和艺术。日本将茶道的精神概括为和、敬、清、寂，这既是茶之道，又是交往之道、人生之道乃至宗教之道了，凡俗的东西也就具有了审美的、宗教的意义。棋道也是这样。凡是棋手，不能只注重棋艺。个人修养、品德、礼仪这些东西和棋艺一起，构成了围棋的艺术的审美意义【图 6—10】。

图6－10　铃木春信明和七年（1770）《围棋图》

与中国和日本推崇的审美性的棋道精神不同，也因为起步较晚，韩国甚少将围棋作为一种文化精神和艺术审美来看待。不过，韩国围棋中体现出一种坚忍不拔的意志，这与他们的民族精神有关。历史上的韩国，作为亚洲地区的一个小国，要不断在击退入侵者的斗争中挣扎求存。因此，时刻处在生存危机中的韩国，民族心理深处有着强烈的忧患意识，他们必须以加倍的努力和顽强的战斗精神使自己更强大。在韩国棋手的棋风中，就体现了这样的特点。业界普遍认为韩国棋手的棋风“杀气”重，穷追猛打，给对手形成一种心理威慑力，在关键时刻造成对手心理的微妙变化甚至溃败。此外，韩国棋手更重实际利益，能更多地找到杀棋的有效手段而不为棋形美观等因素束缚，从而多有创新之举。这些都体现了其民族精神的特点。

二

围棋传到西方之后，一直被当作一种古老的东方游戏。国际象棋的盛行、巨大的文化差异以及西方围棋人口的数量劣势，围棋在西方国家经历了相当长的接受时间，当然也就谈不上文化意义上的探索。不过，20 世纪以后，随着围棋接受面的扩大，以及东西方文化交流的增加，西方也逐渐开始发掘围棋作为游戏之外的意义。

围棋起源说之一是对战争的模拟，中国历代很多将领喜爱围棋。《三国志》中记载了不少军中将领下棋的故事，东晋时期淝水之战中，谢安在前线战事紧迫的情况下仍旧镇静弈棋的故事，一直流传至今。大约因为围棋本来就与军事中的战略战术有颇多相通之处，故而有很多棋论即是从兵法的角度论棋，著名的《棋经十三篇》就是一例。围棋与战争的相通性也引起了西方研究者的兴趣，耶鲁大学社会学教授斯科特·伯尔曼就是之一。1969 年，20 岁的伯尔曼就出版了著作《旷日持久的游戏：毛泽东主义革命策略的围棋解释》(*The Protracted Game: A Wei-Ch'i Interpretation of Maoist Revolutionary Strategy*)【图 6—11】。此书指出，与国际象棋集中兵力在棋盘上的某一点不同，围棋手的意图是尽可能扩张自己的地盘，包围对方，避免直接对抗。这明显地体现出与游击战之间的相似性。

图6-11　英文版《旷日持久的游戏：毛泽东主义革命策略的围棋解释》

伯尔曼的这本著作集中分析了以毛泽东为领袖的中国共产党战略思想与围棋理念的共通性。全书分六章，首章就围棋的结构和策略做了详细介绍，接下来四章的内容分别关于围棋与革命起义的形式类比，包括“江西时期”、抗日战争时期、解放战争时期三个阶段，最后章节为回顾和展望。书中运用了很多图表和棋局图来做解说。在伯尔曼看来，美国战略家们在多数战争中采用歼灭战略，而中国不同，中国的战略家们多选择消耗战略，在多数的战争中采用间接手段而非正面对抗，并且喜欢奇袭，所谓“兵者，诡道也”，这与围棋的战术是相通的。围棋谚语“金角银边草肚皮”与毛泽东的农村包围城市策略是相通的，围棋中非正规、非常态的灵活机动战术与游击战术是相通的，等等，诸如此类的类比在书中比比皆是。而宏观地看，伯尔曼从地缘政治学的角度，将中国版图看作一个大的棋盘，地理和人口可看作两个子棋盘。围棋中棋手可能在某一局部遭到战术上的失败，但却能通过正确的战略取得最终的全局胜利。也因此，与西方战略常常着眼于单一的决定性战役不同，毛泽东的信条是着眼于更加持久的斗争，从小区域的控制、地理上的分割，经过发展、合并，最终形成战略上的胜利。

在伯尔曼看来，围棋策略是辩证法的一种，它是断裂的联系，集中的分散，包围的突围和灵活的顽固。伯尔曼之后，西方陆续有人提出中国战争策略与围棋的相似性，如研究国际政治关系的美国学者来永庆博士（Dr. David Lai）。其著作《向石子学习：从围棋角度剖析中国“势”的战略概念》（*Learning from the Stones*：*A Go Approach to Mastering China's Strategic Concept*，*Shi*）研究了《孙子兵法》和围棋理论中的“势”这一概念在现今时代的借鉴意义。中国外交与军事界盛传的说法是：东方重谋，西方重力。作者指出在许多层面上围棋代表着中国的战略与外交方式，在如今的外交中，西方需要花一些时间学习中国的战略思维与谋略技巧，才能做到孙子所说的“知己知彼，百战不殆”，而学习的方法之一就是学习围棋。围棋要求胜，就要造势，势包含用兵（或下棋）的奇正、利用最大潜能创造有利形势、确保主动等含义。作者认为，些许的围棋知识就可为美国的政治与军事智慧多增加一份宝贵的知识，更可以增强美国政治与军事将领对中国战争方式与外交行为的了解。无独有偶，美国前国务卿基辛格在他的《论中国》一书中，就借用围棋来说明中国的“现实主义政治”传统，并且从围棋的角度重谈他四十年来与中国领导人打交道的经验。

也有学者从思维的角度讨论围棋与国际象棋所体现的东西方的文化差异。如美国的杜威·科内尔博士与理查德·默斯尔博士就写过一本书《战略思维与东方的围棋》（参见《围棋天地》1995 年第 12 期）对国际象棋与围棋作了这样的比较：

> 许多西方人认为国际象棋是一种需要清晰的逻辑，战术和战略策划的理想的棋类。在几乎所有商业领域，从合同的协商、销售会议到政策制定，甚至在董事会议、商场、法庭上都会发现有与国际象棋相似的东西。
>
> 如果说国际象棋在许多方面集中体现了西方式的战略，反映东方式思维的则是更古老、战略更加复杂的棋类——围棋。
>
> 虽然围棋的规则是出奇的简单，但下围棋所用的战略要远比国际象棋复杂得多。……虽然两种棋都需要高度精力集中和周密思考，象棋是一种单一性，狭窄的思维，其主要依靠预测某种走法的结果的能力，相反，围棋是多元性，广阔直觉式的

思维，需要对抽象模式的认识和预测。

国际象棋通常是围绕一场简单的“得或失”的战斗，丢了一个卒也常常是决定性的。相反，围棋是有多个战场的“全球性战争”。总之，国际象棋可看作一种战术游戏，而围棋是更高级的战略游戏。

显然，这里谈到的国际象棋与围棋的差异，主要是思维方式的不同。古希腊的哲学家们，通过对事物的分析、综合、思辨，由感性、知性到理性，逐渐形成了以逻辑分析为主要特征，以追求确定性、精确性为目标的思维传统。

反观以中国为代表的东方民族的传统思维，则一直延续了原始思维的特征，更注重整体综合，更具思维的模糊性。围棋也是讲究整体的一种游戏，群体重于个体。围棋所具有的这种整体性、综合性，使它与象棋相比，更代表了东方的智慧。

此外，围棋在中国古代，是文人士大夫的修身养性之物。文人士子借围棋谈禅论道，也逐渐形成了中国文人的独特气质。围棋在修身养性这方面的功用，也引起了西方学者的兴趣。美国南卡罗来纳大学人类学教授马克·莫斯科维茨（Marc L. Moskowitz）就写了专著《围棋国度：中国男性气质和中国围棋游戏》（*Go Nation：Chinese Masculinities and the Game of Weiqi in China*）【图 6—12】。

图6－12　英文版《围棋国度：中国男性气质和中国围棋游戏》

书中说，中国人认为围棋可以训练

儿童在商业、社交方面的能力，并形成适当的刚毅之气；大学生用围棋来表达对当前经济所具有的难以想象的竞争性的焦虑，并在其中寻找中国古代文化精英们的那种理想的行为模式；而老年人则用围棋打发相对来说无忧无虑的老年时光，尤其是他们经历了动荡的岁月，围棋可以看作现代社会相对繁荣和政治自由的体现。

莫斯科维茨来中国学习，并进行社会调查。他发现，中国的围棋目前还是男性的天下。而他采访的人，无论男女，几乎都认为男性在棋坛上领先是因为他们更具有逻辑和空间理解能力。然而，莫斯科维茨指出，大家都忽略了父母和社会期望在塑造性别上面的重要性。他从对中国现代围棋教育，尤其是少儿围棋培训的考察出发，发现在这些教育中，有意识或无意识的，课程的制定都是针对男性学生的。现代中国人的围棋培训，不只是下棋的技艺，还包括对中国古代文化如儒家的仁、义、礼、智、信等文化价值观的教授。学习围棋的过程，也是学习如何成为正人君子的过程，这也是对男性气质的培养。不过，莫斯科维茨也说，中国从未在时代或地理上对男性气质这个概念形成一致看法。中国人的男性气质更多是体现在性格上，而不是外表上，这也是为什么围棋的一些战术对性格塑造有用，如先手，让孩子们学会在竞争中掌握主动权，避免被别人控制。

围棋在中国称手谈，博弈也是人际关系的体现。西方人也注意到了这一点。西方人在把围棋纯粹当作一种游戏的同时，也发掘了很实用的一面。在美国西弗吉尼亚大学，围棋是逻辑学课程的一部分，在弗吉尼亚州威廉玛丽学院，围棋是关于东方哲学的通识课程。在弗吉尼亚大学商学院，围棋是东方商业课程的一部分。学习围棋，是为了商业目的，据说日本人在经济、商业领域领先乃是运用了围棋思维于商业，所以要想战胜日本人，必须学会下围棋。而西方历经多年，商业经济体制发展完善，西方人也从围棋中看到了新的思维方式。他们从围棋中学习经营企业、做生意。法国《费加罗报》上，曾介绍博萨尔公司的两位顾问佛朗西斯·图阿齐和塞西尔热弗雷合著的《企业管理学与围棋战略》，就说围棋游戏是对企业外部环境以及支配企业日常生活的内部关系的最好的形象化比喻。东方人有目的、有步骤的做法，部分可用围棋的哲理来说明。围棋把“眼”当作创造人际协同作用的因素。企业经理不再是裁判者了，而变成了合作者之间不可缺少的纽带，他应当经常听取周围人的意见，以便理解他们提出的要求。这样个人之间一种看不见的关系——如同围棋子的关系——就建立起来了，它的力量在于他们之间建立起来的联系和团结。这种人道主义的管理政策是企业管理的有效的工具。可以说，围棋可以启迪一种新的企业管理法。

西方在接受围棋的过程中，发现了许多新的含义。事实上，如伯尔曼对围棋理论与毛泽东领导的中国共产党革命策略的类比，有点僵硬和死板，而来永庆及莫斯科维茨对中国文化中如“势”和男性气质等概念的理解，也未见得百分之百正确。中西文化差异巨大，西方人对围棋的认识不乏“误读”。所谓误读就是按照自身的文化传统、思维方式、自己所熟悉的一切去解读另一种文化。不过，“误读”也可能不乏“洞见”，有时候正是因为有“误读”才有了不同见解，有了新的创造，它由此也促进了中西文化间的交流、对话，从而增加对彼此的了解。

在中国古代，随着丝绸之路，围棋就已经开始向西方传播，尽管经历了漫长的历史时期，但最终还是得以被西方人广泛认识。而与中国在地理和文化上都更近的日本和朝鲜半岛，围棋更是深深扎根，并蓬勃发展至今。当然，这种围棋交流又不完全是单向的，当一些国家和地区接受了围棋，他们又对围棋加以改造、变异、发展。在接受的过程中，日本把围棋发扬光大，使其完成了从古典到现代围棋的转变，并且形成了与中国既有联系又有区别的日本棋道。而西方人从围棋中读出了许多东西，有游戏的解读，有东方战略思维，有民族气质，有企业管理之道。在这些解读中，围棋拥有了新的内涵。同时，不同国家、不同民族的人对围棋的认识和改造，反过来又影响、促进了围棋在中国本土的转型。这种文化传播、影响与接受、反刍，形成一种文化互动，也就成了围棋交流也包括整个文化交流中的普遍现象。

结 语

阿根廷作家博尔赫斯写过一首题为《围棋》的诗：

今天，一九七八年九月九日，
我的掌心攥着一颗小小的圆子，
这样的圆子共有三百六十一颗，
是一种东方的弈术所必需，
那如同摆布星宿的游戏叫围棋。
那是一种比最古老的文字还要古老的发明，
棋盘就好像宇宙的图形，
黑白交错的变幻
足以耗尽千秋生命。
人们可以对之痴迷，
就好像坠入爱河与欢情。
今天，一九七八年九月九日，
我本来就对好多事物无知无识，
这会儿再次感到困惑，

我要感谢诸路神祇，
他们让我得见这处迷宫，
尽管我永远都不能探知其中的奥秘。

（《博尔赫斯全集·诗歌卷（下）》，林之木译，浙江文艺出版社，1999年，第299页）

博尔赫斯没有来过中国，也不会下围棋，但这并不影响他对来自中国的围棋的想象。在博尔赫斯笔下，来自中国的长城、书籍、《易经》、八卦、铜镜、花园……都充满了奇幻的色彩，围棋亦然。他把围棋看作“摆布星宿的游戏”，是一种“比最古老的文字还要古老的发明”。在博尔赫斯的想象中，围棋、《易经》、八卦应该都是相通的，都典型代表了中国文化的古老与神秘。围棋是通过象征“宇宙图形”的棋盘来再现“黑白交错的变幻”，而《易经》的魅力在于用六十四卦的神秘变化包容宇宙的一切。显然，这是在文字产生之前，人类与神、与宇宙、世界沟通的另一种方式。围棋就像一个诱人的迷宫，也许这里面便包含了中国文化的许多奥秘。

博尔赫斯的想象，与中国古人对围棋的玄妙化，可谓不约而同。中国古人多喜把围棋与阴阳、八卦、河图、洛书联系在一起。黑白子的纵横交错，似在以无言的方式，揭示这个世界的奥秘。清代翁嵩年在《兼山堂弈谱》序中谓：

弈之为言，易也，小数之乎哉。弈者变易也，自一变以至千万变，有其不变，以通于无所不变。变之尽而臻于神，神之至而成于化也。合乎周天。尽其变化，握几于先，藏神于密，非通于造化之原者未易语此也。

这种对围棋的解读，与中国的一种思维传统——玄象思维有关，即把“象”玄妙化，赋予“道”的意义。就像王羲之《书论》说：“夫书者，玄妙之技也。”东汉蔡邕《琴操》以琴为“法天地”“像五行也”之物。刘勰的《文心雕龙》论“文”，第一篇就是《原道》：“文之为德也大矣，与天地并生者何哉？夫玄黄色杂，方圆体分，日月叠璧，以垂丽天之象；山川焕绮，以铺理地之形：此盖道之文也。”游戏也往往被赋予了玄妙的意义。就像周武帝作《象经》，把“象戏”跟“天文”“地理”“阴阳”“时令”“八卦”“观德”联系在一起。蔡洪《围棋赋》说围棋“秉二仪之极要，握众巧之至权，若八卦之初兆，遂消息乎天文”。当围棋之象与天地之道联系在一起，它也就成为一种玄之又玄的东西了。

象的玄妙化，乃是中国思想、文学、艺术共有的特征，它构成了中国传统知识中一套关于“道”的话语，即以“大道”提升“小道”，把各种“艺”与“戏”政治化、伦理化、玄妙化。而另一方面，像围棋，它本来不过是一种“戏”，一种“技”。“弈之为数，小数也”，这应该更接近围棋的本来状态。数者，算也。下棋本质上依赖于计算、分析、综合、推理、判断。由“数”而“理”，倒可推衍出围棋的一整套技术理论，中国传统棋论，也不乏这套关于“技”与“术”的话语。

围棋作为中国文化元素之一，其所体现的“数理思维”，应该说更能为中国文化带来一些独特的东西。因为我们经常会把“数理思维”跟西方知识联系在一起，有意无意地忽视了中国传统中其实也不乏“数理思维”，就像从墨家开始，中国也有自己的“逻辑学”。只不过它们并没有被发扬光大，反而经常处在被遮蔽的状态。中国式思维，走的是由“小数”而“大衍之数”的路子，以至当沈括推衍棋之变化，欲通过“算”去探究棋局的复杂性，反被目之为“迂”。

重道轻技，重玄象轻数理，在这样一种传统之下，围棋之成为“艺”、成为“道”，也就顺理成章了。技艺可为士人之雅玩，一旦成为技艺之人，地位便急剧下降。明清不少文人都以不能棋而好观棋相标榜，而像施定庵，身为围棋一代宗师，却也强调“余非弈人也”，这只能说是文化传统使然了。晚清以来，中国围棋从传统向现代的变革，最终便只能借助于外力的推动。

中国围棋的现代变革，不光是围棋观念的变化，也是整个知识形态、范式的转型。这就是从传统之“艺”向现代体育竞技的转换，“术技”取代“道艺”，科学的、技术的话语取得统治地位。这种状况一直延续下来，竞技独霸天下。当赛场争胜、夺取冠军成为唯一的目标，“一切不能导向赢的棋都是垃圾棋”，围棋之求“道”，反被目之为“迂”了。连业余比赛，也经常以“竞技”为第一要务，围棋的丰富内涵反而大打折扣了。

如果说日本在接受了中国围棋之后，把围棋的“艺”与“道”、“菊”与“刀”的精神高度地融合了起来，而欧洲人，则把围棋所体现的游戏精神、快乐精神发扬光大了。一年一度的欧洲围棋大会，就是一个围棋的嘉年华、狂欢节，不同性别、年龄、棋力的人，都可以在这里找到属于他（她）的快乐。而欧美人士对围棋的解读，将围棋与东方智慧、战略思维，与管理谋略、民族气质等等联系起来，这里可能有“误读”，也不乏“洞见”与“创造”。任何事物的意义都是被赋予的。围棋，从古到今，从东到西，在各种解读中，其意义也就无限地丰富起来。

参考文献

1. [宋] 李逸民：《忘忧清乐集》，孟秋校勘，成都：成都时代出版社，2010年。

2. [元] 严德甫、晏天章：《玄玄棋经》，林天铎整理，上海：上海文化出版社，1997年。

3. [明] 林应龙：《适情录》，明嘉靖四十年澄心堂刻本。

4. [明] 汪廷讷：《坐隐奕谱》，桂林：广西师范大学出版社，2001年。

5. [明] 苏之轼：《弈薮》，明天启二年刻三色套印本。

6. [明] 过百龄：《四子谱》，清乾隆五十一年金阁书业堂刻本。

7. [清] 徐星友：《兼山堂弈谱》，清康熙五十八年自刻本。

8. [清] 范西屏：《桃花泉弈谱》，清光绪间无锡邓元鏸弈潜斋刻本。

9. [清] 施定庵：《弈理指归续编》，清光绪间无锡邓元鏸弈潜斋刻本。

10. ［清］钱长泽：《残局类选》，清乾隆三十六年笙雅堂刻本。

11. ［清］钱长泽：《弈理指归图》，清光绪间无锡邓元鏸弈潜斋刻本。

12. ［清］陶式玉：《官子谱》，清康熙刻本。

13. ［清］邓元鏸：《弈潜斋集谱》，清光绪间无锡邓元鏸弈潜斋刻本。

14. ［清］徐珂编撰：《清稗类钞》，北京：中华书局，1996 年。

15. 陶审安编译：《东瀛围棋精华》，民国十七年，日本东京高桥印刷所刊印。

16. 徐去疾：《围棋入门》，上海：上海文明书局，1929 年。

17. 《中国围棋月刊》，上海“中国围棋社”编印，1937 年。

18. 汪耘丰：《问秋吟社弈评》，北京：中国书店，1987 年。

19. 蔡中民选注：《围棋文化诗词选》，成都：蜀蓉棋艺出版社，1989 年。

20. 蔡中民、赵之云等：《中国围棋史》，北京：中国统计出版社，1999 年。

21. 陈祖德：《中国围棋古谱精解大系》（共 14 册），北京：中信出版社，2011—2013 年。

22. 陈祖源：《围棋规则演变史》，上海：上海文化出版社，2007 年。

23. 代钦：《儒家思想与中国传统数学》，北京：商务印书馆，2003 年。

24. 国家图书馆分馆编：《中国历代围棋棋谱》（共 30 册），北京：北京图书馆出版社，2004 年。

25. 葛兆光：《禅宗与中国文化》，上海：上海人民出版社，

1986 年。

26. 葛兆光：《中国思想史》，上海：复旦大学出版社，1998 年。

27. 何云波：《围棋与中国文化》，北京：人民出版社，2001 年。

28. 何云波：《弈境——围棋与中国文艺精神》，北京：北京大学出版社，2006 年。

29. 何云波、杨烁：《图说中国围棋史》，太原：书海出版社，2015 年。

30. 何云波：《中国围棋思想史》，长沙：湖南人民出版社，2016 年。

31. 何云波主编：《中国历代围棋棋论选》，太原：书海出版社，2017 年。

32. 胡廷楣：《境界——关于围棋文化的思考》，上海：上海人民出版社，1999 年。

33. 李泽厚：《中国古代思想史论》，北京：人民出版社，1985 年。

34. 李毓珍：《棋经十三篇校注》，成都：蜀蓉棋艺出版社，1988 年。

35. 刘善承主编：《中国围棋》，成都：蜀蓉棋艺出版社、四川科学技术出版社，1985 年。

36. 吴清源：《吴清源——天才的棋谱》，成都：蜀蓉棋艺出版社，1991 年。

37. 吴极：《棋史弈理与无极象棋》，成都：蜀蓉棋艺出版社，1999 年。

38. 徐润周：《围棋纪事诗》，长沙：岳麓书社，1998 年。

39. 徐复观：《中国艺术精神》，上海：华东师范大学出版社，2001 年。

40. 俞晓群：《数术探秘》，北京：三联书店，1994 年。

41. 张法：《中国美学史》，上海：上海人民出版社，2000 年。

42. 张如安：《中国围棋史》，北京：团结出版社，1998 年。

43. 张其成：《象数易学》，北京：中国书店，2003 年。

44. ［日］安永一：《中国的围棋》，松谷晓明译，长春：长春出版社，2012 年。

45. ［法］福柯：《知识考古学》，谢强、马月译，北京：三联书店，1998 年。

46. Boorman，Scott A. *The Protracted Game：A Wei-Ch'i Interpretation of Maoist Revolutionary Strategy*. Oxford University Press，1969.

47. Korschelt，Oscar. *The Theory & Practice of Go*（Samuel P. King & George G. Leckie Trans.）. Tuttle Publishing，2000.

48. Lai，David. *Learning from the Stones：A Go Approach to Mastering China's Strategic Concept，Shi.* CreateSpace Independent Publishing Platform，2004.

49. Moskowitz，Marc L. *Go Nation：Chinese Masculinities and the Game of Weiqi in China.* University of California Press，2013.

后 记

2017 年 2 月的一天，在旅途中，接到华中师范大学姚伟钧先生电话，说正在编撰一套《中国文化元素丛书》，其中一本是《围棋》。受冯天瑜先生委托，跟我联系，问能否把撰写《围棋》一书的任务承担下来。

我颇有些犹豫。一来手头要完成的东西太多，担心精力不够顾不过来。二来之前自己已经写过不少有关围棋文化的研究著作，如《围棋与中国文化》《弈境——围棋与中国文艺精神》《中国围棋思想史》等，怕再写，容易重复自己。姚先生说，这套书的性质不一样，学术性与趣味性兼顾，是向大众传播包括围棋文化在内的中国传统文化，与其他书不冲突的。想想也是，我的那几本书，被称为“围棋文化研究三部曲”，总的来说偏学术，比较“小众”。而围棋要从“小众”走向“大众”，特别是让不会下棋的人也对围棋文化感兴趣，就更需要雅俗共赏。而这类读物，目前实在是太少了。普及围棋文化，我等自有一份责任。

而本丛书主编之一冯天瑜先生，也是我所景仰的学者。多年前读过他的《中华文化史》，将悠远弘阔的中华文化，置于简明扼要的叙述中，要言不烦，举重若轻，不愧为大家。而其主编的《中国专门史文库》（武汉大学出版社），收录了1949年以来每个学科的一本代表性的史类著作。承蒙先生不弃，拙著《围棋与中国文化》也忝列其中，更名为《中国围棋文化史》获重新出版。得从未谋面的冯先生看中，再次相邀，参与中国文化传播之事业，却之不恭，理当从命。

此外，本丛书的编撰宗旨也颇合我意。追求较高学术品位、图文并茂，道器结合，于形下之器中透现形上之道，走"即器即道"的文化史路数，不仅告诉读者"元素"是什么，更重要的是揭示"为什么"的问题。

这正适合目前有关围棋的讨论。因为围棋就是一种形下之戏、之技，但同时又被当作艺术，被纳入形而上之道。而围棋之被雅化、艺术化、玄妙化，就与中国传统的知识生成机制有关。笔者在博士论文《围棋与中国文艺精神》中，曾将中国古代棋论分为两套基本的话语系统：道与术，它们分别对应两种思维：玄象与数理，这背后又隐含着两种文化：精英文化和民间文化、雅文化与俗文化。道与术，玄象与数理，雅与俗，它们相辅相成，共同建构了弈之丰富复杂的意义。而作为四艺之一的围棋，在20世纪回归为竞技，也与西学东渐，中国现代知识范式包括艺术体系的转型有关。

本书由我和妻子袁娜共同完成。我写了前面五章，她写了《棋之旅》一章。因为她本科和硕士读的是英语语言文学，有外语基础。博士读比较文学，做"棋与20世纪中西文学"方面的课题研究，把围棋、中国象棋、国际象棋纳入比较文学的视野中进行考察，以此展开跨文化比较研究。考察围棋的域外传播，讨论他者眼中的围棋，正与她的研究相关。

围棋真是一个奇妙的东西。我自己的专业是文学，不小心误入“棋”途，从此沉迷其中，不思自拔，玩物几乎成了“正业”。如今又把身边之人也拖下了水。这是我们在《围棋100问》（人民教育出版社）之后合作的第二本书。《笑傲江湖》中，令狐冲与任盈盈归隐江湖，高山流水，琴箫和鸣。斯情斯景，我等虽不能至，心向往之。

何云波

2017年5月1日于潇湘听弈庐

2021年6月21日改定